学习治疗手记

宋少卫 著

清华大学出版社
北京

版权所有，侵权必究。举报：010-62782989，beiqinquan@tup.tsinghua.edu.cn。

图书在版编目（CIP）数据

学习治疗手记 / 宋少卫著. —北京：清华大学出版社，2021.7（2023.3 重印）
ISBN 978-7-302-58550-3

Ⅰ. ①学… Ⅱ. ①宋… Ⅲ. ①学习方法—研究 Ⅳ. ① G791

中国版本图书馆 CIP 数据核字（2021）第 127586 号

责任编辑：刘　杨
封面设计：意匠文化·丁奔亮
责任校对：赵丽敏
责任印制：曹婉颖

出版发行：清华大学出版社
　　　　　网　　址：http://www.tup.com.cn, http://www.wqbook.com
　　　　　地　　址：北京清华大学学研大厦A座　　邮　　编：100084
　　　　　社 总 机：010-83470000　　　　　　　　邮　　购：010-62786544
　　　　　投稿与读者服务：010-62776969, c-service@tup.tsinghua.edu.cn
　　　　　质量反馈：010-62772015, zhiliang@tup.tsinghua.edu.cn
印 装 者：大厂回族自治县彩虹印刷有限公司
经　　销：全国新华书店
开　　本：165mm×235mm　　　印　　张：21.75　　　字　　数：294千字
版　　次：2021年8月第1版　　　　　　　　　　　印　　次：2023年3月第10次印刷
定　　价：60.00元

产品编号：091436-01

孩子学习成绩不理想，究竟是哪里出了问题？我们习惯上会将其归结为"不用心""不努力""太懒"，甚至是"太笨"。传统的应对策略就是补课、刷题。但现实中，很多孩子从小学就开始补课，一直补到高中，为什么学习成绩始终没有进步？

经过二十多年的研究，我发现，究其根本，孩子的学习问题是由其学习系统的漏洞造成的（详见第一章）。如同我们吃五谷杂粮，身体有时会生病一样；孩子们学习各科知识、各类技能，他们的学习系统也可能像"生病"一样出现问题，最终表现为成绩不佳。

如果孩子身体生病，家长们会让孩子赶紧休息，带孩子去医院，请专业医师看诊，并遵循医嘱吃药、打针、手术。待身体恢复之后，才会让孩子去学习或是完成其他任务，不会让孩子带着身体上的疾病去做事。但是，当孩子学习系统"生病"时，着急的家长却常常要求孩子上更多的课、刷更多的题，让孩子带"病"超负荷学习。这既对孩子不公平，也没有实际效果。

孩子学习有问题，需要优先帮助他们治疗学习系统上的"疾病"，拥有"健康"的学习系统，成绩才会优秀。

学习系统理论缘起

说到学习，我好像这一辈子都在做和它相关的事情。早年时，我努力钻研如何让自己学好各门功课、考出优异成绩，那时我的感悟主要集中在学习方法上。

1985年我上高一，担任班级化学课代表，偶然的一些锻炼机会让我思路大开。化学老师李纯钢是一位刚刚参加工作的师大毕业生，我们俩相处得非常好，他经常给我一些意想不到的任务。

有一次，李老师对我说："少卫，过几天化学月考。我忙不过来，你能不能帮我出张考试卷子？"我先是不假思索地答应了，后来才发现出题并不像自己想象的那么简单，我翻遍当时能找到的所有资料，好不容易才拼凑出这辈子第一张自己命题的考卷。然后，从刻蜡版、印刷到发卷，直至最后的判卷、誊写分数，都是我的工作。令我意外的是，李老师对我的工作非常满意，很快他又给我安排了几次类似的任务，甚至还让我去别的班级代他讲过两次课。

这些经历对我来说意义非凡，我突然发现，自己的学习视角和以前不同了。不自觉地超越了纯粹解题的学生角度，我习惯了从教师和出题者的角度去思考"为什么给这个条件？要考什么原理或公式？"把这些体验变成一种学习方法，我称之为"出题法"。再遇到错题，不仅满足于会做，我要求自己能够在此基础上给自己出一道更难的题目。有时，为了出一道难题，我会像拼拆积木一样，把已知条件变成未知条件，把可以求得的具体数值变成可以消掉无需求得的，等等。

凭借奇特的"出题法"，我的学习状态变得与众不同，各科成绩也一路高歌猛进。1988年，我如愿考入了清华大学自动化系。

1990年，我开始真正深入地研究学习。当时我在读本科，正在学习计算机、人工智能相关课程，并利用业余时间从事中、高考家教辅导，赚点生活费。那时的大学生家教经常要进行全科辅导，因此，一方面我在各个学科积累了大量教学经验；另一方面，我不知不觉地开始运用计算机、人工智能的原理和方法来分析某些学生学习过程中出现的"奇葩"问题，这让我对学习产生了诸多新的见解，比如：人工智能的本质是把专家思维研究清楚，用计算机来实现；那么，针对那些学得不太好的学生是否也可以参考人工智能的设计思路，在他们的头脑中训练并实现专家思维呢？在本书第一章中，我提到了一位"比"不清楚的孩子，他经常把"甲比乙快"这类的减法算式前后搞混，用传统的眼光看，似乎是因为马虎的原因。受到机器学习模型的启发，我深入思考他搞混的内在机制，发现并解决了他的逻辑问题，这让他的数学成绩从常年的十几分、二十分提升至及格线。这一案例让我第一次意识到，表面看到的马虎问题，背后可能隐含了学生逻辑能力和程序意识的不足。

由于我的学习方法独特、教学知行合一，经我辅导过的学生，各科成绩突飞猛进，很快我成为了家长们口中的金牌家教。同时，有机会解决学生的各类奇特学习问题，让我感到非常兴奋，越难解决的问题越让我痴迷。面临研究生专业选择时，相比去研究机器如何学习，我更愿意去研究人如何学习。于是，我考入中国人民大学心理研究所，师从著名心理学家俞国良教授，专注于学习困难的研究。在这之后的学习研究中，我把本科阶段所学的人工智能和研究生阶段所研究的学习困难这两个领域联系在一起，发展出了学习系统模型和学习治疗理论。

2005 年，我研究的学习系统相关理论首次成型。最初以《学法兵书》网课的形式呈现，在北京四中网校开始讲授。该课程全面讲述了学习的目的、学习的感受、学习的角度、学习的效率、学习的方法、学习的运筹等内容，从学习的系统论（学习动力、学习能力、学习适应力）角度来整体分析学生遇到的学习问题，帮助他们更好地定位自身学习能力的不足之处，快速提升考试成绩。

此后，随着时间的推移，我在学法之上开始进一步思考，寻找更为规律、更加简洁的学习之道，并于 2010 年开始在北京交大附中、八一学校、理工附中等学校开设《学道课》，帮助学生从大脑的内存、数据库、学习操作系统、学科应用程序等方面，分析自身不同程度的学习问题；同时，引导学生从收集、分析、决策、执行等角度有效升级自身学习的核心能力系统，真正实现跨学科学习，从根本上提升自身的学习水平。此时，我的学习治疗理论不仅能够帮助学困生有效解决学习问题，而且对于优秀学生的能力提升同样有着显著的效果。

2015—2017年，在担任清华大学人文学院素质教育研究与发展中心执行主任期间，我继续发展学习治疗理论研究，提出了包括识别驱动、语义解析、逻辑加工、价值决策和程序定制五大模块的学习系统模型。我又带领专业教研团队，对清华大学106名学生的学习系统进行深入研究，提取出他们的共性特征，最后形成了"积极学习系统模型"。其间，我应邀在TED（Technology，Entertainment，Design，技术、娱乐、设计）北京论坛做了主题为"人工智能思维在学习中的应用"的演讲，受到了国内外教育界同仁的广泛关注和认同。

在构建学习系统模型、开展学习治疗实践的过程中，看到一个又一个学生经过专业的学习系统建构和学习治疗，从厌学变为爱学，从学困生变为正常学生，从优等生升级为清北生，我更加坚定学习治疗理论的正确性，也更加坚定我的教育主张——在科技迅猛发展的今天，我们要用推动人类社会进步的理工科思维方式和科学实践方法来改进发展相对滞后的教育。

2018—2021年，我相继担任清华大学幸福科技实验室（H+Lab）副主任和清华大学心理学系学习科学实验室执行主任，继续贯彻自己的教育主张，坚持以AI思维促进人脑智能开发的思想，运用AI思维进行课程设计、教学及作业改革；同时，积极将学习科学技术运用到中小学学科教学工作中，研发能够及时反馈学生各类学习问题的输入输出工具和学习评价系统，其中，学习智能舱、学习智能笔等有关应用技术在国内外都是非常领先的。同时，我与腾讯教育合作开发了学习科学师训平台（微信小程序），有力地推动了面向全国中小学教师和家长的学习治疗师培训完美落地实施。

图为学习智能舱（左）与学习科学师训平台小程序（右）

本书大纲

本书是我二十多年来从事学习研究，完成近 3 万小时学习治疗个案的经验总结。在接下来的章节里我将详细介绍学习治疗理论的由来、理论的核心内容，并通过 36 篇具体案例讲解如何对存在学习问题的学生开展学习治疗、如何成为一名优秀的学习治疗师等内容。本书选取的学生案例涵盖中小学各类常见学习问题，既可以为学校教师、课外辅导机构老师等教育从业者提供教学参考，也可以为各位家长朋友提供家庭教育指南。

第一章介绍了学习治疗理论的由来及其核心内容。学习治疗理论的形成始于我对马虎现象的深入研究,在这期间我接触了上百个马虎粗心的个案,同时也深受心理学、脑科学、计算机科学、人工智能等领域前沿研究成果的启发。理论框架形成后,我又以此对清华大学学生进行了深入调研,一方面验证理论的科学性;另一方面总结理想学习系统模型,为教学实践、个案咨询提供参考依据。

从第二章起,我将带领各位读者朋友一起,逐一回顾这36篇案例节选,以此介绍和展现如何应用学习治疗理论,帮助孩子解决具体的学习问题。例如,除了马虎,孩子写作业拖沓的现象在过往的个案咨询中也尤为典型。孩子的写作业拖延有哪些成因,又该怎样进行学习治疗和干预?我在第二章的四篇精选案例中进行了详细地阐述与解答。

第三章至第五章集中列举了家长容易出现的典型教育问题。其中第三、第四章主要针对父母,而第五章则主要针对隔代家长,重点指出家庭教育中,家长应当如何管理自身情绪,避免哪些教育误区,以及如何正确、科学地引导孩子的早期学习。

第六章至第八章则记录了孩子在具体的学科学习中,存在哪些多元而典型的问题表现及其治疗方法,其中涵盖了学习方法不当、学习内驱力不足、偏科、学习努力但进步缓慢等问题。

第九章介绍了两个我经手的特别案例。这是两位罹患阿斯伯格综合征的男孩,有着不尽相同的症状表现:前者主要与学校里的同学和老师存在交往障碍;后者除了人际关系问题,还存在行为模式刻板化、运动笨拙、语言障碍等问题。这章主要讲述如何对他们进行分析诊断,并和家长一同引导孩子走出困境。

最后,在结尾的第十章中,奉上几篇初三到高三学龄段的典型案例:当学习治疗师走入孩子的灵魂深处,孩子的价值决策会产生怎样的变化?他们又将如何成为更好的自己?

希望本书能为有志于学习治疗事业的同仁提供一些可资借鉴的资料。

特别声明：经与《学习治疗手记》相关案主和监护人充分沟通，出于对个案隐私的保护，在本书中隐去了案主的相关身份及特征信息。书中的所有姓名或昵称，均非真实姓名。如有重名，纯属巧合。

目 录

 第一章 学习也需要治疗 / 1

    1.1 马虎很常见，真相不简单 / 2

    1.2 马虎分四类，干预有章法 / 8

    1.3 从四类马虎到学习系统模型 / 22

    1.4 学习治疗师的使命 / 32

 第二章 给作业拖延症把把脉 / 35

    案例2.1 拯救孩子的黑眼圈 / 36

    案例2.2 感统训练纠正写字问题 / 42

    案例2.3 "会说就会写"的写作秘诀 / 49

    案例2.4 防走神的"定海神针" / 57

第三章 莫因焦虑给孩子"挖坑" / 65

    案例3.1 "996"上"班"日程表 / 66

    案例3.2 谁改变了妈妈的"河东狮吼" / 73

    案例3.3 "遗传"来的英语学习难 / 79

    案例3.4 90分以下是差生？ / 86

第四章　遵循孩子的发育发展规律　/　93

案例 4.1　提前学是不是抢跑？／ 94

案例 4.2　过早书写的孩子／ 100

案例 4.3　高知家长的向下兼容之道／ 105

案例 4.4　从做家务中学会举一反三／ 110

案例 4.5　巧用方言为英语解围／ 114

第五章　掌握隔代育儿的分寸感　/　117

案例 5.1　保护孩子的想象力／ 118

案例 5.2　三轮车上的"小皇帝"／ 122

案例 5.3　军官爷爷的"视察"／ 128

案例 5.4　豪门里的选择性难题／ 134

第六章　突破自我认知的天花板　/　143

案例 6.1　拯救题海少女／ 144

案例 6.2　产品思维搞定背单词／ 151

案例 6.3　逻辑是突破学习瓶颈的关键／ 158

案例 6.4　复读不是简单的选择题／ 165

第七章　打通偏科生的任督二脉　/　177

案例 7.1　找到英语学习的乐趣／ 178

案例 7.2　"二次元"女孩攻克数学难关／ 185

案例 7.3　打开学科的记忆之门／ 193

案例 7.4　理科学霸的语文"救赎"／ 201

第八章 解决学习中的疑难杂症 / 209

案例 8.1　为什么学得好却考不好 / 210

案例 8.2　成绩波动的底层原因 / 217

案例 8.3　解决难题，逻辑通道是关键 / 224

案例 8.4　找回自信的"宝藏男孩" / 233

第九章 与"阿斯伯格"男孩"共舞" / 241

案例 9.1　偏执男孩的社交解码 / 242

案例 9.2　用可"听见"的方式交流 / 253

第十章 治愈灵魂深处 / 265

案例 10.1　青春期的"灵魂三问" / 266

案例 10.2　中考失利不等于人生失败 / 274

案例 10.3　如何翻转"缺"爱的家庭 / 282

案例 10.4　从网游世界回归的高三学霸 / 294

案例 10.5　"放牛班"的逆袭奇迹 / 302

学习治疗大事记 / 314

附录一　《学道心经》 / 321

附录二　积极学习系统模型简介 / 324

附录三　往期学员培训感想节选 / 326

后记 / 331

第一章 学习也需要治疗

本章导读 如果要给孩子做题出错的原因搞个排行榜的话,那么"马虎"一定名列前茅——看错题是马虎了,写错数是马虎了,漏写关键点也是马虎了……事实上,越是常见却不容易解决的问题,其背后越是隐藏着未知的真相。正是由对马虎现象的研究开始,我一步步打开了学习的"黑匣子",最终不但找到了马虎发生的深层机制,更揭开了"学习"神秘面纱的一角,我将其称为"学习系统"。

1.1 马虎很常见，真相不简单

在让学生们进行考试后的错因分析时，我们通常会发现在各种原因中，粗心马虎的出镜率最高。

"哎呀，这道题我马虎了，没有看到要'结合材料二'回答问题。"

"这题我会，思路都对，就是计算时忘记进位了，下次再认真点肯定能上90分。"

"是是是，粗心了，没注意这几个数的单位不一样，忘统一单位了。"

……

是不是很熟悉？

马虎就像一个万能筐，说不清具体原因的错误都可以往里装。看漏了是马虎，看错了是马虎，写错了、算错了还是马虎……将学习中的错误归结为马虎，似乎成了一种简单便捷、无伤大雅的做法，但是这样却无法解决问题。很多学生明知道自己有马虎的毛病，却屡犯难改。这次是审题上马虎，下次是书写上马虎；这次是数学马虎，下次是英语马虎。

马虎不是病，犯起来真要命。

我曾经问过一个学生，学习上最大的问题是什么？他不假思索地说："马虎。"

还有一个家长跟我抱怨孩子太马虎，如果能认真点，班级排名前进10~20名都不成问题。

马虎现象虽然普遍，却从未被科学对待。长期以来，教育教学界既没有对马虎背后的原因展开深入研究，也没有找到解决这一"顽疾"的有效方法。

有的教师、家长认为马虎就是态度不端正、不认真，反复叮嘱、不断提醒是他们帮助孩子的主要方式："因为马虎丢分多可惜啊，下次一定要认真啊！""一定要看清楚题，答完卷子要从头到尾检查一遍。""如果你能改掉马虎的毛病，考进前十也不难！"

有的家长、学生甚至认为与学习能力差相比，马虎并不是什么大问题。所以，家长会对自己的孩子这样评价："他学习不错，就是有点粗心马虎的毛病。"学生会对自己的错误这样开脱："这题我会，思路完全正确，就是计算马虎了。"

也有的家长因为孩子的马虎十分烦恼，感到束手无策。从最开始的叮咛嘱咐，到后来的呵责训斥，软硬兼施也无济于事。孩子好像也学会了知识，但就是马虎问题一大堆，成绩总是亮红灯。

我曾经遇到了一位马虎到让家长"认输"的孩子，也正是因为这个孩子，我开始钻研马虎现象，并由此揭开了"学习"神秘面纱的一角。

相关案例

我是"马虎鬼"

那时我研究生毕业不久，刚刚开始独立做学生个案咨询。有一天，一对中年夫妇带着一位个子瘦高的男孩走进我的咨询室。男孩名叫宇松，穿着肥肥大大的衣服，一副对什么都无所谓的样子。几个月后他就要升入初三了，但是成绩一直都处在班级中下游，请过家教，上过补习班，始终不见起色。父母对宇松的评价是"太马虎"。

"什么都好，就是太不严谨，考试特别马虎，成绩总是很不理想。每次考完和他一起分析试卷，发现许多题目他会做，不该丢分，但就是不知道为什么他总是做错。因为马虎，我们批评了他无数次。他认错态度倒是特别好，但从来不见改正，他还乐乐呵呵地说自己是'马虎鬼'。我们真的是没有办法了。"宇松的父母这样跟我介绍道。

"是什么时候发现他这个问题的？"我问。

"小学的时候就有，数学总是八十多分，马虎多。上初中后越来越严重，除了数学，语文、英语等其他学科也经常因为不认真丢很多分。

"刚开始，我们想是不是他上课没听懂，或者题练得太少，所以给他请了家教又送去补习班。可老师们大多都反映，他学东西挺快的，就是太粗心了，很多错都出在马虎上。"

单单是马虎，就能让一个学生遇到如此大的学习瓶颈吗？我想问题不会这么简单。

都是马虎，各有不同

我带着宇松把他初二以来的各科试卷认真分析了一遍，挑出有代表性的题目让他还原最初的解题过程，发现宇松的"马虎"至少有三种不同的情况。

第一种情况：看错题目信息。负数看成正数、"厘米"当作"米"、要求选"不正确的"选成了"正确的"……其中，最为明显的一例是没有看到题目中的"如图所示"，这相当于直接漏掉关键已知条件，想当然地解题。

第二种情况：想得都对但落笔出错。草稿纸上的0，到考卷上抄成了 6；单位应该是 g，却写成了 kg；英文 big 写成 pig……用宇松的话说是"手滑了"。如果偶尔出现笔误，那自嘲地解释为"手滑了"还说得过去，屡屡出现这样的问题，一定存在深层次的原因。

第三种情况：知识上存在漏洞。比如，英语名词单复数变化，应该加 es 的只加了 s；数学里同位角、内错角、同旁内角经常搞错等。这属于对基础知识理解有误或者记忆不牢，同时也没有找到相应的具体解决方法，只要涉及相关知识点，错误就会反复出现。

而以上这三种情况的背后都有一个共同的价值观问题，那就是在宇松的心里，马虎不是一件丢人的事，也不是一个值得痛下决心改掉的毛病。和宇松分析这些马虎错题时，他总是满不在乎，常常用"不小心""疏忽了"这些理由为自己开脱。与不努力、能力不足相比，好像承认马虎反倒让他感觉轻松，甚至沾沾自喜。可以说，马虎成了他成绩不佳的"挡箭牌"。难怪一提到马虎，他"认错态度良好，但是总不见改正"。

我按照马虎的不同情况，分别帮助宇松找到了对应的解决方法。比如，用圈画法标清已知条件，避免漏掉重要条件；对选择题中选"正确"与"不正确"的答案建立条件反射；遇到涉及单位的题目，第一步先看是否需要统一单位；用思维导图法查找并弥补知识漏洞……其中，最为重要的是，引导宇松改变对"马虎"的看法。我和他一起分析马虎出现的真正原因，带着他体验如何用正确的方法轻松避免马虎。在这个过程中，宇松逐步意识到马虎只是表面现象，而背后的原因是学习能力不足，或者是学习功夫没下到位。后来，他对马虎再也不是无所谓的态度了。

经过一段时间的集中调整、训练，宇松的马虎问题越来越少，期末考试成绩排名前进了20名。再后来，这个孩子考入了北京市一所重点高中，取得了他的父母完全没有想到的好成绩。

马虎研究揭开学习机制神秘面纱

我对马虎的研究深受学习科学思潮的影响。

学习科学，兴起于20世纪70年代。那时以电子计算机、新能源技术为代表的第三次工业革命，刚刚将人类社会带入知识经济时代。科技的发展引发人们对教育的反思。科学家们发现人们一直都在研究怎样教，而对人类是如何学习的则知之甚少。以知识传授为核心的"教授主义"思想一直占主导，但这已无法适应知识经济时代对人才的需要。于是，以人类学习规律为研究对象的学习科学，吸收心理学、脑科学、计算机科学、哲学、社会学等学科的研究成果，获得蓬勃发展。

受到这一思潮的影响，在面对一个个学困个案时，我始终在思考，究竟是什么在制约着孩子们的学业进步？他们学习的"黑匣子"是怎样的？又是如何运转的？在帮助宇松克服马虎问题过程中，我也在不断追问，人们习以为常的马虎究竟是怎么一回事？

我发现马虎只是一种表面现象，它的背后有着复杂的心理机制，牵扯了认知、动机、情绪等多个方面。不只是马虎，我们常见的偏科、不会举一反三、记忆困难等其他学习问题也是一样，只有透过表象，找到深层原因，才能对症下药，真正解决学生的学习问题。

我还发现深层的学习机制呈现出明显的系统性特征。关于系统，作为现代科学技术三大奠基性理论之一的系统论有专门的论述。简单地说，系统论认为系统普遍存在，任何系统都是一个有机的整体，而不是各要素的机械组合或简单相加。系统中各要素并非孤立存在，它们在系统中起着特定的作用。因此，应当把研究对象看作一个系统，去分析系统的结构和功能。在宇松个案中我们看到，他在数学上出现的一类马虎问题，在英语、语文等学科中也存在。这类问题不是单一学科的问题，而是学习的系统性问题。如果采用"数学不好就补数学，英语差就补英语"的传统思路，像一般家教、补习班惯常所做的那样，这类问题根本就无从解决。头疼医头、脚疼医脚，忽视人体的系统性，病只会越治越重。学习也不例外，忽视学习的系统性，孩子会越学效率越低。

因此，在个案干预中，我倾向于将学习机制当作一个系统来看待，这个系统，我把它称作"学习系统"。

1.2 马虎分四类，干预有章法

20世纪六七十年代，在计算机科学的影响下，有一批认知心理学家将计算机的概念、原理引入心理学研究，他们将人脑与计算机进行类比，将人的认知过程视为信息（所见、所闻、所读的内容）在人脑这个系统中的经过，提出了信息加工理论。受此理论的启发，我将本科阶段自动化专业所学的计算机科学、人工智能的理论与思维模式，与研究生阶段心理学专业所学的普通心理学、认知心理学和脑科学的理论与方法，进行融合和打通，应用在对马虎现象的研究、马虎问题的解决上。

经过大量学生个体案例、学校集体案例的研究和实验，按照产生原因进行区分，我发现了马虎的四种常见类型。

类型一　信息识别与执行偏差型马虎

出现这类马虎的学生往往做事毛毛躁躁、丢三落四。学习中，常出现基本运算错误、漏看错看题目信息、书写不规范或不准确等问题。产生这类马虎的主要原因是学生的信息识别存在问题，驱动执行不精准，做题时没有形成及时校验的习惯。

类型二　逻辑加工偏差型马虎

总在涉及逻辑的题目上出错，是这类马虎的典型特点。学生因为不能准确地对比、判断、分析，便会在做比较、处理推理关系等问题上出错，表面看好像是审题不清，实际上是逻辑加工能力存在问题。

类型三　价值观偏差型马虎

存在这类马虎问题的学生，就像前文提到的宇松同学，对马虎满不在乎，习惯用马虎来遮掩自己在学习上的不用功、能力不足等问题。他们对改掉马虎毛病没有动力，更不会主动去寻找方法，于是马虎成为阻碍他们成绩提升的一只"拦路虎"。

类型四　知识漏洞与程序缺失型马虎

这类马虎的最大特点，就是学生在某个特定的知识点、知识板块上反复出错。任何学习能力都离不开对知识的记忆和理解，知识上存在漏洞，解题时自然会出错。出错后既没有认识到原因所在，也没有形成应对错误的一套程序方法，便会重复出错。

厘清马虎的类型，再来帮助学生解决马虎问题时，我便能迅速判断、准确定位学生的"症结"，帮助他们在短时间内取得明显进步。多数老师会给学生反复讲知识点，找一批同类型的题给学生练，希冀把学生讲会、练会。而我则像经验丰富的医生看病一样，准确判断病因，对症下药，药到病除。

所以，我常常说，像人体生病要治疗一样，学生学习出了问题，也需要治疗。

相关案例

从不及格到 84 分，一次辅导造就的数学奇迹

沈慧杨是一个典型的"乖乖女"。第一次来到我的咨询室，她很有礼貌地向我鞠躬问好。她在课本上用不同颜色规规矩矩

地勾画出重点，笔记也工整秀丽。不难看出她是那种学习认真、努力的孩子。但是上初一后，数学成了她的老大难，经常不及格。这让她痛苦不安。

"老师，我上课听讲很认真，作业也从不偷懒，但还是不及格，我是不是太笨了，天生就不适合学数学啊？"她简单介绍完自己后，焦急地问我。

我笑笑对她说："别着急，我辅导过上千名学生，还没遇到过努力学数学却学不会的呢！"

随后，我翻看了她的数学试卷，发现她的有理数四则运算错误率极高。问她运算规则，她都能逐条背出来。仔细查看了几道比较复杂的运算题目，发现她对负号十分不敏感，特别是幂运算，像$(-3)^3$或$(-2)^2$这种，有时候能做对，有时候就做错了。

我将带负号的单项幂运算单独拿出来让她练习，她能达到100%的正确率，但是放到多项式中，就容易出错。

慧杨不懂有理数四则运算的知识吗？带负号项的运算规则她不明白吗？显然不是。知识她有，但是用不好。在对含有负号的项进行运算时，她的注意力容易被旁边的其他信息干扰，这导致她对负号的识别不够准确。这个问题属于马虎的第一种类型——信息识别偏差型马虎。表面看是马虎了，其本质是对某类信息识别能力上存在问题。

如何解决呢？

单单告诉她问题出在负号识别错误上有用吗？她反复在正

负号上出错，这一点想必老师已经告诉她了。让她多练一些同类型的题目有效吗？如果有效，她也不会来找我了。她的学科老师、辅导班老师，或者她自己也就能解决了。

事实上，她只当这是马虎了，她也想认真一点，但是没有找到让自己"变认真"的办法，自然无法规避这种马虎。

对此，我给她专门设计了一个解题小程序：一遇到有理数四则混合运算题，第一步不做运算，只处理正负号，然后再进行计算。比如下面这道题：

$$(-1)^4-(1-0.5)\div\frac{1}{7}\times[2-(-3)^2]$$

第一步，不运算，只处理正负号，得：

$$(1)^4-(1-0.5)\div\frac{1}{7}\times[2-(3)^2]$$

或许你会说，这不就是多列了一步算式吗？对，但就是这个小操作，让慧杨在一个多星期后的数学测验中考了84分。拿到成绩的当天慧杨就发微信给我报喜。她还告诉我，全家人都对她的进步感到很惊喜，连一向严厉的爷爷都夸奖了她。

更重要的是，慧杨重新燃起了对数学的信心，她让我教她更多学习数学的方法，希望期中考试能考到90分以上。

像慧杨这样知识点都懂就是做不对题的学生大有人在。他们懂知识，却因为这样那样的原因而不能很好地使用知识解决问题。我们既要教给学生陈述性知识，更要引导他们根据自己的问题形成程序性知识，也就是用知识解决问题的一个个小程序，真正地实现知行合一。

学霸有妙招，做到不马虎

在收集信息或书写执行时出错，是学生们一个很常见的现象，这也是上文提到的屡见不鲜的第一类马虎。不过，清华和北大的学生身上却很少出现这类问题，他们经常能考出满分或者接近满分的成绩，让人好生羡慕。

这背后的原因是什么呢？是他们智商超群，还是手眼和普通学生长得不一样？早就有研究者做过调查，大部分通过高考考入清北的学生，智商并没有明显超出一般水平。当然，他们的五官和四肢也没有特别之处。

我们发现，这些学生的学习系统中存在一个特别的机制，这个机制能够帮助他们在信息输入与输出时达到近似机器那样的准确率。

我曾在北京某重点中学做过一个实验：选取年级排名靠前的10名学生组成甲队，选取年级排名靠后的10名学生组成乙队，让他们做同一套难度系数较低的数学测试题，同时对他们进行脑电测试分析。实验发现，在做题过程中，甲队学生的大脑听觉中枢活跃度明显高于乙队学生。同时，测试结果表明，甲队正确率明显高于乙队。事后，乙队中很多学生反馈题目之所以做错，不是因为不会做题，而是因为马虎出错。

大脑听觉中枢的活跃度与是否马虎有什么关系？大脑听觉中枢活跃现象，说明学生在审题、做题时，不仅用眼睛看，同时也在心里默读，虽然没有发出声音，但是大脑依然可以接收到听觉信号。这意味着，同一个信息通过两个通道进入他们的大脑，一路是视觉通道，一路是听觉通道。听觉接收到的信息作为反馈信息对视觉接收到的信息进行及时校对验证。当来自两个通道的信息比对不一致时，大脑就会亮起红灯，对信息进行二次识别，这相当于是在进行自动校验。而大脑听觉中枢始终不活跃的学生，他们审题、做题过程中，眼睛看的同时没有同步心里默读，相当于缺了一路反馈信息，无法对经由视觉通道接收的信息进行校验，自然容易出现所谓的马虎问题。

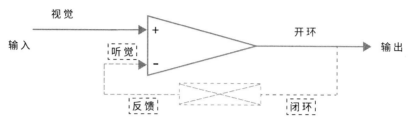

开/闭环控制示意图

人类学习系统的这一校验机制,与控制论中的"闭环控制"基本一致。闭环控制又称闭环系统、反馈控制系统,是由信号正向通路和反馈通路共同构成的闭合回路控制系统,通过输出端反馈到输入端进行校正,以修正操作过程,使系统的输出符合预期要求。闭环控制广泛应用于各种自动控制系统。

甲队学生是在声音良好参与的闭环控制状态下学习,而乙队学生则是在缺乏声音参与的开环控制状态下学习,哪个正确率更高不言而喻。如果有兴趣,可以尝试下面这个小实验,亲自体会。

> **小实验**
>
> 选一本你不太熟悉的书。第一次只看不读,出声或不出声的默读都不要有。半个小时后合上书回忆一下,自己是否有看错的地方,如果有,请做出标记。第二次,边看边出声地读半个小时。其间如果发生读错字、漏字、串行等不得不重读的情况,请标记一下。然后,对比前后两次看书出错的次数。

相信大部分人的结果会是,第一次零错误,第二次有数次错误。这是为什么呢?因为第一次只看不读是开环控制,校验机制未起作用。第二次边看边读是闭环控制,声音作为反馈对眼睛所收到的信息进行实时校验,被卡住的地方，其实就是看错的地方。

读到这里，你或许已经想到，启动自动校验机制可以帮助学生避免第一类马虎。没错，让孩子们多多练习手指默读吧。

相关案例

"比"不清楚的孩子

我在清华读本科时，一直在做家教，曾有一个名叫博林的初二学生一度让我很伤脑筋。他不是那种和父母对抗、叛逆不学的孩子，但是数学非常差，每次考试只有十几分，他的数学老师基本要放弃他了。刚开始接手时我也不得要领，给他讲题，他好像也都能懂，问他基本的数学概念、定理，他也都能准确地回答，可是题目就是做不对。

我始终困惑，他的问题究竟出在哪里？直到有一次我们练习的一道数学题，涉及比较关系，这才找到了阻碍他学习的真正原因。题中有一个条件是这样的：

> 一个学校搞募捐，二班比一班多捐了22块钱。

我随口问他："哪个班捐得多？"

这个小学一年级都会的问题，他居然很认真地回答我："一班捐得多。"我瞪大了眼睛看着他，确保他不是在搞笑。

我问他："二班比一班多捐了22块钱，为什么是一班多？"

他说："对呀！老师你看，一班多捐了22块钱啊，当然是一班捐得多。"

原来他把"二班比"直接去掉了,我当时哭笑不得。如果仅看他给的答案:一班,估计很多人会认为他马虎了,想当然地认为他是看错了或者抄错了,毕竟这个比较关系多么显而易见啊。但他确实没想明白。

回去后我就一直思索这其中的原因,如何能帮他解决这个令人匪夷所思的问题。只是简单地布置一两百道题让他练习肯定没用,如果刷题能拯救他的数学,他的成绩早就提高了。

当时,我正在学习人工智能,就比照着机器学习的模式,去思考他学习的操作系统是什么样的,逻辑层是什么样的,运算是如何进行的,等等。后来我将他的问题锁定在逻辑运算上,发现对比和类比逻辑运算对他来说尤其困难。我通过画图讲解、专项练习的方式最终消除了他这两个逻辑盲点,他的数学成绩也随之从十几分达到了及格线。

按照马虎的类型来看,博林属于第二类逻辑加工偏差型马虎。在之后的学生个案咨询中,我遇到了不少类似的情况,看似是马虎,实际上则是逻辑加工能力不足造成的错误。逻辑加工调用的是高级的思维形式,因此出题人常用逻辑作为调节考试题目难易度的"弹簧",要增加题目难度就增加逻辑的难度,反之亦然。

从研究机器学习到探索人的学习

我在大学学的是人工智能,主要研究机器如何学习。曾经以为自己会沿着这条路走下去,成为一名专攻人工智能的工程师。没成想遇到了博林,正是这个"比"不清楚的孩子，让我的兴趣逐渐转移到人的学习上。本科毕业后，我不再想研究机器学习了，人是怎么学习的命题更让我好奇。于是读研究生时我选择了心理学领域，专攻学习困难方向，希望能揭示出更多关于学习的秘密，帮助那些被学习困住的孩子。

从自动化到心理学，两个看似不相关的专业领域，却能在我的学习研究与学习治疗实践中相融相通。从机器学习的逻辑运算模式中我获得启发，解决了博林的逻辑问题，而计算机科学与人工智能的理论与思维方式，为我打开一扇窗，让我具有与别人不一样的视角，收获不一样的发现。

举个例子，很多人想当然地认为人脑比电脑强大，但是当我们将对比点聚焦在内存这一项时，便会发现人脑简直"弱爆"了。电脑和人脑都可以被看成一个信息处理器，其中信息的存储与提取是信息处理的重要一环。电脑的内存用于暂时存放CPU（central processing unit，中央处理器）中的运算数据，与硬盘等外部存储器交换数据，并运行任务所需的软件程序。可以说，内存就是电脑当下进行信息处理的主要容器，因此内存的大小直接影响电脑运行的快慢。类似的，人脑也有内存，心理学上叫工作记忆，它是一种对信息进行暂时加工和贮存的记忆系统，容量有限，在许多复杂的认知活动中起重要作用。

我们知道，现在家用、商用电脑的内存容量一般4G起步，使用中还可以根据实际需要增加内存。相比之下，人脑的内存容量则少得可怜，只有7 ± 2个组块（单元），而且先天设定，目前尚不能扩大。

如果用信息的最小单位比特来衡量，大脑接受的信息量可以高达4×10^{11}比特每秒，但它能处理的信息却极为有限，仅为2×10^3比特每秒。人脑硬件的这一"缺陷"极大地限制了我们的学习速度。如果有朝一日生物芯片技术能将人脑内存扩大到10兆，那我们一辈子才能学完的知识，一两个星期就能搞定。

当然，人脑内存扩大遥不可期，我们必须教会孩子如何适应这一先天局限。对于那些懒得动笔，妄图通过想一想就得出答案的学生们，我习惯将草稿纸比作虚拟内存，鼓励他们将所想信息及时写下来，腾空人脑内存，让新信息及时进入大脑的识别、加工过程，从而提高学习、解题效率。这一方法十分有效，对于那些一眼看过去没有思路的学生，能让他们很快想出解题思路，对于那些解题过程中容易出错的学生，能迅速提高他们的解题正确率。

此外，电脑处理信息的过程，也帮助我更清晰地看到人脑处理信息的过程。

计算机处理信息有六个步骤：收集信息 – 计算分析 – 存储 – 调用存储的信息 – 计算调用的信息以应用 – 输出。我们在学习时也遵循类似的流程。下面以这道物理题为例来说明学习时信息处理的过程。

> 例题：一辆汽车在 5 s 内做匀加速直线运动，初速度为 3 m/s，末速度为 10 m/s。求汽车的加速度？

当学生面对这样一道题目时，他首先要做什么？显然是读题。类似计算机的收集信息，可将其称之为"收集识别"，识别有效信息，对信息进行初步的编码和存储。通俗地说，就是将有用的信息收集到大脑里。

为解出这道题，光读题显然是不够的，我们还要读懂它们。这就类似计算机中的"计算分析"。人脑是如何做"计算分析"的呢？首先是要把题的意思读懂，对于这道题来说，就是要把中文语义解析成物理学上的意思，也就是从对一辆车的运动描述中，"读出"以下已知条件：

（1）匀加速直线运动

（2）v_0=3 m/s

（3）v_t=10 m/s

（4）t=5 s

我将这一步称为"语义解析"。语义解析是对自然语言、数学符号、物理符号等这些约定俗成的知识符号系统进行"意思"的解读。这个过程会涉及从已有知识库（即语义库）调取内容。

对这道题来说，只读懂题并不能直接求得结果，我们还要进行深度的"计算分析"，与计算机中的"逻辑运算"相似，人脑会进行"逻辑加工"。当然，与电脑的"与、或、非"三种基础逻辑运算相比，人脑的逻辑加工要更为复杂，主要有分析、综合、判断、类比、演绎、推理等六种操作方式。经过分析、判断、推理，不难想到解决这道题所要用的公式有：

（1）$v_t = v_0 + at$

（2）$v_t^2 - v_0^2 = 2as$

（3）$s = v_0 t + \frac{1}{2} at^2$

做到这一步，答案呼之欲出，然而解题并没有完成。学生必须正确地将已知条件代入公式计算，将解题过程一步步写出来，保证计算正确、书写无误，这样才能得到最终的答案：汽车的加速度 $a = 1.4 \text{ m/s}^2$。计算机完成这一步叫"输出"，对应于人，不论说出还是写出，都是一个执行的操作，所以将其称为"驱动执行"。

收集识别－语义解析－逻辑加工－驱动执行，这不正是学生学习知识及完成解题需要经过的四个主要环节吗？这四个环节，哪个出现问题，无疑都会影响知识学习或者解题的正确性，也都有可能出现马虎现象。我对马虎的分类，也正是受到了计算机信息处理过程的启发。

人终究不是机器

如果说，人的学习系统只有收集识别、语义解析、逻辑加工和驱动执行四个模块，那么就不会出现第三类马虎——价值观偏差型马虎。

宇松就是第三类马虎的典型代表。他们不愿意承认自己在努力程度或能力水平上有欠缺，"马虎"便成了最好用的挡箭牌。做错题，不是不会，只是马虎了；考试成绩不理想，不是没学会，不是笨，只是马虎了。这样的自我评价，孩子需承担的责任很小，他们愿意接受，也能够接受；同时很多家长也愿意接受这种评价，这可以让他们继续保持对孩子的高预期，而不会对孩子的未来失去信心。

还有一类孩子，为了保持聪明的形象，学习不愿意下功夫，也不愿意为消除马虎而努力。这类孩子往往因为在小时候听惯了某些夸赞而被误导：

"真聪明，一听就会！"

"一步就能解出来，太厉害了！"

"看一遍就记住了，好聪明！"

……

这些赞美让孩子们认为聪明比什么都重要，而且学得越轻松，越能显示出自己的聪明。

然而，在初中阶段，知识量和学习难度大幅增加，掌握这些知识需要反复理解和记忆，若想保证正确率则需做到规范做题。小学曾经自认聪明优秀的孩子，因为不肯下"笨"功夫，只能学得似懂非懂，再加上各种马虎，成绩可能一落千丈。

价值观偏差型马虎是最难调整的。只有改变他们内心对马虎的价值判断，让他们认识到马虎就是能力差、就是不用功，他们才真正愿意做出改变，接受这些提高信息识别、逻辑加工等能力的技巧和方法，接受训练以消除马虎。

所以，与电脑不同，人脑中有"价值决策"这个机制在发挥重要作用，它是每个人的人生算法，指导着每个人的行为选择。若在价值判断上轻视马虎，则这个学生不仅在学习上爱马虎，连做事也会马马虎虎，甚至马虎一生。

相关案例

是马虎大意，还是没有学会

在做学生个体咨询的同时，我也在做高三学生培优辅导。曾有一个学生叫蒋孟宇，他的数学成绩还不错，颇为自信。有一次，小测验中有这样一道题：

若经过点 $P(2,8)$ 作曲线 $y=x^3$ 的切线，则切线方程为：
A. $12x-y-16=0$　　　　　　B. $3x-y+2=0$
C. $12x-y+16=0$ 或 $3x-y-2=0$　　D. $12x-y-16=0$ 或 $3x-y+2=0$

这道题的正确答案是 D。求曲线过点 P 的切线时，应首先检验点 P 是否在曲线上。这道题中 P 点恰恰位于曲线上。此时，要分点 P 为切点和点 P 不为切点两种情况进行讨论。

孟宇选的是 A。在公布答案后，他还十分相信自己，一度怀疑答案出错了。后来听完讲解，他才发现自己想当然地认为 P 点是切点，没有考虑到 P 点不是切点这一情况。

"哎呀，马虎了，马虎了。"孟宇情不自禁地总结原因。

"真的只是马虎吗？"我认真地反问。

我让他集中整理、分析最近一段时间导数部分的错题，发现看上去的"马虎"，实际上是他对导数的概念认识不到位，对导数相关的题目更没有形成有效的解题程序。他的这种马虎属于第四类，即知识漏洞与程序缺失型马虎。

后来，我让他重新梳理关于导数的知识，针对自己的错题建立相应的解题程序。比如一看到过点做切线的问题，首先要判断是不是过切点，分是切点、不是切点两种情况讨论。

认真做了这项工作后，关于导数的问题，他几乎没有再出过错，可以说是彻底清除了他在导数上的知识漏洞。

可见，通过梳理知识点和制定相应的解题程序，引导学生做到知行合一，才能彻底解决问题。

1.3
从四类马虎到学习系统模型

通过深入分析上述四类马虎，不难发现，我们司空见惯的马虎现象背后却有如此复杂、多样的原因。这些原因恰恰反映出我们学习系统中一些功能模块的问题，比如收集识别的问题、逻辑加工的问题等。当我们看到孩子数学题做错了，或者英语单词又背混了，只是孩子的某个数学定理没学会、某个英语单词没记住吗？实际上是孩子学习机制中的某些功能模块存在漏洞。如果我们能帮助孩子修复功能模块上的漏洞，为他解决的就不仅仅是数学或者英语的问题，可能连同一些语文问题一并解决了。

探究马虎现象，可以说是我研究学习道路上的一个重要里程碑。在这个过程中，我对学生内在的学习机制——学习系统构成逐渐有了更为深入的认识。我发现，就好像计算机依靠由软件和硬件组成的系统来实现信息处理功能一样，我们学习行为背后也隐藏有一套类似的系统——学习系统。我们看到的各种学习问题，如记忆困难、不会举一反三、偏科、厌学等，都像马虎一样是表面现象，它们背后的根本原因在于学习系统上的漏洞和不足。

那么，学习系统是什么样子？由哪些部分构成的呢？

类似计算机，人的学习系统也由软硬件组成。其中"硬件"就是人的大脑及各种感觉器官，而"软件"则是在人脑的各种认知功能之上建立起来的识别驱动、语义解析、逻辑加工、价值决策、程序定制等学习模块。其中，识别驱动、语义解析、逻辑加工、价值决策和程序定制，这五大功能模块按照一定的逻辑关系组成我们复杂的认知加工结构。这个结构即可视为狭义的学习系统。依据这个系统，我们可以全面理解学生的学习过程，分析学生学习困难现象的根源所在，准确诊断学习困难的"病因"。

下面逐一简单介绍学习系统的五个主要功能模块。

处理信息时，计算机以信息的输入为始、信息的输出为终，人也如此。无论是学习新知识，还是解决新问题，我们都开始于信息的收集识别。计算机通过键盘、鼠标、麦克风等多种渠道接收信息，类似地，人的信息收集通道也存在多种形式。这些信息收集通道主要分为外部感觉通道和内部感觉通道，前者包括听觉（耳朵）、视觉（眼睛）、触觉（皮肤）、嗅觉（鼻子）、味觉（舌头）等，后者主要包括失重感（内耳）、本体感（肌肉和关节）等。信息通过各个感觉通道输入我们的大脑后，经过以任务目标为导向的相应加工后，由人体执行器官（如口、双手、四肢等）完成信息输出——即驱动执行。这个过程，会涉及不同感觉、知觉之间的转换，大脑和肢体的驱动等。很显然，收集识别和驱动执行都调用了人体的硬件和软件，一始一终，形成控制闭环。因此，我们将两者合在一起，作为学习系统中的一个模块，称为"识别驱动"。

"识别驱动"是学习系统的根基。如果信息收集识别出错，比如数学计算中把"6"看成了"9"，即便计算过程完美无瑕，计算结果也一定会出错。同样地，如果驱动执行有偏差，应该写"6"却写成了"0"，即使前面所有的分析、操作都对，这道题也拿不到满分。因此，面对孩子在作业、考试中出现的问题，我们往往先从这个模块入手进行分析。

相关案例

数学看错"+""-"，英语混淆"b""p"，真是气"死"我了

曾经有位妈妈十分困惑地问我，为什么孩子总是把加减号弄错，总是"b""p"分不清楚。为此这位妈妈软硬兼施：起初是温言细语地叮嘱孩子要注意，后来孩子屡错屡犯，妈妈就觉得孩子学习"太不上心"，一见到孩子又犯"老毛病"就忍不住发脾气，冲孩子大吼大叫。但是无论来软的，还是用硬的，都没有任何效果，孩子还是时对时错。

当时这个孩子上小学四年级，我发现他有明显的识别驱动问题，他的视觉和触觉这两个感觉通道的信息，在输入和输出上还不太协调。一般来说，孩子上一二年级的时候，类似问题比较常见。一二年级是孩子内部各个感觉通道协调一致的"校准"时间，这就好像刚买来的打印机需要校准一样。但是孩子升入高年级后，还出现类似现象，说明感觉系统的高级统合能力存在问题，需要采用科学的训练方法进行干预。单纯的说教和训斥不仅没有效果，反而容易造成亲子关系紧张，甚至引发孩子的厌学情绪。

信息输入大脑后，要完成任务目标，就需要从输入的众多信息中筛选出

真正有用的，进行运算决策。这个过程涉及学习系统的语义解析和逻辑加工模块。下面我们来看语义解析。

语义解析，对于计算机而言，包括信息的编码、提取、解码、转码等过程，对于人脑而言，则是对诸如自然语言、数学符号、物理符号这样一套约定俗成的知识符号系统进行语义解读的过程。如果这个过程出现问题，则会出现信息提取时的解读困难，例如无法理解文章意思，读不懂数学应用题等；也会出现信息存储时的记忆困难，比如面对大量的背诵任务不知如何下手，一篇文章或某个模块的知识点记忆不全等。

相关案例

让人哭笑不得的作业

你大概也在网上见过一些令人忍俊不禁的小学生作业吧？比如，有个孩子用"又……又……"造句："我的妈妈又矮又高又胖又瘦"，用"一边……一边……"造句："他一边脱衣服，一边穿裤子。"

还有一位小学生作答一道要求"从小到大排列1~9"的题目，他除了按数的大小进行了排列，还按照"个头"从小到大写了1~9这9个数字。

这两个案例的错误显而易见，是孩子们对汉语语言符号的语义理解出现了偏差。"又……又……"连接两个形容词表示两种状态同时存在，矮与高、胖与瘦显然是不能并存的状态。"一边……一边……"表示两个动作同时进行，"脱衣服"和"穿裤子"也显然不能同时发生。孩子没有正确理解这两个固定格式，因此闹出了笑话。同样，在数学题里"从小到大"由语境决定了是指数的量，而非数的个头，孩子因为没有正确理解这一点，给出了一个很"呆萌"的答案。

孩子们出现类似的问题是很正常的，因为他们学习知识的过程也是在不断建立和丰富自己语义库的过程。但是老师和家长应该清楚问题所在，及时帮助孩子纠正，否则语义理解上的错误可能会跟随孩子很久，甚至直到成年后的某个公开场合，出了洋相才被发现。

完成语义解析后，下一步就是逻辑运算。在已知与未知之间建立逻辑通道，求出未知、完成解题任务，这个过程由学习系统的逻辑加工模块完成。

逻辑加工，对于计算机来说，基础形式非常简单，仅包含"与""或""非"三种。"与"表示所有条件成立时，结果成立；"或"表示所有条件中，只要有一条成立则结论成立；"非"表示条件成立，则结果不成立。计算机就是这样通过简单的逻辑运算来完成复杂任务的。其基本原理就是将复杂任务一步步分解为简单任务，直至能够处理为止。

人脑解决问题的基本原理大同小异。我们将复杂的事情分步简化，一层一层地进行逻辑推理，最终得到结论，形成决策。人脑的逻辑加工主要指在认识事物的过程中借助概念、判断、推理等基本思维形式，进行收集、分析、综合、比较、抽象概括和具体化等思维加工的过程。

其中，概念是反映事物本质的思维形式，以内涵和外延为基本要素；判断是对事物的情况进行肯定或否定的思维形式，对不同概念的内涵及外延的关系进行工作；推理是以一个或多个已知的判断为依据，推导出新判断的思维形式。概念是判断的组成部分，判断是推理的组成部分。学生在概念、判断和推理三个层面都有可能出现问题，而这将导致对信息的逻辑加工出现错误。

相关案例

逻辑错误的"重灾区"——议论文写作

写文章，把自己的思想正确地表达出来，头一件事就是要讲逻辑。议论文写作对逻辑加工能力的要求尤其高。在行文中，无论是表达概念、作出判断，还是进行推理都要逻辑正确，否则文章的观点就会不攻自破。然而，在议论文写作中，中学生经常出现逻辑错误。试举两例说明：

（1）马云不苛求自己的外貌，通过自身努力，造就了阿里巴巴的神话。正是因为不完美，才造就了他的成功。

分析：外貌是父母给的，除了非常规做法——整容，自己是否努力都难以改变，因而与一个企业家能否成功没有必然关系。人们说追求完美，一般是指对学习和工作高标准、严要求，力争一流，而与外貌无关。该学生混淆了重视外貌与追求完美两个概念，因而论证无力。

（2）有一个木匠，他把家具刨得十分光滑，就连抽屉的背面也不马虎,这位木匠的结局不得而知,可他这种创新精神却十分可贵。

分析:从木匠刨家具的行为上,我们只能推断出他做事认真、追求完美,无法看出是否有创新精神。该学生犯了推理错误。

人脑的识别驱动、语义解析和逻辑加工三个模块,在计算机中均存在类似的程序和功能,因此我将这些模块称为人类学习系统的机器部分。但是不同于计算机,人的行为还会受到情绪、动机、意义等心理因素的影响,我将其称为价值决策。举一个简单的例子,比如现在我需要去机场搭飞机,对于如何到达机场,有很多种方式供我选择,例如坐地铁、打出租、家人送等。如果认为节省时间最重要,我会选择乘坐地铁;如果首先追求自由,我会选择打车前往;如果疫情期间出于安全性考虑,那么我就会让家人开车送。面对同样一个任务,因为看重的标准不同,我们会做出不同的选择。这个标准就是我们心中的价值观,我们总是依据内心的价值标准进行决策。

在学习中,我们同样面临着各种各样的价值决策。比如,有个学生当天的作业有数学习题和英语作文,要决定优先把精力投入到哪个任务上时,价值决策就发挥作用了。假设这是一名数学优秀而英语一般的同学,对于他来说,完成数学作业花费的时间少、任务难度低,带来的成就感相对较高;而准备英语作文花费的时间较多、任务难度高,成就感也较低。面临任务选择的时候,如果这名学生认为接受挑战、实现突破更重要,那么他很可能优先完成英语作文;反过来,如果自我愉悦对他来说更重要,那么他可能会先完成数学作业。这里仅是简单举例说明,在实际生活中,同一件事可能会有多个价值标准综合起作用,而且每个人的价值标准到底是什么,也需要不断地反思总结才能明确。

总之,价值决策是人生的核心算法,它决定了我们对时间、任务、资源的顺序安排。通过价值决策，我们能够实现自我管理和自我激励。

> 相关案例

厌学真的是因为失恋吗？

小博在高一下学期来到我的工作室。妈妈说他早恋，在女孩提出分手后，小博精神上承受不了，整天萎靡不振，不想上学。小博的厌学真的是因为失恋吗？经过深入沟通，我发现小博初中就读于他所在城市最好的初中，原本期望升入省重点高中，但是中考不理想，仅升入了一所市重点高中。

小博将中考失利定义为"彻底失败"，所以高一入学不久就开始谈恋爱。后来又因失恋，情绪悲观消极，以致产生休学念头。可见，小博的厌学主要源于他对自己中考失利性质的判断，源于他"失败"的价值理念。

后来我引导他重新认识失败，改变他对失败的价值判断。我对他说，你很幸运，直到今天才遭遇第一次真正的人生失败；但是也很不幸，直到今天才开始思考失败对你的人生意义在哪里。后来，我看小博状态还不错，就开玩笑说，一个人摔跤的意义在于你把摔的经验准备好了，下一次摔的时候，可以找个优美的姿势，别把脸摔着；不像原来一样马上就哭，而是躺在地上，从全新的视角，欣赏一下蓝天，感受一下大地，然后即便哭也是面带微笑。小博听着我的话，不知不觉笑了起来。

通过对价值决策模块的调整，小博最终真正从内心接受了中考的失利，并在学习系统全面提升的基础上，逐步恢复了自信，重新树立了高中的学习目标。复学后他学习很努力，最终考入了理想的大学。

在识别驱动、语义解析、逻辑加工和价值决策这四个模块的积极配合下，你可以很准确地学会一个新知识或者解对一道题，但是效率不一定高。而有效提高我们学习效率的，是由我们自己所定制出的一个个学习程序——就好像电脑和手机的应用程序一样。同样，人脑的学习程序就是我们在解决不同问题、完成不同学习任务的过程中形成的，它是具有一定标准化程度的流程步骤、方式方法的集合，比如如何解数学应用大题，如何写作文，如何做英语阅读理解等。

学习程序一般分为标准化程序和通用性程序。标准化程序是为某个具体学科的某一类问题定制的操作流程；通用性程序则是具有普适性的一般步骤、方法和套路。程序定制能批量处理同类问题，提高效率；能提高问题解决的准确性，减少错误发生。成绩优秀与成绩优异学生之间的差距，往往不在于知识点的掌握，而在于头脑中是否储备了足够多的学习程序。

相关案例

出乎意料的高考逆袭

2015年，我接手了一名来自北京某重点中学分校的高三学生皓然。见到他时，因为一些个人原因他已经休学在家几个月了。皓然的高考一模成绩只有不到500分。当时，我和团队正在研究学习系统的程序定制，为高考生设计各学科的考试程序。我邀请他以工作式学习的方式加入了研究团队，请他在学习的同时，做一些辅助性的工作。与此同时，我也帮助他调整价值决策，一起思考并研究如何修复其他模块的漏洞。高考前，他参与完成了20多套学习程序的设计。没有想到的是，最终，他以全校理科第一名的优异成绩考取了北京林业大学心理学系（详见案例10.4）。说实话，他的逆袭有点出乎我的意料，但也让我更加确信程序定制对学习的重要性，因此坚定地将其纳入学习系统模型中。

学习系统模型的内圈——识别驱动、语义解析和逻辑加工是我们学习机制中类似机器的部分，价值决策是核心算法，会对上述三个模块的"运行效果"有决定性影响。学习系统模型的外圈——程序定制则是对整个学习系统加速赋能的模块。这五个模块统一在一起，构成了支撑我们学习活动的整个系统。

1.4 学习治疗师的使命

每当我看到一个个萎靡不振的学生，经过学习治疗重新焕发求知的欲望、燃起学习的信心时，看到家庭因为他们的进步而变得温馨和睦时，我就禁不住憧憬：如果能让每个孩子都有健全、高效的学习系统，并具备系统自我修复的能力，那么就不会再有孩子因为学习而焦虑、抑郁，也不再会有家庭因为学习而关系紧张、冲突不断。

我们该帮助孩子们建立起怎样的学习系统呢？中国"顶级"学霸们的学习系统或许可以作为重要的参考。从2016年开始，历时两年，我对清华大学106名在校学生的学习系统做了深入调研，发现他们学习系统的各个模块具有相似度极高的突出优势。

首先，他们的识别驱动能力非常强大。在收集识别环节，他们有明显的闭环控制机制，能进行自动化校验，信息采集高度准确；在驱动执行环节，他们书写规范、作图精准，能用不同级别的编号规范书写解题步骤或论述答案，因而他们在考试中的失误率很低。

其次，他们的语义解析能力过人。他们有很好的记忆能力和记忆策略，因而对知识掌握得精准完整，知识点能以清晰的网状结构储存在大脑当中。另外，他们理解能力也很突出。当感到对题意理解不清时，他们都会主动画图以改善自己的理解。

同时，在逻辑加工方面，他们普遍概念清晰、判断准确、推理严谨。面对难题,他们知道如何用试验等方法,从已知向未知推理,从未知向已知倒推,从而在已知条件和未知条件之间建立逻辑通道,找到解题路径。所以,他们普遍反映,对于不会的题也知道该沿着哪条思路去做。

此外,他们的价值决策同样也十分优秀,善于管理情绪,能够进行自我激励,具有明显的成长型思维和较强的抗挫折能力。所以,当遇到难题时,他们不会因过度紧张而不知所措;遇到简单题时,也不会因掉以轻心而大意失分。

最后,他们的程序定制也很娴熟。他们非常善于总结归纳,差不多每个人都有被老师当作范例的错题本或者好题本。正是在总结反思错题和好题的过程中,他们制定和积累了各种解题程序。因此在考试中,无论遇到什么题,他们基本上都知道要先做什么、再做什么,什么情况该如何处理。

其实,单就每个个体而言,清华学生的学习系统也并非完美无缺,他们或多或少存在一些无伤大雅的系统短板;但是从他们那里总结出的共性特征可以构成一个近似完美的学习系统,我将其称为"积极学习系统"。

积极学习系统特征图

拥有积极学习系统的学生,不仅能准确、完整地学会知识,运用知识解决问题,做到知行合一,还能自主修复学习系统的漏洞与不足,让学习系统不断升级迭代。这样的学生,在学校是学霸,毕业工作后,也必将成为行业精英。因为他们拥有的不是静态的知识，而是获取知识、解决问题的根本能力。

我想，帮助更多的学生建立起积极学习系统，应是每一位学习治疗师、老师和家长的重要使命。

第二章 给作业拖延症把把脉

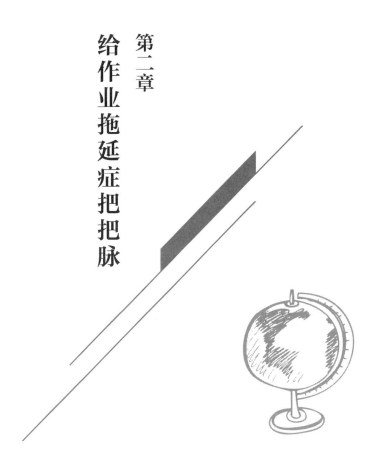

本章导读

孩子写作业拖拉磨蹭，几乎成了当今亲子关系的"头号杀手"。很多家庭的晚上，就是在"催催催"与"拖拖拖"的拉锯战中度过的。然而，同是作业拖延，起因却不尽相同。需要结合孩子的生活习惯、家庭环境等因素，从学习系统的角度进行深入分析。催促与吼骂永远不会让孩子提速，只有找到"病灶"，对症"下药"，才能治好孩子的"作业拖延症"。

案例 2.1
拯救孩子的黑眼圈

他是三代独苗,爷爷奶奶宠爱的孙子,只要爸爸不在家,日子过得就像天堂一样自在,除了学习,什么都不用他做。然而,现在他连作业都懒得写,磨磨蹭蹭到凌晨才收工,5个小时后再爬起来,顶着一副"熊猫眼"去上学。妈妈看在眼里,疼在心里。我想,是时候对他们说点什么了……

人物小档案

姓名:崔晋东
性别:男
年级:小学六年级
诊断分型:价值决策
关键词:作业拖延 学习动机 内驱力

积极学习系统模型

案例背景

4月的一天,崔晋东妈妈打来电话,咨询怎样能让孩子写作业快一些。晋东上小学六年级,每天作业都做到半夜一两点钟。12岁的孩子每天睡眠不足5个小时,严重影响第二天的上课状态。最近孩子状况越来越糟糕,妈妈觉得不能再这样下去了,所以特地打来电话咨询。

■ 初诊接待

在咨询室见到晋东的时候,他并没有表现出明显的高兴或者不高兴的表情,只是坐在一旁的椅子里,没有小学生常见的那种朝气。和我谈话的主要是晋东的妈妈。

"宋老师,我知道现在的孩子都不愿意写作业,但是拖延症能严重到我儿子这个程度的,恐怕没有……"晋东妈妈看了晋东一眼,继续说,"我们也没给他安排课外班,他每天放学就回家,本来一进家就可以开始写作业的,可他偏不,非要玩一会儿或者吃点东西。等到吃完玩完,还是磨磨唧唧不好好写。我问过他们班同学的家长了,作业写得慢的,晚上有3个小时也能写完。他得用人家两倍时间才写完那点作业。"晋东妈妈怒气冲冲地看着自己的儿子。

晋东坐在一旁，保持着刚进来时的表情。

通过进一步沟通，我了解到晋东是个三代单传的孩子。他出生后爷爷奶奶从老家搬来北京照顾他。他们非常疼爱孙子，含在嘴里怕化了，捧在手里怕摔了。两位老人身体都很硬朗，奶奶特别勤快，家里所有家务都一个人承担，把全家人的生活安排得井井有条。别说让晋东做家务了，就连晋东的爸爸妈妈也基本不做家务。全家人对待孩子的态度，就是除了学习什么都不用干，每天吃什么、喝什么、穿什么都有大人给安排好。

晋东小时候很聪明，很招人喜欢。刚上小学那两年，虽然不太喜欢写作业，但是每天有大人在旁边陪着，也能完成，而且学习成绩还不错，上课的反应速度也很快。问题初见端倪是在三四年级，晋东每次写作业就像受刑一般，放学到家磨磨蹭蹭很久才肯坐到书桌前。等到了书桌前又磨磨蹭蹭一阵才能确定要从哪一项作业开始写起。每当发现作业稍有难度，就马上换一项写，感觉不好写就再换一项，换来换去也没写出几个字，时间倒是浪费了不少；写作业过程中也不能专心，一会儿修笔，一会儿找尺子……总之各种小状况不断。更可气的是，写自己的作业还总要跟大人讨价还价，要么想少写一点儿，要么提要求要玩具、要零食。大人虽然有时候也会试着拒绝，但是为了让他赶紧写作业，最后不得不答应他的一切要求。

在家里，爸爸似乎拥有绝对权力，除了爸爸，晋东谁都不怕。但是晋东爸爸工作忙，经常出差，偶尔在家碰到晋东写作业慢的时候，就会吼他。

晋东妈妈在讲这些事情的时候，我也观察了晋东的表情，发现他依旧毫无反应，仿佛妈妈说的是别人的事情，与自己无关。显然是对这样的话语习以为常了，更加意识不到这个问题的严重性。

▶ 初步分析

根据目前收集到的信息分析，有两个原因导致晋东作业严重拖延。一是由于晋东在家没有做简单家务的锻炼机会，使得他的程序定制能力比较差，自己不能合理地安排学习活动。二是晋东的学习动机被严重外化。为了让晋东尽快完成作业，晋东的家人常常许诺他玩具、美食等，长此以往，晋东写作业不是为了掌握知识，而是为了满足自己对玩具、美食的需求。

要让晋东改正问题，家里的大人首先需要做出改变！

治疗过程

"功夫在诗外"，我对晋东的学习治疗更多的是对晋东的父母进行"治疗"。虽然晋东的爸爸很忙，但我还是坚持等他回到北京后安排一次父母都参加的学习治疗辅导。

经过两个星期的等待，晋东的爸爸和妈妈终于一起走进了咨询室。首先，我跟晋东的父母分享了我观察到的晋东的优点。

"晋东是个很有潜力的孩子，他有自己的爱好，喜欢科技，还特别能钻研。也擅于交朋友，对朋友讲义气……"

听了我的话，他们既高兴又吃惊，因为平时眼睛都盯在孩子的缺点上，反而对他的优点视而不见了。

接下来，我给他们分析了孩子拖延的原因和家庭教育的问题。他们的领悟能力很强，马上意识到自己的问题，表示要配合做出改变。后来，我们就共同讨论出了一些具体措施。例如，爸爸妈妈和晋东都参与到家庭事务中来，不能把所有家务都推给奶奶，帮助晋东培养家务劳动的习惯；每个家庭成员都有参与重大事项决策的权利，不能所有全都由爸爸一个人"远程操控"；适度降低家庭的伙食标准，减少对晋东的无条件物质满足等。

当然，除了做晋东父母的工作，我也对晋东的价值决策做了一些调整。根据晋东喜欢科技的特点，结合我本科的自动化专业学习经历，我给晋东提出了几个他能够理解的有趣的科技问题。晋东一开始回答不出来。在我的慢慢引导下,他逐步能结合自己所学习的知识,最终竟猜出了答案。

"你太厉害了,这么高深的问题都能想明白,如果现在能把作业做好,长大后一定能成为科学家。"

听到我的赞许,晋东眼里闪烁着希望的光:

"老师,我听您的,回家一定好好写作业,不拖拖拉拉让爸妈着急了。"

在后续的多次咨询中,我和晋东约法三章,在学习之前要完成吃喝拉撒各类事项,提高学习的专注力和效率;合理安排学习任务和时间,学习时不带电子产品;同时帮助他培养朗诵和科技特长,积极争取竞选班委等。他的学习热情逐步得到了释放,整个人变得生龙活虎起来。

回顾总结

价值决策是依据内心的价值标准对资源或任务进行管理,以确定事情的轻重缓急以及执行的先后顺序。价值决策位于学习系统的中央,对一个人的学习系统运行起着至关重要的作用。

动机是由目标或对象引导、激发和维持个体活动的一种内在心理过程或内部动力。根据动机的来源,可分为外在动机和内在动机。如果学生是为了获得父母、老师的嘉奖或者避免他们的责罚而学习,这是外在动机;如果学生是因为意识到学习的意义或者对学习有了兴趣而积极主动学习,这是内在动机。

外在动机虽然具有见效快的特点,但同时也存在短时性和被动性的缺点。晋东的学习动机来自外部,玩具和零食能够快速让晋东去学习,但是晋东对学习缺乏内在的兴趣和热爱,即缺乏内在动机。一旦缺少玩具和零食或者不再渴求玩具和零食,晋东就很难有动力去学习。

学习动机属于价值决策范畴,所以我通过调整晋东及其父母的价值决策,调动了晋东的学习兴趣,激发他对学习的热情,同时改变了他们的生活现状,树立晋东对家庭的责任意识,养成好的生活习惯,从而让晋东的学习状况有所改善。

保护孩子的好奇心、求知欲,有利于孩子形成学习的内在动机。与学习的外在动机相比,学习的内在动机更为持久、更为有力,是促进学生学习的真正动力。

手记点睛

真正爱一个孩子,不是一味地物质给予;而是把他当作一个能够独立发展的个体,看到他的优势,帮助他放大;看到他的问题,鼓励他面对。让孩子独立,才会有想法;让孩子有想法,才会想学习!

案例 2.2
感统训练纠正写字问题

她是个懂事的孩子,她想尽力写好字、写对字,让妈妈省心,多一点时间照顾三岁的弟弟,可是她做不到。而我发现她的麻烦不在写字技巧,而是感统出了问题。我将从这里入手,帮助她逐渐把字写好。

人物小档案

姓名:张小芊
性别:女
年级:小学二年级
诊断分型:语义解析-复合型
关键词:写字出错 努力 畏难情绪

案例背景

下午快下班时,助理咨询师李老师接到电话:"请问是心聆学习治疗中心吗?我家孩子作业总是写不完,我实在是没有办法了。作业写不完的毛病你们能不能治?"

通过进一步沟通,李老师了解到,小芊今年上小学二年级,爸爸是外企高管，经常出国出差。妈妈是全职太太，经常独自一人在家照顾小芊和弟弟。每天晚上，妈妈都会陪着小芊写作业。不论是生字还是英语单词，小芊总是莫名其妙地反复出错。错了改，改了又出新错，每天作业都要拖到夜里十点、十一点。最让妈妈生气和不解的是，小芊不断出现同类的错误，就好像故意和妈妈作对一样。陪小芊学习的过程中，妈妈还要同时照顾三岁的弟弟，因此有时就忍不住发火，特别是看到小芊重复刚刚出现的同样错误时。然而火气下去后，看到小芊边擦泪边写字的委屈样子，妈妈又感到心痛后悔，不知道该怎么办。因此，在了解到学习治疗之后，小芊妈妈立即打来咨询电话。

初诊接待

那是一个周四下午，在咨询室里我见到了小芊和她的妈妈。小姑娘爱说爱笑，一双大眼睛黑亮黑亮的。

我问小芊："你平时这个时间是不是要写作业呀？"

"是的，宋老师，我妈妈跟我一起写作业。"小芊说完还吐了下舌头。我感觉她虽然觉得有些不好意思，但是对陪写作业的事已经习以为常了。

"咦，为什么是和妈妈一起写作业呢？"我想听听小芊对这件事情的看法。

"因为我总是写错字，妈妈陪我写作业，我就能写对。"小芊看了一眼妈妈。

小芊的妈妈接过话头，说："宋老师，不知道为啥，这孩子总是记不住那些生字和单词。不管是课后作业还是听写，她都会错很多，改也改不对，照着书抄都能抄错。写作业倒是挺快，可能半个小时就能写完，但是做完都不对，得花大力气改，一两个小时能改完就算快的。后来我就干脆从一开始就陪着她写了。"

"嗯，陪着孩子写作业，效果怎么样？"

"一开始还可以，一年级作业少，一个小时差不多就能写完。后来作业多了就得弄好久，而且我还得照顾她弟弟，这给我忙的，顾得了她就顾不了她弟弟。唉……"

接着，小芊妈妈给我又介绍了一些小芊的情况：

从一年级上学期起，妈妈就发现小芊有写错别字的情况，因此在完成作业之外，妈妈还会额外给孩子听写生字和英语单词。遇到写错的或者不好记的汉字或单词，一开始妈妈还能耐心地给她讲解，比如拆解汉字、用一些形象类比技巧等来帮助小芊。但是讲完之后让妈妈非常失望的是，小芊在书写方面没有任何改善。明明前一天晚上已经会写的字，第二天再写，还是会错。

"为什么她就记不住呢？"妈妈既困惑不解，又对小芊满腹埋怨。听到这里，小芊咬紧嘴唇，慢慢地低下了头。

小芊妈妈看了女儿一眼，向我这边凑过来，压低声音说："宋老师，小芊是不是故意拖着不好好写？把作业拖到临睡前才写完，这样就不用完成我给她留的额外任务了……"

初步分析

为了避免家长布置额外任务而故意拖延完成作业，这样的学生我确实遇到过。但小芊是否属于这种情况，现在还不能肯定，我需要了解更多的信息。小芊的生字或单词记忆能力有问题，也是有可能的。从学习系统上来看，拖延属于价值决策模块的问题，写错则是识别驱动或者语义解析模块的问题。

但能够肯定的一点是，小芊妈妈在女儿反复出错时表现出的情绪反应，很不利于小芊的进步。因为家长的负面情绪会传递给孩子，进而抑制孩子的认知过程和结果，同时会破坏孩子对于学习的兴趣。

治疗过程

小芊妈妈给我看了她手机里保存的一些小芊写的错字照片，我发现小芊在写不同的字时会犯同样的错误，例如"蛋"和"楚"，两字相同的部分"疋"，小芊都会把下面的一撇一捺写在一竖的正下方。这说明小芊可能不是故意犯错，而是真的没有弄清楚"疋"的写法。小芊的英语单词拼写也会出现写不同单词犯相同错误的情况，比如，把 peace 和 teach 写成 piece 和 tiech，把 elephant 和 telephone 写成 eliphant 和 teliphone。这些错误表明小芊没有掌握单词中字母 e 和字母组合 ea 的发音规律。

我从小芊以前写错的汉字和单词中选了几个让她默写，老毛病又犯了。

小芊妈妈看到女儿又写错了字，刚想责备女儿，被我用眼神示意阻止了。责备，在这样的情况下是起不到好作用的，如果老办法管用，小芊母女俩也就不用来我的咨询室了。

作为学习治疗师，我们在处理小芊这种情况时，往往是先让孩子喜欢写字、喜欢学习。孩子情绪不好时不能强迫孩子学习，要先把情绪调节好。

为此，接下来我主要是带着小芊做了一些类似游戏的学习活动。例如：

写"哈哈字"——一种形态有趣的变形字,像"胖子字"(练横平),"瘦子字"(练竖直),"大象字"(练放大),"蚂蚁字"(练缩小),等等。我还把小芊的错字和正确的字混在一起,让小芊像小侦探一样挑出正确的字,并说出错字与正确字之间的差异。比如:

"上幼儿园的时候,老师总是给小朋友放科幻电影,里面都是幻想故事,虽然我们都很年幼,但是已经有了很丰富的想象力,有时候我自己已经笑得停不下来,我们就一张又一张地画漫画,有的线条笔直有力,像刀一样锋利。"

这句话埋了不少"雷",一不小心就会踩雷,包括"己"和"已""幼"和"幻""力"和"刀"等容易混淆的字。我故意把这段话用错别字的形式写出来,就变成了下面这个样子:

"上幻儿园的时候,老师总是给我们放科幼电影,里面都是幼想故事,虽然我们都很年幻,但是已经有了很丰富的想象刀,有时候我自巳已经笑得停不下来,我们就一张又一张地画漫画,有的线条笔直有刀,像力一样锋利。"

我先让小芊读一遍,然后把这些易混淆的字先圈出来,再说出这些笔画和含义有哪些相似之处,区别又在哪里。

她一边读一边笑,说:"默读时我就感觉不出来写错了,一读就知道写错了。"

"那就对啦,'书读百遍,其义自见'!语言包括字形和声音。读出声来,自然就能帮助你区分对错。朗读时精确到每一个字,你从音调和节奏感中就能发现有没有读错;默读时看的是整个句子,甚至是一目十行,所以默读时看不出有什么明显差异。当你对文字找不到感觉时,就把它读出来,用声音找感觉。这样还能帮助你写诗、写作文,很有韵律感。"

在这样的读写训练活动中,小芊不仅感受到了学字的乐趣,也能够慢慢地了解到自己之前究竟错在了哪儿。要知道,小学生还处在"贪玩"的年龄,玩着玩着,小芊的积极性就被调动了起来,很快就记住了那些字的正确写法。

此外，对于小芊的妈妈，我主要讲解了价值决策对于孩子学习的重要意义。小芊虽然看似每天都在努力记忆汉字或者单词，但是由于她学习时情绪不高，甚至还夹带着很多负面情绪，所以记忆效果不好。妈妈的火气或许还引发了她的抵触情绪。她频繁地出错，这其中不能说没有故意犯错的可能。要知道，情绪关是价值决策"三关"的第一关，情绪若出了问题，整个价值决策模块将犹如瘫痪一般，无法发挥积极的推动作用。

小芊妈妈听后表示，自己的确应该调整对小芊的态度，为小芊创造良好、温馨的学习环境。

后来，又经过几次学习治疗，小芊妈妈给我发来消息反馈说，小芊写错字的现象越来越少，最近好几次听写都得了满分。

■ 回顾总结

当孩子的识别驱动、语义解析处于发展阶段时，出错在所难免，父母应该如何面对这样的错误？

很多家长往往只看到孩子出错的表象，甚至只盯着成绩，不清楚问题背后真正的原因。情急之下，打、骂、吼齐上阵，不仅没有帮孩子化解问题，反而让情况更糟糕。如果这时候父母能够更好地包容、理解孩子所犯的这类错误，反而更利于孩子改正。

其实，小学低龄段的孩子出现写字错误或潦草等现象是很常见的。因为个体发育不同，有早有晚，因此有的孩子会出现动手能力差、手眼协调能力弱、听三不听四、丢东落西等现象，这都是感统不协调的表现。家长不用着急，适当辅以合适工具训练就可以矫正过来。小芊本身也存在这个问题，她的手眼协调和平衡感都不是很好，对于空间旋转和镜像适应也存在一些问题。对此，我建议妈妈平时在学习之余，带着小芊多做一些有助于感统能力提升的活动，甚至建议她让小芊陪伴弟弟一起玩一些向瓶子灌水、练习投石子等简单但是很实用的游戏。

在学习治疗师培训课程中，曾有家长学员分享：了解学习系统理论对自己最大的帮助就是了解了孩子学习经历了怎样的过程、可能遇到什么样的问题。尽管有时候自己没有办法马上帮助孩子解决所有问题，但是这份理解就能拉近自己和孩子之间的距离，让孩子始终能处在积极向上的家庭学习氛围中。

学习是一门艺术，也是一门科学。遇到类似小芊这样的问题，不论是学校老师、家长，还是学习治疗师，我们都要反思自己对待孩子的方式和方法，多了解一些关于学习科学的先进理论，让自己更科学地帮助孩子学习。

> **手记点睛**
>
> 当一二年级的孩子出现学习问题时，家长简单地斥责和吼叫往往于事无补。很有可能，孩子的学习系统正处于设定和适应期，真正有效的方法是冷静分析问题的根源，从容地和孩子一起面对，并对他的成功永远抱以积极的期待。

案例 2.3
"会说就会写"的写作秘诀

她是一个说起话来滔滔不绝的小姑娘,对眼前的一切都那么好奇,也很快能够与这些事物建立联系。然而,她一提笔写作文,就不知该从何下笔。我的任务,就是带她进入写的世界,体会到创作的乐趣。

人物小档案

姓名:方菲菲
性别:女
年级:小学四年级
诊断分型:语义解析 程序定制
关键词:条理性 循序渐进 信息通道

■ 案例背景

有一天,菲菲的妈妈给心聆学习治疗咨询中心打来电话,咨询如何提高孩子的写作能力。她觉得自己的女儿在这方面遇到了很大的问题,不仅作文分数低,而且只要遇到作文作业,她就拖着不做,拖到最后不得不写的时候,菲菲就胡乱写几句敷衍交差。为此妈妈感到十分苦恼,希望我们可以帮助菲菲解决这个问题。

■ 初诊接待

菲菲和妈妈来到咨询室，我一下子就感觉到这是一个非常活泼的小姑娘。菲菲在咨询室里看看这儿、摸摸那儿，对什么都很好奇。遇到她觉得好玩的东西，还会问我这是哪里买的，说她之前在哪里见过之类的话，仿佛一点儿也不觉得是第一次见面的陌生人。

菲菲妈妈说，菲菲这几年的学习成绩总是忽好忽坏，她在班里非常活跃，课间说话眉飞色舞，滔滔不绝，班里没有人说得过她。菲菲上课回答问题也还可以，点到她时，基本都能答出来。但是，让妈妈和老师都很头疼的是，她每次坐下来写作业都很困难，即便她勉强坐下来，心也静不下来，尤其是作业中有作文的时候。每次写作文，菲菲总是憋很长时间也写不出来几行字，即便写出来，往往也是词不达意、没有条理，甚至连字数都很难凑够。

在我们沟通的过程中，菲菲会接着某个话茬就自顾自地讲起来，会讲到她同学的事情、她听过的笑话，还有一些她自己天马行空的想法。妈妈一听菲菲打开了话匣子，就惯性地用眼神示意她不要再说下去。即便这样，也很难让菲菲停下来。

菲菲妈妈拿出了菲菲的作文本，上面充满了大段的修改和整句的批注。我仔细看了一下，发现菲菲的作文里有很多错别字，句子过于简单，有的句子感觉意思还没有表达清楚就停笔了。

■ 初步分析

与前面晋东的案例不同，菲菲写作业拖延，并不是缺乏做作业的程序，只是缺乏写作文的能力，因为她只在写作文时拖延时间。这样看来，只有切实帮助菲菲提高写作能力,才能解决她的作业拖延问题。

菲菲的特点是能说会道,但不会写。这一点可能会让人觉得奇怪,明明口语表达能力很强,为什么写起作文来却这样难呢?

客观来讲,菲菲虽然能够滔滔不绝地讲很多,但并不代表她擅长表达。换句话说,如果话的内容失去中心和逻辑,没说到点子上,即使说得再多也只能算是"话痨"。这样的说话方式,在闲聊时还无伤大雅,可在正式场合,如写作文时,就不能过关了。有观点、有论据、有条理、有次序,会提问,这才是建设性、批判性思维的基本骨架。

治疗过程

再次见面,刚好赶上菲菲的老师留了一篇作文,她正发愁不想写。我准备借机来引导她做调整:"菲菲,你和宋老师一起用一种新的方式来写这篇作文好不好?"

"新方法?"菲菲眼睛一亮,但马上又说,"宋老师,可不可以不写作文呀?"

"菲菲,我知道你不愿意写作文。"

"嗯,有点不愿意……"

"和宋老师说说,你觉得写作文哪里难住了你?"

"我不知道要写什么。而且,我也不爱写字。"

"那这样吧,我听说你讲故事挺厉害的,咱们把今天这篇作文当作一个故事的主题,你给宋老师编一个故事吧。而且,既然是你来讲故事,就由你来决定故事讲多长。"

"嗯,好吧。"菲菲对讲故事有兴趣。

果然,像之前了解到的那样,菲菲讲起故事来绘声绘色,口若悬河。她不知道的是,我已经用录音笔悄悄将她讲的故事完整地录了下来。

菲菲一讲完故事,我就表扬她讲得很精彩。菲菲有些得意。

我趁热打铁,说:"这样吧,假如现在来了一个小朋友,她没有听到你刚才讲的故事,但是时间又不够你重新讲一遍了,你能不能把刚才的故事用两三句话,简单地再给这个小朋友讲一下?"

菲菲想了想,回答说:"那好吧!"于是菲菲又讲了一遍,这次果然精练了很多。

"哇,太棒了菲菲,你可以用三句话就把这个故事讲清楚了。"

听到我的再次表扬,菲菲更得意了。

"既然老师留的作业是作文,咱们就先把你刚才说的那三句话写下来吧。"我趁机提议。

菲菲开始有些不情愿,但是听我复述了她精简版故事的第一句后,也就写了出来。然后,我鼓励她再写两句,这样作文的梗概基本就出来了。菲菲听我这么一说,一下子就把后两句也写了出来。

但是接下来就没有那么顺利了,因为菲菲写完这三句之后,感觉自己完成了任务,不想再多写一个字。问她原因,她说自己写不出来了。

这时候我拿出了秘密武器——录音笔。我把刚刚菲菲讲故事的录音播放给她听,让菲菲边听边写。此时菲菲仿佛发现了新大陆,原来这篇作文还可以写这么多的内容。虽然其中有些字词菲菲写错了,但是内容比之前的三句话丰富了很多。菲菲看着自己有史以来写过的字数最多、字迹最工整、过程最顺利的作文,笑得特别开心,还说等回家了要给爸爸读一下自己的作品呢。

我和菲菲商量,以后若再写作文,也可以用今天的这种方式,坚持一段时间之后,慢慢地就可以脱离录音笔的辅助,独自写出一篇内容丰富的作文了。

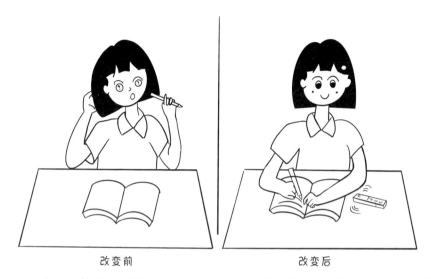

改变前　　　　　　　　改变后

后来，具体针对菲菲写作文思路突然中断、学过的字词不会用等方面的问题，我采取了相应的治疗方法，例如"边写边读"写作法、写哈哈字等，都取得了不错的效果。可以说，菲菲从"语"转到"文"的机制建立起来了。后来，菲菲的妈妈发来消息告诉我，菲菲已经喜欢上了作文，只要老师留作文，她都会优先写，而且写出的作文有几次还得到了老师的表扬。

录音笔执行的是复述功能，也可以把录音笔换成人，在家里跟父母练习。父母挑重点问孩子，她表达的是不是某个意思，没太听明白，能不能再复述一遍。注意，这个复述不是一字不落地复制，而是总结说了哪些话，精彩的地方在哪里，还有没有需要补充的。这是训练孩子由发散性思维向收敛性思维转化的过程，有点像新老师刚应聘教职的试讲，其中有个环节是说课，一般会先说本次课程要点，内容怎么展开，课程结束前几分钟概括总结一下讲的知识点。家长这时候可以充当学生，孩子以老师的身份负责给"学生"讲清楚。完成这个过程，孩子就会写作文大纲了，然后再根据大纲填充内容。

在一些研究性教学项目中，我们会指导老师对幼儿园阶段孩子的输入和输出能力进行训练。比如，放一段故事给孩子听，布置任务，让小孩子画出故事片段。小孩子虽然还不会写字，但是他的大脑是跟着产生联想的。把声音转换成图画，就相当于建立了一条信息转换通道。每个孩子画出来的图画都不相同，但是故事情节却有很强的画面感，小孩子的画笔完成了二次演绎过程。如果换成会写字的孩子，就是上面的听录音，然后复写。

复述的另外一种形式是转述。这个游戏最好不低于3人，孩子和父母正好可以满足这个人数。转述的基本流程就是第二个人把第一个人说的话用第三人称代替第一人称，转述给其他人听。这种办法在一些自我介绍的破冰小游戏中比较常见。这个游戏的好处有三个：第一，考查一个人的注意力；第二，考查这个人的强化记忆力，接龙越长，说明大脑接收信息的波段越长；第三，用自己的语言转述他人说话内容的能力。

家长在陪孩子练习写作的过程中，可以充当陪聊者，对孩子说过的话进行提问，比如哪些故事细节比较好玩，哪些细节没有听清，这些都可以训练孩子对"听"到的信息反馈和强化。另外，家长也可以复述孩子讲的故事，复述的过程也是强化孩子梳理和过滤有效信息的过程。家长做完示范，可以问孩子复述得怎样。这样有利于精准识别和把握信息。

写作是由简到繁、由少到多的过程，核心是循序渐进、由浅入深。

除了复述和转述的办法外，还有许多办法可以借鉴。

比如，选择一些适合孩子年龄和发展阶段的分级阅读故事图册，让孩子读图写话。从一个简单句开始写起，逐渐扩写到叙述完全每幅图的内容，最终形成一篇完整的故事。家长也可以按照故事情节给孩子编写短故事大纲，让孩子依此自由发挥创作。这样，通过举一反三的强化训练，孩子就完成了句子乃至文章的创作过程，基本的写作逻辑通道也随之建立起来。

再换个角度讲。我们都知道，当众讲话时，一般都要想一想，自己想要表达什么，用一句话概括出来，然后锁定要点或关键词，按照重要性，一、二、三条地展开陈述。在这个从"想"到"说"的过程中间，有一个打腹稿的过程，最后借助几个关键字来展开，这样就不会给记忆造成负担，顺利实现从输入到输出的转换。

对于不知道下笔该写什么的孩子，可以先借助视觉通道，从读图开始，看到了什么，想到了什么，看图写话，从形象思维逐渐过渡到抽象思维。

会想就会说，会说就会写，真的可以做到。

■ 回顾总结

"什么叫语文？平常说的话叫口头语言，写到纸面上叫书面语言。语就是口头语言，文就是书面语言。把口头语言和书面语言连在一起说，就叫语文。"这是叶圣陶先生对"语文"做出的说明。

"语"和"文"指的是两件事。显然，菲菲是属于那种"语"已经很好，但是"文"还不够的情况。这就是为什么菲菲与别人沟通交流时显得能说会道，但是落实到笔头上就干瘪无力了。

从语言思维角度来说，人在说话时，语言是呈线性向前推进的，这时大脑偏向于发散性思维；而文字是成块状、结构化，这时大脑偏向于收敛性思维。写作的前提，是要做好思维的转化。没有形成结构化思维，很难把语言碎片进行有机组合，自然也就很难顺畅地写好文章。

复述、转述、听故事画图或者读图写话这几个过程都是将信息识别、筛选和内化的过程，之后再进入输出程序，将梳理完的信息按顺序分步写出来。做听力笔记就是复盘过程——在这个基础上再写作文，心里就有底了。

像菲菲这样的小学生有很多，由于还没有建立好从"语"到"文"的机制，很多时候他们口头表达用的词语、句型是下意识说出来的，但当需要把这些内容写下来时，他们却不能及时地把这些内容从头脑中唤醒。

在录音笔的辅助之下，菲菲"听"到了作文的样子，建立了从"语"到"文"

过渡的机制，所以既能讲出生动形象的故事，也能用文字表达出来。

另外，孩子在学语文的过程中常常会出现写错字、不会正确运用近义词、词不达意等情况。其实，对于处在感知觉统合阶段的孩子来说，这些现象都是比较正常的。因为在这个阶段，他们需要把从视觉、听觉接收到的文字信息与字词含义在头脑中匹配起来。这需要一个过程，需要一点一滴的积累才能慢慢建立起熟练运用字词的机制。

家长或者老师在遇到类似情况时，切不可一味批评。你可以帮孩子选择一些高品质的字词动漫课程给孩子看，也可以在生活中多与孩子玩玩辨别字词含义的游戏等，在玩中帮孩子建立起字词运用机制。

手记点睛

从"语"到"文"的转化，是学生语言能力的一个重要飞跃。在这个过程中，善于"使用工具"，能够帮助学生有效提升学习效率，完成自我突破。

案例 2.4
防走神的"定海神针"

这个活泼的小男孩一进屋就摸摸这里,碰碰那里,对眼前的事物充满了好奇,就连写作业时也安静不了几分钟。看来,我要与他来一场"猫捉老鼠"的游戏了。

人物小档案

姓名: 冯贝贝
性别: 男
年级: 小学四年级
诊断分型: 识别驱动
关键词: 注意力 自律 他律

■ 案例背景

一天下午,贝贝的妈妈偶然走进了心聆学习治疗咨询中心。原来贝贝就读于附近的一所小学,贝贝妈妈每天都会经过这里。最近学校班主任好几次打电话给她,说贝贝在班里坐不住,上课总是忍不住站起来。贝贝妈妈想到贝贝自从上了小学,一直在写作业和听讲方面有很多问题,批评不管用,鼓励也不管用,她对此感到非常头疼。今天在接孩子放学的时候路过这里,贝贝妈妈突然意识到,或许"学习治疗中心"可以帮助到自己和孩子,于是就来到了中心前台,咨询是否有办法解决贝贝写作业难、听课难的问题。贝贝妈妈向接待的老师反映,贝贝根本没有办法坐下来安静写作业超过两分钟,就好像屁股上长了钉子一样,周围大人替他着急上火,孩子却好像一点儿都意识不到自己的问题。

■ 初诊接待

周六上午,贝贝妈妈带着贝贝来到了我的咨询室,比预约的时间晚了一些。贝贝妈妈说,刚才经过一楼大厅时,贝贝被摆在那里的绘本和一种玩具吸引了,不愿意到楼上来。后来好不容易说服他先上楼,说待会儿有时间再让他去楼下玩一会儿,这才勉强答应。

我知道贝贝妈妈所指的那个绘本和玩具,就是《中国孩子注意力养成大书》里面的绘本和夹棍球,于是就说:"贝贝,你喜欢那个绘本和夹棍球吗?"

"喜欢!"

"那待会儿如果有时间或者以后有机会的话,宋老师和你一起读绘本、玩夹棍球吧?"

"好啊！那我下去拿上来吧。"说完贝贝就想走出办公室到楼下去。

贝贝妈妈赶紧拉住贝贝，"宝贝儿，宋老师说的是待会儿再玩儿，咱们先等一会儿啊。"

贝贝这才又坐回到座位上，但是很快又站起来走到了我的办公桌旁边，拿起一个便签本玩了起来。

"这孩子，一会儿也坐不住！"贝贝妈妈抱怨道，"在家写作业也是这样，刚坐下还没有拿起笔就得站起来干点别的，喝个水啦，上个洗手间啦。"

我发现贝贝在妈妈说话的期间一直在摆弄东西，总是试图打断我们的谈话，说一些自己感兴趣的事情。

"宋老师，我们大人在家里，如果贝贝在写作业，我们都不敢走动，也不敢大声说话，就怕打扰他写作业。即便这样，贝贝还是听到一点动静就从房间里跑出来。在学校老师也反映他坐不住，上课老走神儿。"

■ 初步分析

通过贝贝妈妈的叙述，可以知道贝贝目前的注意力模式是典型的他律模式，需要别人在旁边提醒才能维持短暂的注意。但是，进入自律模式才是孩子保持专注的理想状态，也就是依靠自身的能力来集中注意力。因为这样的注意力模式可以更加持久，有助于学生面对更加复杂的学习任务。

■ 治疗过程

接下来，我特地安排了一次学习治疗辅导——让贝贝在我的咨询室写一次作业。我和贝贝约定，今天在我的咨询室里写作业，我在旁边看书学习，如果贝贝全程站起来不超过三次，那么他写完作业之后就可以和我一起读绘本、玩夹棍球，还可以一起去吃他最喜欢的汉堡。贝贝想也没有想就答应了，看起来贝贝觉得这并不难，他完全可以做到。

贝贝拿出作业做了起来,我观察到刚开始贝贝非常努力地在克制自己不要站起来。虽然我暗暗在心里为这个小伙子点赞,但是现在还不是把表扬的话说出来的时候,因为我还有其他的"挑战"要给他。

过了大概10分钟,我发现他的注意力有些涣散,于是说:"贝贝,我看到你没有带水杯,那边有饮水机,你自己用纸杯接点水喝吧。"只见贝贝"腾地"站了起来,开心地跑到饮水机那里,饶有兴趣地研究了一下饮水机各个部位的构造,然后用纸杯接了些水喝。等贝贝转过身来的时候,我笑眯眯地看着他,伸出一根手指,说:"一次了。"

贝贝瞪大眼睛看着我,问道:"宋老师,这不是您让我去接水喝的吗?"

"对。但是咱们今天的约定就是在写作业的过程中,站起来不能超过三次。"

贝贝有些懊恼,但是依旧给自己加油打气说:"我今天一定能做到,我不会再上您的当了!"

接下来我俩继续学习。我一边看书,一边留意贝贝的情况。过了一会儿,我发现贝贝的注意力又开始涣散了,于是再次考验他:"贝贝,你刚喝了一大杯水，现在要不要去洗手间？出门左拐再左拐就是洗手间。"

贝贝想都没想站起来就往外走，等到拉门的一瞬间，他突然停住了，回头问我："宋老师，是不是两次了？"

我笑了笑。贝贝走了回来，连卫生间也不去了，坐下之后对我说："我一定要战胜您。"

这时，我知道自己已经成功了一半，因为此时贝贝的注意力都放在了要和我对抗上，此时此刻真的是他自己在管理他的注意力，而不是靠别人来提醒他集中注意力。

很快，我找到了第三次考验贝贝的机会——他的注意力又开始涣散了。但是，我不能轻易让他失败，那会伤害他的自信心。于是我故意轻声叫了他的名字，然后等他抬头看着我。我停了大约2秒钟，没有说话，只是看着他。突然，贝贝明白了过来，意识到我这又是在想办法让他站起来，然后他咬咬嘴唇低头继续学习，不再理我。

等到我第四次再叫贝贝的时候，他已经完全对我充耳不闻了。就这样，贝贝很快写完了作业，还赢得了和我一起玩夹棍球、看绘本、吃汉堡的机会。

贝贝最后由衷地对我说："宋老师，我从来都没有这么快把作业写完过，这种感觉真好！"

后来，我还指导贝贝妈妈从其他方面帮助贝贝调整注意力，包括用他很感兴趣的那套《中国孩子注意力养成大书》作为工具。贝贝的注意力得到了极大的改善，妈妈反馈说孩子在家写作业和课上听讲都比以前坐得住了，成绩也慢慢提高了不少。

■ 回顾总结

注意力控制模式可以分为两种，一种是自律模式，另一种是他律模式。前者是根据自己的任务自律自发地集中注意力；后者是指自己能否集中注意力受他人的监督、管理是否严格等的影响。

注意力是一切高级认知活动的前提，没有集中注意力的学习是低效甚至无效的。正因如此，老师和家长才会常常要求学生"集中注意力"。可这也恰恰会导致孩子养成他律的注意力控制模式，即依靠他人的提醒和监督来集中注意力。

贝贝的注意力就是典型的他律模式，在家写作业时不能有一点儿声音，需要靠父母提醒才能短暂集中注意力。

在学习治疗的过程中，我抓住了他想玩夹棍球、看绘本和吃汉堡的心理，与他做了一个约定：站起来不能超过三次即可满足这个愿望。贝贝为了实现这个愿望，自然会主动、自发地管理自己的注意力。

当然，家长在处理孩子的注意力问题时，不能仅靠"提醒"这种他律模式，而应该注重培养孩子的注意力自律模式。

我对贝贝的采取的注意力训练方式是最常见的抗干扰型脱敏疗法。当一个人对外部信号或杂音有了钝感力，就慢慢在自己体内形成了免疫力。也就是说，如果你想让一个人专心，就给他制造杂音。他对这种杂音若能够适应，心情不受干扰，正在做的事不中断，那么，这个人自然就进入了自律模式。

孩子的注意力跟家庭环境关系很大。我们可以回顾一下，当孩子还是小宝宝的时候，他（她）入睡时家里的环境是什么样的？是静得地上掉根针都能听得见，还是跟平时一样，开着电视，父母在打扫房间、聊天或者打电话？如果是前者，孩子的性格就比较敏感，对环境要求很高。如果是后者，这样的孩子就很皮实，适应环境的能力很强，该做什么还做什么，不会因外界干扰而中断。

我们再来看看他律模式。当自律模式失灵时，他律模式也就成为必要的辅助手段。在实际生活中，他律模式有很多，大到各种法律法规，小到单位的工作制度规程等。他律模式是受外界条件限制的，是一种逆向约束注意力训练方式，处理办法与脱敏疗法正好相反。

以自律为主，他律为辅，最好从小开始训练，帮助孩子从小养成自控力，这将是一种孩子受益终生的好习惯。

> **手记点睛**
>
> 注意力的提高，对于孩子的学习至关重要。从幼儿园到小学阶段，孩子的注意力将完成各种设定，自律管理模式是每个成功者的标配。

第三章 莫因焦虑给孩子"挖坑"

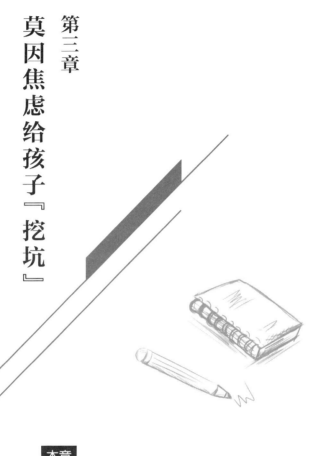

本章导读

如果要用一个词来形容当下的中国教育，那就是"焦虑"。焦虑的家长们，纷纷涌入"鸡娃"大潮：超前的读书识字、超额的课外辅导、超声贝的"吼式教育"……孩子们还没来得及体会学习的乐趣，就已经感到负重难行；还没来得及养成良好的学习习惯，就已经问题重重。家长们对学习的一知半解、对孩子未来的焦虑，以及对孩子的关切交织在一起，常常以爱之名，对孩子的学习造成破坏之实。莫要再给孩子们的学习"挖坑"了！

案例 3.1
"996"上"班"日程表

在当下,"996"常用来指代某些互联网企业的加班制度。其实,"996"上"班"的又何止是大人,许多孩子上课外班的密度和强度,远超于此。孩子出现学习问题时,有些家长采取"疯狂"报班这种解决方案,究竟是一劳永逸,还是事倍功半?在下面这个案例中或可一见分晓。

人物小档案

姓名:邹林林
性别:男
年级:小学三年级
诊断分型:价值决策
关键词:补习班　情绪管理　家教氛围

■ 案例背景

助理小李老师告诉我,预约这周五治疗的男孩叫林林,才上小学三年级,课余时间就被各类补习课程占据得非常满。预约治疗的时间更改了四次才定下来,真是不容易。然而令他妈妈忧心的是,即便上了如此多的补习班,林林的学习成绩却始终不见起色。思来想去，林林妈妈决定来给孩子做学习治疗。

初诊接待

林林的妈妈瘦瘦的，中等身高，眼睛大大的，看上去很显年轻。与预约时沟通的不同，妈妈是一个人前来的，林林并没有出现。

"宋老师您好！孩子课多，实在是没能挤出时间来做治疗。我想既然已经约了时间，就自己先来和您聊聊孩子的学习问题吧。"说完，林林妈妈便快步走进咨询室，拉开椅子利落地坐下，身体微微前倾，开门见山地说起了孩子学习上的问题。

"孩子的成绩不见起色，我想了很多办法，砸进去好多钱，却还是看不到效果。"她接着说。

"听说出生月份对孩子的学习会有很大影响。我家林林就是8月底才出生的，所以在班上年纪偏小，再加上他发育比较晚，我一直担心他学习上会出现困难，跟不上进度。他从小就喜欢数学，对语文和英语没什么兴趣。我担心他入学跟不上，所以一年级前就给他报了识字班和幼小衔接班。在这两个辅导班上，他的学习速度就是全班最慢的。但补习的效果还算不错，一年级前几个月里学习方面非常顺利，我们一点儿都没费劲。整个一年级，我没给他报太多的班，语、数、英各报了一个，一周一次课。后来老师反映说孩子的字写得不太好，就又给他报了个书法班，一周两次。一年级第一学期期末成绩不太好，所以寒假我给他报了补习和先行班，后来就一直在这个机构上小班课。"林林妈妈一口气交代了给孩子报班的情况。

"现在都说'得语文者得天下'，听说以后高考对语文会越来越重视，而且知识面要广，否则连题都读不懂。听到这种说法，我很担心，就赶紧给他报了一个语文班。孩子的数学成绩还行，可能因为从小就喜欢，也一直在学数学思维，于是我想进一步让数学成为他的优势。在比较过奥数课和数学思维课之后，我感觉奥数比数学思维更合适，就把数学思维课转成了奥数课。可孩子的奥数分层考试成绩不好，被分到了最慢的班。我希望他能进更好的班，有更好的学习环境，所以又额外给他找了一个数学老师来辅导奥数，希望能在下次分班考试中上升一个层次。英语班林林也一直上着，课内的内容相对简单，这块儿我们算是按部就班吧。不过今年他有同学已经考过剑桥英语了，我觉得林林也应该着手准备这个考试了。我现在带着他背单词，准备暑假进集训班备考。现在孩子学习负担比较重，辅导班作业也比较多，还要到处去上课，时间安排得特别紧张。尽管付出这么多精力，孩子距离我期望的成绩还相差很远。现在孩子的时间已经排满了，再想报辅导班，已经很难排进去了，我也纠结该怎么取舍、怎么选择。宋老师，您说我该怎么办？"

林林妈妈语速飞快，她的焦虑感和不安情绪也随之扑面而来。

初步分析

从林林妈妈的描述中我了解到，林林在各类补习中花费了大量的时间和精力，可自身成绩的提升却远远与之不成正比，长期处于落后。可见孩子的学习的确遇到了问题，甚至在学习过程中明显存在带"病"学习的现象。若想全面地诊断林林的学习系统中究竟出现了哪些问题，我还需与林林本人做进一步细节上的沟通和了解。

但我在与林林妈妈的初诊交流中，发现家长在自身的价值决策上存在很严重的误区和问题。家长操心孩子的未来，为孩子的学习问题感到焦虑，是人之常情。可若因此便盲目给孩子报课外班，将这种焦虑情绪转嫁到孩子身上，无疑会加重孩子的学习负担，对孩子的学习造成负面影响。处在焦虑中的人，可能会冲动吃东西、冲动购物，而林林妈妈焦虑时，会冲动给孩子报辅导班、买学习资料。

当下，社会上有一些教育机构，为了自身的经济利益，常会刻意向社会散播这种焦虑情绪，令家长对孩子的学习和未来成长感到莫名的担忧，从而盲目为之付费买单。更重要的是，家长们身处其中，常常不知不觉被焦虑裹挟，这对于孩子良好学习氛围的营造，是十分不利的。

学习的主体是孩子，但很多家长并没有真正认识到这一点，没有把学习的主导权交还给孩子，让孩子参与自身的学习规划中去。像林林妈妈这般大包大揽，盲目为孩子报班，刻意的介入反而破坏了孩子自主构建学习系统的意愿和能力。针对林林妈妈的问题，我决定在接下来的治疗中，将学习系统的概念逐步引入给她，并着重调整她的价值决策。

治疗过程

在咨询和治疗中，我一方面为林林调整学习系统中的各类问题；另一方面着重为林林妈妈分析了林林学习困境产生的根本原因，并非是知识获取得太少，而是他的学习系统出现了问题，某种程度上林林一直处在一个带"病"学习的状态。当前，各类课外辅导班主要是解决知识和题型方面的问题，属于学习系统中语义解析模块的一部分，对林林学习系统中识别驱动、逻辑加工和价值决策、程序定制模块存在的问题则帮助有限。因此"疯狂"报班并不能有效解决林林的学习困境。林林妈妈在初步接受了学习系统的概念后，当即决定带林林前来进行更加全面的诊断和治疗。

在后续的几次治疗中，我带着林林对他在学习系统各模块中遇到的问题一一进行了梳理和提升。同时，重点为林林妈妈对于孩子学习的担忧和恐惧情绪做了澄清和疏导，帮助她发现并调整自身价值决策上出现的问题。

"听上去，孩子在学习上存在一些问题，这让您感到焦虑。"我首先分析和确定林林妈妈当下主导的情绪。

"嗯，是这样的，宋老师。我怕孩子落在后面，怕孩子学习环境不好，怕孩子失去好的教育机会，怕孩子考不上好大学，怕孩子以后买不起房……"

林林妈妈一连串的"怕"，像一座座大山，压得自己喘不过气。

接下来，我引导林林妈妈关注自己的内心，请她回忆在什么情况下，脑袋里会跳出这些忧虑孩子未来发展的想法。仔细回忆后我们发现，林林妈妈对孩子的担心程度，竟和自己的工作和生活压力呈现相关性。林林上学前，夫妻二人拼尽全力换了一套学区房。拥挤的居住环境、巨大的经济压力和生活品质的下降导致夫妻二人出现了许多前所未有的小摩擦。幸好在孩子的培养问题上，夫妻达成一致：二人对自身的学习经历都抱有一些遗憾，为了不让孩子重蹈覆辙，他们愿意为孩子的教育不计成本地投入。

一方面工作压力大，另一方面要兼顾孩子的学习和生活，林林妈妈平时十分辛苦，常常顾此失彼。工作遇到难题时，她常蹦出这样的念头：如果当年自己在学习上有更多的投入，现在可能就不会有这些麻烦了。这种想法愈发让她坚定了督促孩子、给孩子课外辅导加料的念头。

"我们刚刚了解了积极学习系统,如果试着把您工作中遇到的问题代入这样的学习系统思维中,您会怎样分析自身面临的问题呢?"

长达一分钟的沉默后,林林妈妈开口道:"这是一个全新的角度,我试试看。"

经过细致的分析和反思,林林妈妈发现:自身面临的很多问题,与当年学习经历中的遗憾关系并不大,与孩子的教育和未来发展更没有直接的相关,不该因为焦虑情绪而胡乱加以投射。同时,要真正解决自身的情绪问题,需要从心接纳现实现状,更多地发现生活中的美好、热爱和感动,这才是快乐起来的理由。

"我好像忽然就放下了。如今社会变化快,我现在认可的东西,未必是将来他们所追求的。因为我自己的人生遗憾而对孩子的学习妄加干预,是不合理的。"

■ 回顾总结

价值决策——依据内心的价值标准对资源或任务进行管理,以确定事情的轻重缓急以及执行的先后顺序。家长作为孩子的监护人,其自身价值决策将对孩子的学习产生直接的影响。

针对这个案例,我们再对林林妈妈本身的价值决策问题做一个梳理:

首先,林林妈妈未能及时平复、处理好自身对于孩子学习产生的忧虑情绪,并把这种情绪带到了家庭,转移到了孩子身上去。这种紧张压抑的学习气氛,对于孩子构建学习系统的早期阶段来说,是十分不利的。

同时,林林妈妈将教育的意义标准只聚焦于学习成绩,而忽略了对林林学习兴趣和学习能力的培养。成绩是衡量学生阶段性学习情况的重要指标,但绝不应成为孩子在学习这项终身能力培养上的唯一价值导向。

此外,揠苗助长式的"疯狂"报班,也体现了林林妈妈一贯错误的"填鸭式"教育方法。这种方式很大程度上只是为了解决林林妈妈自身的焦虑情绪,而对于林林的学习能力改变意义不大。

经过交流和分析，我们发现，林林的学习困境一方面源自孩子的情绪管理，另一方面是对于知识的运用。如何循序渐进地引导林林学会管理自己的情绪，并帮助他升级自身的学习系统，是我们在林林后续的几次治疗中着重努力的方向。而这一点深受林林妈妈价值决策模块的三关——情绪关、意义关、方法关影响。换句话说，要真正解决林林的价值决策问题，关键是林林妈妈的价值决策调整。于是，在对林林妈妈进行学习治疗时，首要的便是帮助她认清哪些情绪和事件是与孩子教育无关的；接着需要引导她建立更积极的价值标准，为孩子有兴趣、有意义、有创造地自主构建学习系统营造一个更宽松的家庭氛围；最后，遇到任何问题不要只看负面危机，而要坚信任何事情都可以是好事，关键如何找到它的价值。基于此，林林妈妈停止安排不必要的辅导班，而是真正聚焦和解决林林学习系统中出现的问题，配合我们一起帮助林林在学习中重塑自信心，培养各项学习能力，林林的各科学习成绩这时也逐步提升上来。

在孩子出现学习问题的背后，常会隐藏着老师和家长价值决策上的一些问题。这时需要老师和家长有意识地对自己的价值决策做出及时且适当的调整，这样才能与孩子一同进步，做好孩子学习路上的引路人。参加学习治疗师培训既能帮助孩子学习成长，也是提升老师和家长自己价值决策能力的有效途径。

手记点睛

盲目给孩子报班，看似父母们有所作为，实则是用战术上的勤奋来掩盖战略上的懒惰。在根源问题分析上"偷懒"，最终只能累坏孩子、气坏自己。

案例 3.2
谁改变了妈妈的"河东狮吼"

"宋老师,我就是想看看,究竟是谁能让我妈不吼我了。"

这个约我见面,但只说了一句话便转身离开的高个男孩,给我留下了极为深刻的印象。这一切,还要归功于男孩妈妈自制的一套"不吼孩子"小程序。

人物小档案

姓名: 李亦辰
性别: 男
年级: 初中一年级
诊断分型: 识别驱动　价值决策
关键词: 亲子关系　情绪管理　小程序

■ 案例背景

参加学习治疗师初级培训的学员中,许多都是学生家长。他们很愿意通过学习来提升自己,从而更好地陪伴孩子学习成长、与孩子共同进步。在聊起家教氛围时,有不少家长学员表示,为了解决孩子的学习问题,和孩子经历了一番长期"斗争",现在的亲子关系略显紧张。亲子关系是家庭教育的核心，亦辰的个案便是这样一个有关亲子关系的典型案例。

■ 初诊接待

那是暑假里的一天，第 15 期线下培训班开班前，亦辰的妈妈找到我："宋老师，我儿子今年读初一。别看他将近一米八的大高个儿，学习起来却一点儿都不利落，总是磨磨蹭蹭。我看着就来气，好说歹说都不听，最后总忍不住吼他一顿。现在不但我们关系搞得很紧张，而且吼多了也没效果了，孩子还是不愿意学习。光吼也不是个办法，所以很想学习一些更好的方法，缓解我们目前这种紧张的关系，更好地帮助孩子提高成绩。"

通过亦辰妈妈进一步的讲述，我了解到：

亦辰小时候学习不够专注，总是边玩边学，妈妈为此没少吼他。起初，每次一吼，孩子就能够静下心来学一阵。小学一二年级时，母子俩还能勉强和谐相处。然而到了三四年级，这一招就不那么好用了。随着年龄的增长，亦辰也慢慢开始不服管教——面对妈妈强硬的指令，孩子即使去执行了，也总是满脸的不情愿、应付了事。进入初中以后，孩子更是各种反抗，妈妈的吼式管教不断升级却收效甚微。当妈妈意识到这种吼式教育的老办法管不住进入青春期的孩子，还使自己不知不觉在"泼母"的道路上越走越远时，开始寻求自身的改变。在做了一系列调研后，亦辰妈妈最终决定来上学习治疗师的初级培训课程。

■ 初步分析

家长在看到自家孩子的问题迟迟无法解决时，往往容易着急上头，进而控制不住自身情绪。这样在对待孩子时极易表现得十分强势，无法与孩子建立有效沟通，亦辰的妈妈便是如此。显然，她在价值决策上出现了问题。

在亲子关系中，学会倾听孩子、让孩子倾听自己，适当地向孩子示之以弱也是家长的一门家教必修课。这一点，在给学习治疗师初级培训的学员做表情训练时，我也着重强调过。其实，亦辰的学习问题一定是由于自身学习系统中的某些模块出现了问题，需要具体问题具体调整。只靠"吼叫"，不但无法有效改善现状，还会将孩子推到自己的对立面，下一次亲子沟通时就更难了。

好在亦辰妈妈对此有了及时的反省，并愿意通过学习做出改变。觉察问题，一定是解决问题的第一步。亦辰妈妈并不缺少学习的主动性，我简要向她介绍了即将在培训中讲授的学习系统的相关概念，并着重强调了其中价值决策的部分。我希望通过四天的线下培训，亦辰妈妈能够有所启发，并有针对性地运用所学进行自我调整，并在我的帮助下建立起有效的亲子沟通程序。这些便是解决她与亦辰亲子问题的核心。

■ 治疗过程

其实，亦辰妈妈的治疗过程，就是她在整个学习治疗初级培训中的学习过程。在整个学习过程中，亦辰妈妈展现出极高的专注度和参与度，给我留下了深刻的印象。

随着亦辰妈妈对学习系统模型不断深入的了解,她已经能把很多生活中孩子常出现的问题——归类到各个模块的问题上了。在这个过程中,她逐渐意识到孩子边学边玩这种现象,其本质不在于孩子的学习态度不端正,而是他的学习系统出了复杂问题所致的。这种学习系统中的漏洞并未被明确定位,也无法随着孩子年龄的增长自动修复,只会日益积压严重。家长方法不当的严加管教本来是出于关心,可结果不但没帮到孩子,反倒因不理性的沟通方式伤害到了孩子的内心,同时也为孩子价值决策的养成埋下了隐患。捋清此处,亦辰妈妈懊悔极了。

我引导学员们——学习治疗师相信,错误意味着机会。每个错误的背后,都隐藏着一个或几个漏洞,找到它们就可以修复升级。想明白了什么是破坏、什么是建设,亦辰妈妈决定调整自己的价值决策。于是,她先去向孩子道歉。骤然看到妈妈态度的转变,孩子有惊无喜,像看精神病患者一样盯着老妈看了5秒钟,没有说话。

接下来,亦辰妈妈又为自己定制了一个"不吼孩子"的小程序:一察觉到自己的脾气即将上来,就立刻做一个深呼吸,把手背在身后,倒数五个数,再默念一遍"要建设不要破坏",然后试着用学习治疗的方法,在心里分析如何帮助孩子定位并解决当前最核心的问题。

当这个程序定制完成后,亦辰妈妈再也没有吼过孩子,基本上在倒数五个数的时候,就已经恢复了平静。从此,她和亦辰的关系大有改善。没有了妈妈的焦急催促,亦辰反倒变得自觉许多,学习的主动性大大提高。

后来在暑假结束前,亦辰妈妈联系我,说想跟我约时间,孩子想和我见一面。起初我以为她是希望我在新学期到来之际给孩子打打气,调动他的学习热情,便答应了,还专门给亦辰留出了半小时的时间。

当天,亦辰如约来到我的办公室。可他只是推开门进来看了我一眼,点点头，便扭头准备离开。

我连忙喊住他："别走啊！孩子，为什么看到我不说话就走呢？"

亦辰停下脚步，回身看着我说："我就是想看看，究竟是谁能让我妈不吼我了。"

这次见面很短暂，却令我很难忘。于是在9月的学习治疗师"回家"活动中，我请来亦辰妈妈，把她自己"从吼到不吼"的教育方式转变历程分享给大家。大家听完纷纷感悟，亦辰妈妈的转变，既是升级她自身学习系统的过程，也是帮助孩子改变学习系统的关键。

回顾总结

人脑有三种记忆：数据、程序和情绪。情绪记忆对数据记忆（陈述性记忆）和程序性记忆具有明显的促进或抑制作用。一旦出现负面情绪，对前两者的记忆会产生极大的抑制和削弱。孩子被吼之后，必然产生焦虑、恐惧、抑郁和愤怒等消极情绪，这会大大地削弱和衰减学习的效果。

而家长之所以习惯于吼孩子，是因为在家长和孩子的长期互动过程中，不知不觉形成了一个"吼孩子"的专用程序。就像亦辰和妈妈这样，学习有问题，妈妈就用吼来解决。其实，随着亦辰的年龄增长，吼越来越不管用了，而妈妈并没有建立起其他有效的方式。同时，学习中"被吼"的结果是：亦辰一想到学习、一想到妈妈，就会激活一系列负向的情绪记忆，从而对学习产生各种排斥。长此以往，亲子关系变得糟糕，对孩子的成长及学习造成了极大的不良影响。

在经历学习治疗师初级班的学习后，亦辰妈妈主动调整了自己的价值决策，并应用程序定制的方法，为自己制定了一个"不吼孩子"的程序，从而改善了亲子关系，也帮助孩子把学习有关的情绪记忆逐渐由负向转变为正向。

另外要强调的是，学习治疗师的培训不光是一次专业知识和职业技能的培训，也是对所有参与者包括作为讲师的我在内的一次完整学习提升。许多学员原本都是揣着各类孩子问题前来的家长和老师，他们在参加培训时极为专注与好学，以期运用所学尽快解决自家孩子或班级学生出现的棘手问题。当学员们通过对学习系统的充分了解、探讨吸收案例精华后，他们在自身学习系统与教育理念的升级上进步十分显著，此前的问题已然迎刃而解。在这个过程中，我也从他们身上收获颇丰、感悟良多。

> **手记点睛**
>
> 孩子每天都在长大，我们每天面对一个全新的孩子，必须做到与孩子同步成长！了解学习的科学真谛，不拖孩子成长的后腿。

案例 3.3
"遗传"来的英语学习难

很多家长发现，在自己学生时代不擅长的科目上，自己的孩子也常遇到学习问题。这里面究竟是否存在"遗传"的因素呢？答案有时似是而非。

人物小档案

姓名：许佳佳
性别：男
年级：小学三年级
诊断分型：语义解析
关键词：英语　背单词难　亲子沟通

■ 案例背景

3月的一天下午，我应邀来到北京朝阳区的某小学，做一期有关学习治疗的分享沙龙。校园很美，办公楼前的小径两旁，柳树抽出的嫩枝随着微风轻轻摇曳，草坪上的绿意正奋力取代着枯黄，几只小麻雀叽叽喳喳地时蹦时停，灵动极了。一进办公楼却又是另一片空间了，那些可爱的小热闹不见了，取而代之的是肃静。我一边调整自己的状态一边走到了沙龙所在的会议室，还没进屋,墙上"××校家委会欢迎您"的红色横幅便直入眼帘。

其间,一位家长向我问道:"宋老师,我儿子佳佳特别不爱背英语单词。我上学的时候英语就是短板,一背单词就头疼,吃了很多这方面的亏。所以我就想让孩子早点起步,想着日积月累怎么也能把词汇搞定。所以从佳佳3岁开始,我就开始带着他背单词。可是现在都三年级该准备英语考级了,他还是好多单词背不会,也不爱背。这事儿真是一说起来就头疼,每次看到他背单词时心不在焉的样子,我就更着急了,说他也不管用。宋老师您说这可怎么办?"

■ 初步分析

父母曾经较为弱势的学科,也成了孩子的弱势学科,这种现象十分多见。有些家长把它归咎为遗传,其实并不尽然,主要的问题还是出在学习系统上。

就佳佳妈妈来说,她对英语学习的认识一直存在偏差。在她的认知里,英语单纯等同于一个个单词拼凑成句子——只要单词通了，这门学科就通了。事实上，对于一门语言来说，仅以单词为单位的组块信息量小，大脑在处理这些信息时，难以完成语义解析和逻辑加工的任务。这才是佳佳妈妈英语成绩不佳的原因，而且这样的学科理念问题不知不觉被"遗传"给了佳佳。

另外，背单词这件事显然给佳佳妈妈留下了不小的心理阴影。她特别担心孩子经历自己的痛，因此让孩子从三岁起就开始背单词。在这个过程中，一旦孩子出现背不下来或者不愿意背的情况，妈妈当年的消极情绪就会被重启。这时妈妈若不能有效地调控情绪，那么孩子一定会受到这种负面情绪的影响，对背单词这件事更加反感。

如何管理自己的情绪、如何重新建立对英语学习的认识、如何选择合适的方法帮助孩子，便是佳佳妈妈需要闯过的价值决策"三关"。

治疗过程

佳佳妈妈的情况非常典型，很多家长在个人情绪管理和对学科学习的认识上，都有着相似的阻绊和困惑。于是我在现场着重剖析了这个案例，以此来对佳佳妈妈做一个建议和引导，也向在座的其他家长做一个经验分享。

学英语≠背单词

"佳佳妈妈，孩子今年三年级，我们假设他在初中毕业时便已经充分解决了英语学习上的问题，从此不再令您操心。您想象中那时孩子的英语水平，会达到一个什么样的程度呢？"我向佳佳妈妈抛出一个情景。

"希望他能活学活用，比如学校来了外宾或者交换生，他能带着参观校园，做一些简单的交流；能看懂我买的进口复合维生素盒子上的说明书；写英文简历不费劲。当然，还有考试得高分，背单词轻松。"谈起美好的未来场景，佳佳妈妈一脸憧憬。

"您看，在您的描述中，掌握单词只是这些目标中的一小部分，似乎英语学习中还有其他更重要的东西？"我问道。

"是的，背单词是第一步，单词问题解决了，英语学习就顺了。"佳佳妈妈回答。

"所以，学英语不是为了背单词，而背单词是为了学英语。您说，对吗？"我顺着佳佳妈妈的话总结道。

听到这里，她有些豁然开朗，连连点头道"是啊，这么简单的道理，我怎么就没厘清呢？一直给了孩子错误的引导。"

早期教育≠揠苗助长

佳佳妈妈说，学英语首要就是背单词。这个思路合理吗？

其实作为一门语言，英语的首要功能是信息交流。对话沟通、阅读写作便是在进行信息交流。从交流的角度引导学习，才能更好地帮助孩子发现兴趣结合点，让孩子能更全面、立体地看待这门学科。而佳佳同学，在三岁时就被灌输了错误的学科意义，枯燥的单词令他讨厌英语，认定这门学科就很枯燥。更糟糕的是，在他的语义解析知识库中，英语是以单词为单位进行组织的。这种散点式的组织方式，也大大阻碍了佳佳英语成绩的提高。

在环境中学语言、在兴趣中学语言，是最理想的学习状态。家长在辅助孩子的学习中，也可以寓教于乐，从塑造环境和激发兴趣这两方面入手，借助多媒体、玩具、教学工具等资源，设置多场景的语言应用环境，使孩子更自发地、有情境或是有兴趣地进行学习。

在场的许多家长也纷纷就自家孩子英语学习的经验做了分享。佳佳妈妈开始反思，是否是自身的学习系统出现了严重的问题，进而影响到了孩子。因此，她决定自己暂时停止对孩子的英语学习规划和辅导，转而找一位专业的英语老师来帮助孩子，同时对自身的学习系统进行调整与升级，以便未来与孩子保持同步成长。

家长把自己对学科的错误认知传递给孩子这种现象，在各个学科的学习中都有出现。比如数学：有的家长为了让孩子提早启蒙，在孩子两岁多还不能理解 5 以上的数字时，就让孩子花大力气背 100 以内数字；三岁多时，就让孩子背诵乘法口诀表。仅靠记忆的方法学数学，孩子的数感从小没有得到良好的建立，还极易产生对数学学科的厌倦心态，这种不科学的启蒙方法也往往得不偿失。出现这类情况，孩子需要先完成学习系统漏洞的修复，才能更有效地走出学科学习的困境。

家长的情绪管理

从佳佳妈妈的叙述中，也暴露出他们亲子互动中消极的相互作用：一看到孩子背单词出现困难，妈妈就着急；妈妈一着急就吼孩子，给孩子压力；一有压力，孩子便容易产生厌学的情绪；再听到妈妈吼，就更不想也背不下单词了。佳佳妈妈自己也承认："我们确实处在了一个恶性循环中。该如何打破呢？"

这时，一位热心家长发言道："如果一开始妈妈不着急，是不是这个循环就可以打破了？"

佳佳妈妈回答道："我也曾经考虑过是不是自己脾气太急了，可真的就是控制不住自己，有时候发完脾气就后悔了。"

于是，与亦辰妈妈的案例中采取的方法类似：提高自身的情绪粒度[①]，从"不吼"开始。我和佳佳妈妈一起制定了一个适合她的"不吼孩子"的程序，

---

① 情绪粒度：心理学术语，指一个人区分并识别自己具体感受的能力。它直接影响我们管理和应对情绪的方式，情绪粒度高的人，能够很好地分辨和表达情绪，从而更容易掌握和管理自己情绪；情绪粒度低的人，更容易武断地判断情绪，被情绪所控制。

帮助她重新建立起积极的亲子互动模式。

■ 回顾总结

带"病"学习存在代际"遗传"的现象，这并不是指基因上的遗传，而是反映了一些家长将自己在学生时代形成的不恰当的学科理解、学习方法以及自己累积的负面学习情绪，传递到孩子身上这种情况。

佳佳妈妈认为，没学好英语对她的人生造成了极负面的影响，于是她急于早教。妈妈的出发点和期望是好的，可结果呢？佳佳妈妈早早地将自己带病的学习系统传给了孩子，且对其中的问题毫无所察。背负着妈妈的担忧与学习系统中的漏洞，佳佳一路负重前行。

针对佳佳妈妈的问题，我对她的价值决策做了两方面的调整：一是引导她重新理解了英语学科的学习意义和切入方法，二是通过定制小程序的方法提升佳佳妈妈情绪管理的能力。换个角度看问题，佳佳妈妈才能更好地带领佳佳从这个"遗传"来的系统漏洞中走出来。

实际上，英语除了是一门语言外，更是一座桥梁——让非英语母语的我们有机会通往更多元的文化，形成更多元的思维方式，在未来也可能会结交更多的朋友、获取更多的机会。学习英语的过程，不仅是强化逻辑思维的过程，也是打开视野，推动世界观形成的过程。对于刚刚接触英语学习的孩子来说，兴趣是第一位的。有了兴趣，便有了学习动力；有了学习动力，他们便可以在学习过程中自己去找寻学习的意义。自此，英语的学习不再单纯只为应付升学考试，而是提升个人素质、探索多元世界的奇妙旅程。

各位亲爱的家长朋友，我非常理解大家对过往经历可能抱有一丝遗憾，想要孩子不再重蹈覆辙的良苦用心。但是，当你操之过急地为孩子驾起学习的马车时，也许在不经意间便已经把一些错误的观念、方法、情绪传递给孩子，从而影响了他对这部分学习意义的正确解读。

如何在家庭教育，尤其是早期教育中良好地引领孩子，需要每一位家长不断在摸索中学习，在学习中反思。

> **手记点睛**
>
> 孩子是父母的一面镜子——父母不仅为孩子遗传了基因，同时也会在日常生活中将自己对事物的看法潜移默化地传递给孩子。如果父母能够意识到这一点，在孩子出现问题时就不会盲目地责怪孩子了。

案例 3.4
90 分以下是差生？

> 他是完美妈妈眼里的问题孩子，像蜗牛一样永远慢吞吞地跟在妈妈后面。他也想不明白，为什么自己走不快。而我要做的，正是协调母子二人的步伐，直到彼此同步。

人物小档案

姓名：钱果果
性别：男
年级：小学二年级
诊断分型：识别驱动
关键词：耐心　有趣　平视　示范

案例背景

"听说小学一二年级低于 90 分，那就是差生了。可是宋老师，我们家果果从来没上过 90 分，拿回家的试卷经常还不到 80 分！很多题错得匪夷所思，都不知道该怎么帮他！一二年级基础打不好，将来可怎么办啊？"果果妈妈眉头紧锁，一脸苦恼，语速飞快，焦急地向我发问。

"我小时候从来都是考双百啊！"

果果妈妈名校毕业，工作优秀，在知名企业担任高管，是令人羡慕的职场精英,然而果果的学习却是她的一块心病。面对孩子龙飞凤舞外加蜘蛛爬似的字、怎么讲解都做不对的数学题,果果妈妈感受到了从未有过的无力感。

■ 初诊接待

果果坐在我面前,好奇地四处张望,不停地扭动身体,显然对我们的谈话不感兴趣。"果果,如果你愿意,可以让我看看你的试卷吗?"果果点点头,"唰"一下拉开书包拉链,在混乱的书包里,乱翻一气。第一遍,第二遍,第三遍还没找到时,妈妈一把接过书包,翻出试卷,递给我。

打开果果的语文试卷,满眼的参差凌乱:字体大小不一,字迹轻重不同,好像这些字,不是由同一人书写似的。仔细一看,发现好几个错别字,比如麻雀的"雀"字写了3个横,冰水的"冰"两点水写成了三点水。拼音字母更是挤在一起,比网站的验证码还难以辨认。

"给他报了写字班,没什么效果。"看我盯着字看,妈妈补充道。

"好的。我可以再看看数学卷子吗?"打开数学试卷,只见第一题旁边就画了一个醒目的红叉。这是一道填空题:5+5+5+5+5+5+5+5=＿＿＿＿＿＿。8个5相加,等于40。

我问果果:"这道题,你写的35,还记不记得当时是怎么得到的?"

"宋老师,我数错了,一共8个,数漏了1个。"果果无辜地说。

"这孩子真不知道是怎么了,平时看着挺机灵,可是一到学习和考试时怎么就不灵了呢?我真是干着急也没有办法。"妈妈大吐苦水。

■ 初步分析

果果是一个学习习惯不佳,经常出现低级错误的小家伙,这让妈妈大伤脑筋又无计可施。为什么果果会出现这样的问题呢?我注意到,果果翻了半天书包都没有找到试卷,可见他书包内物品的混乱程度。而妈妈接过书包一下就找了出来,这种亲子之间的反差令人反思。其主要原因在于平时妈妈没有重视孩子学习相关的能力培养,尤其是生活习惯。殊不知,这些习惯都会迁移到孩子的学习当中。很多看似"家长聪明,小孩很笨"的个案背后,暴露的其实正是家长在这方面培养不足的问题。

至于果果的学习系统问题,主要出在识别驱动模块上。在学习治疗师初级班里,我多次强调,一二年级是孩子识别驱动模块的校准关键期。"看全不看漏,看对不看错",培养好这个能力,果果的成绩就能大幅提升。

■ 治疗过程

孩子书包的无序、混乱,说明妈妈平时没有帮孩子养成整理自己物品的好习惯。我跟果果妈妈讲,要相信孩子的学习能力是很强的。家长要想改变孩子的书写习惯,主要从以下两个方面着手:

首先,家长做孩子的朋友。想要孩子接纳自己,需要掌握一定的亲子陪伴艺术和技巧。在孩子面前耐心一点,保持平和的心态,学会俯身与孩子交流,保持与孩子平视的角度,做孩子的朋友、伙伴。孩子会玩,你要比孩子更会玩;孩子会编故事,你和他一起开脑洞;孩子学习,你可以向他偶尔请教。一句话,家长先要做一个有趣的人，孩子才会喜欢你。这一条在独生子女家庭尤为重要，他们太孤单了，没有兄弟姐妹，因此需要家长扮演监护人、玩伴、学伴等多重角色。在这里，学是广义的，玩的过程也可以是学。这是一种无痕教育，润物细无声。

尤其要提醒性格强势的家长注意，亲子关系与职场关系不同，家长不是孩子的领导，不要总是用命令的语气跟孩子讲话，这样很容易造成孩子的逆反心理。"哪里有压迫，哪里就有反抗。"孩子往往不会因为被强行管制而改变，而是受到触动，从内心愿意主动接受改变。

其次，家长要给孩子做好必要的示范。我给果果妈妈布置作业，就从教果果整理书包开始，在给书本和练习册分类的时候，要一边示范一边讲解为什么这样分类。操作时要一步一步地进行，中间有停顿和小结，完整演示全过程，并在演示之后让果果按照示范自己行动几遍。因为光做不说对于低龄孩子来说，很可能造成熟视无睹，那就不起作用了。

对于果果的写字矫正，我拿出纸笔，请果果写上自己的名字，借此观察他的握笔姿势。我注意到，他把手肘撑在桌子上，十分用力地握着笔。我先帮果果调整了握笔姿势[1]。因为握笔姿势不正确，会极大地影响他的书写。纠正握笔是一个将习惯打破和重新养成的过程，因此我提醒果果妈妈，这个帮助孩子养成习惯的干预过程中切不可心急。

接着，我随手拿起一本书，请果果观察书上的汉字。很快，果果发现了规律。

"宋老师您看，这一个个汉字，它们大小是差不多的。而且字形像一个方块！"果果恍然大悟，"哦，原来方块字是这个意思！"

接下来，为了纠正果果字迹大小不一的问题，我让他分别写了高的、矮的、胖的、瘦的等各种各样的字。二年级的孩子，对这种拟人化的表达很感

---

[1] 详见案例4.2，与对珉珉的调整方法相同。

兴趣，很快他就能够对自己试卷上的字有所评价："这几个字是胖胖的字，这几个是矮矮的字，这几个字大小正合适……"

可见，果果不是没有审美，只是没有把字形信息正确地识别和收集。

此外，我还根据果果试卷中的错题找到了几个他记错的汉字，请他观察字形、结构、偏旁部首，告诉他汉字其实很简单，掌握偏旁部首之后，像搭乐高一样就可以写出汉字。听我这么一说，果果顿时对汉字表现出了极大的兴趣，自己主动找了几个字给我分析了起来。

果果因为识别上出了问题，进入他大脑的汉字信息不正确，所以写出来的汉字也是错误百出。要纠正这个问题，主要应提升孩子信息收集的能力，而不必机械地让孩子重复练习书写。

后来，我们还一起分析了数学试卷。果果为什么会在5+5+5+5+5+5+5=＿＿＿＿＿＿这道题上出错？仅仅是他马虎大意了吗？实际上，马虎只是表象，根本问题还是在于信息输入和输出环节出现了漏洞，这个问题要定位到识别驱动模块。让孩子学会用指读的方式读题，并做好校验，问题慢慢就会得到解决。

一个月后回访时，果果妈妈开心地告诉我，孩子大有进步，有的作业还登上了班里的优秀作业榜，考试成绩再也没有低于90分了。

回顾总结

在本案中，我把对家长思考方式和行为模式的调整放在第一位，也就是首先调整家长的价值决策。因为家长是成人，又有足够强烈的改进意愿，只要稍加点拨，家长自己就有能力修正自身的不足。像果果妈妈这样工作出色的高管，学习能力必然是非常强的，需要的是在态度上多一点耐心，学会多欣赏和鼓励孩子。

家长们有时候习惯拿对大人的标准来要求孩子，这属于价值决策偏差。很简单，成年人的大脑发育已经非常成熟，识别驱动水平远超一二年级的孩子。因而当我们看到孩子因识别驱动尚未校准而出现的问题时，往往感到匪夷所思、不可理解，有时干脆给孩子贴上"马虎""不认真"等标签，这样的处理无益于问题解决，反而容易伤害孩子的自信心，固化孩子的学习问题。

同时，家长在对孩子进行教育时，要适时调整自己的教育重点和行为模式，不要只是重视知识的传递，还要多传授一些自我管理的方法和技巧。比如，与孩子一起整理书包、书桌、玩具、衣橱等，让孩子参与力所能及的家务劳动。

针对果果识别驱动模块问题的修正，我们分别从收集识别和驱动执行两个环节进行。果果在收集识别信息时，试卷上的重要信息常常看漏看错、查字典找不到字；而在驱动执行方面，写字写数小错不断、字迹大小不一、难以辨认。对此，我从果果日常做作业的环节入手开始干预，这样一方面有助于实战练习，另一方面也同步完成了作业。在此期间，我会引导果果在做题之前，认真观察汉字字形，并学会解题时指读题目；而在书写时，我会带他进行徒手画方格、上下行对齐、精准擦橡皮等活动；在作业完成后的自我练习环节，会再带着果果玩一些写哈哈字等趣味练习，既锻炼了横平，又练习了竖直，还能够在放大缩小的过程中依然保持笔画笔顺正确清晰。

需要提醒的是，有些时候老师或家长不能及时帮助孩子有效纠正识别驱动模块上的问题，而是以"马虎""不认真"等做标签式论断，这将会给孩子埋下长期的学习隐患。因为随着年龄的增长，孩子在这种负面标签的强烈心理暗示下，学习系统中的漏洞会变得越来越隐晦难辨，而它们在孩子学习过程中还会时不时跳出来捣乱、设置障碍，产生令很多老师、家长困惑的"明明会却总做不对"的现象。

最后，也是非常重要的一条，要遵循儿童身体和心智发育规律，在合适的时间做合适的事，效果才最好。例如，孩子的一二年级就是校准、完善学习系统中识别驱动模块的黄金时期。

手记点睛

良好的亲子陪伴需要家长首先做一个有趣的人，以平视的角度，俯身面对孩子，做与孩子一同成长的大朋友、小伙伴！

第四章
遵循孩子的发育发展规律

本章导读

当下,升学与择校已越来越成为家长为孩子思深忧远的"头等大事"。孩子的学习之路,亦是他一生修行的成长之路。有意的提前"抢跑"、无意的超前灌输、错误的程序固化,都很可能为孩子之后的学习埋下隐患。尊重和遵循孩子生长发育和发展的规律,选择科学的引导方法,是每一位家长都需要认真对待的。

学习治疗手记

案例 4.1
提前学是不是抢跑？

幼小衔接是孩子遇到的第一次升学衔接，家长们尤为重视。事实上，对于这个年龄段的孩子来说，哪些模块的能力培养是更为重要的呢？在下面这个案例中我们一做探讨。

人物小档案

姓名：金鹏鹏
性别：男
年级：幼儿园大班
诊断分型：识别驱动
关键词：拼音 数字 幼小衔接

■ 案例背景

鹏鹏是幼儿园大班的孩子，据他妈妈陈述，鹏鹏这孩子平时挺聪明的，以前妈妈教他背古诗，学得很快！可现在教他拼音，却怎么也学不会！鹏鹏明年就该升小学了，这让鹏鹏妈妈特别纠结，不知道该不该带他提前学！

初诊接待

一个周二的下午,鹏鹏妈妈独自来到我的咨询室。

鹏鹏妈妈开门见山:"宋老师,我听说现在的小学,一年级学习进度可快了。那么多拼音知识,两个星期就要学完!别的孩子们大多数都在提前学,要么家里教,要么上幼小衔接班。拼音、写字、数学什么的,不提前学可能会跟不上,所以我觉得上学之前必须提前学。"

"嗯,确实有这种说法。"我微笑着点点头,鼓励她继续说。

紧接着,鹏鹏妈妈抛出一个相反的观点:"不过我又听到有人说,小学一二年级的内容没什么难度、特别简单。如果孩子早早会了,他上课就会觉得无聊,不爱听讲,甚至厌学。不是都说一年级正是培养习惯的时候嘛,万一养成上课不认真听讲的坏习惯,将来会引起很多麻烦呀。"

"宋老师,这两种说法正好相反,哪个听上去都很有道理,我真不知道该怎么办了!"鹏鹏妈妈无助地看着我,仿佛在等我递给她一根救命稻草。

初步分析

如今的家长越来越重视孩子的学习,很多父母在孩子上学之前就开始统筹规划。毫无疑问,家长对学习的认知和看法,将在决策中起到决定性作用。从上小学的第一天起,孩子就开启了正式的学生生涯,上课、作业、考试这样的学习任务与学业考查将伴随孩子接下来的十几年。而幼小衔接对孩子来说是一个重要转折,甚至决定了他们能不能从一个无忧无虑的孩童顺利转变为积极向上的学生。因此,家长对幼小衔接的重视和焦虑,也就不足为奇了。

鹏鹏妈妈提到的两种说法,代表了这个阶段家长的普遍心声:提前学,担心孩子从此失去学习兴趣;不提前学,又担心孩子"输在起跑线上",跟不上学校的教学进度。

从学习系统的角度来看，提前教孩子拼音、识字等知识，提升的是语义解析这个模块。根据我的经验，过早学习学科体系中的知识，孩子在小学阶段可能会短暂领先。但随着年龄的增长，反而可能会遇到更多的问题。例如，到中学后，有的孩子可能出现课上不愿跟着老师走、厌学等情绪，这和孩子提前学习了知识，导致小学期间养成课上无法集中注意力听讲的学习习惯有很大关系。

事实上，在幼小衔接阶段，真正能够影响孩子学习成绩的因素，往往出现在识别驱动模块而并非语义解析模块上。因此，我们应当考虑的问题不是"该不该"提前学知识，而是"如何"在保护孩子学习兴趣的前提下，帮助孩子掌握学习技能，从而顺利度过幼小衔接阶段。

■ 治疗过程

首先，我需要了解更详细的信息，便向鹏鹏妈妈询问学习过程中的细节："鹏鹏妈妈，你说教了一些拼音，孩子学不会，能说说具体情况吗？你是怎么教的？他学不会有哪些表现？"

"比如 b 和 d 不分，我讲过很多遍了，他就是记不住！"鹏鹏妈妈的语气中难掩对孩子的不满。

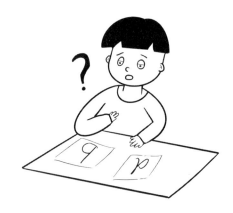

我微笑着解释道:"b 和 d 不分是典型的镜像问题,也就是说,对有些孩子来说,d 像是镜子里的 b,所以容易混淆。"

鹏鹏妈妈点点头,接着却越说越生气:"嗯嗯,数字也经常反着写,4 和 5,看上去像是用左手写的,真的像是镜子里的字。我说过很多遍,他就是记不住!"

我意识到了问题所在,安抚地解释道:"鹏鹏妈妈,不要着急。你知道吗,孩子出现这个现象,恰恰说明他是一个合格的人类。"

鹏鹏妈妈瞠目结舌地看着我,惊讶反问:"合格的人类?"

"是的,正反不分是这个年龄段的孩子所特有的问题。对他们而言,识别驱动模块处在发展过程中,有些孩子会短暂地出现镜像或旋转的问题,这事儿怪不得孩子。我们人类天生的硬件发育就是这个样子的。"我顿了顿,提出了一个常见的比喻,让她能更好地理解,"如一个苹果,不管这个苹果如何旋转,正放还是倒放,或者通过镜子去看它,我们都把它识别为苹果。"我解释的语气非常平和,让鹏鹏妈妈也逐渐缓和了下来。

"哦——是这样啊!"鹏鹏妈妈缓缓靠向椅子靠背,松了口气。然而下一秒她又弹起身子,急切地追问:"可上学之后就不是这样了呀,b 和 d 是不一样的,上学以后总不能反着写吧!"

我点点头,用手势示意她别着急:"是的,孩子确实需要渡过这个难关。我这里有一些游戏道具,家长可以在家里带着孩子玩,用游戏的方式来帮助孩子校准他们的识别驱动。"说着,我拿出《中国孩子注意力养成大书》中专门定制的一套游戏卡牌,向她展示了具体的操作方法。

鹏鹏妈妈的表情放松了一些,却还是不能完全放心:"还有,宋老师,我教孩子汉字也特别费劲,他总是记不住,这是记忆力的问题吗?"

我继续向她解释:"这个年龄段的孩子,汉字学习上的问题,往往也是识别驱动的问题。有的孩子不太清楚如何收集文字的字形关键信息,造成对形近字缺乏区分能力等问题,同样,需要调整识别驱动。"对此,我建议她回家后,跟孩子多玩一些与镜像和旋转有关的游戏,并嘱咐她千万不要着急生气、不要盲目批评孩子。

一个月后,鹏鹏妈妈给我发来消息,说鹏鹏特别喜欢《中国孩子注意力养成大书》中的游戏,尤其喜欢夹棍球和旋转卡牌,每天都拉着大人和他一起玩。同时,孩子也开始认真、积极地观察拼音和文字细节,书写正确率大大提高。现在,鹏鹏妈妈已经不再盲目担心孩子的幼小衔接问题了。

■ 回顾总结

对人和物形成知觉恒常性,是每个人与生俱来的生存能力。例如:如果一个实物苹果上多一个黑点,我们知道那还是苹果;但对于每个孩子一入学就要学习的文字符号系统来说,则大为不同。一个文字符号上多一个黑点就可能表达完全不同的意思,比如"大"字,多一点则变成"太"字或者"犬"字了。对于尚未适应学习要求、打破知觉恒常性的低龄孩子们来说,只有校准识别驱动后,才能有效完成文字符号的正确读写任务。反之,如果家长不了解孩子智力发育特点,将孩子阶段性发展特点视为问题,不理解、不接纳,甚至横加指责,往往会埋下诱发孩子厌学情绪的祸根。

鹏鹏妈妈认识到了小学阶段的学习与幼儿园学习不同,希望采取行动帮孩子顺利过渡,这种意识是好的;但是鹏鹏妈妈因不了解识别驱动的阶段性设定特征,反而给孩子和自己制造了更多的问题和烦恼。

为了解决鹏鹏妈妈的困扰,我首先为她讲解了识别驱动的基本原理和发展规律,接着教给她一些专为校准识别驱动而特别设计的亲子游戏,包括找不同、图影比对、走迷宫、猜字谜、文字变身等,让她能够在家里用"玩"的方式帮孩子获得一二年级所需的学习基础能力,建立对文字符号系统的有效区分意识。对于像鹏鹏这样刚刚接触汉字的孩子,家长不要过分纠结于字的对错，而是要形象生动地用故事和游戏的方式，启发他们理解和记忆字形字义，做到有效记忆、有趣区分。这样，才能在学习知识的同时，兼顾保护和激发孩子的学习兴趣。

老实说，幼小衔接阶段，家长不宜过早给孩子灌输学科知识，顺应本能让孩子开开心心地完成识别驱动校准工作才是此阶段的首要任务。而所谓"不要让孩子输在起跑线上"的说法，完全扰乱了孩子成长的客观规律，很多家长自己或报班给孩子提前讲授小学知识，不仅不能帮助孩子获得学习的基础能力，反而造成了社会性的教育内卷式问题。

这就像在剧场中，一个人站起来，后面的人为了看见舞台也随之站了起来，这样的连锁反应让剧场里所有的人都站了起来，因为坐着就看不到舞台了。教育领域中，某个单点的突起会引发竞争者的追赶，最终大家依旧保持原有的差距，但是每个人都为此付出了极高的代价。如果说我们的孩子正处于这样的"剧场"中无法逃离，那么智慧的家长首先要保证孩子的双腿有足够的力量站立，确保孩子知道舞台的方向，而不是让孩子比邻座的孩子更早地站起来。

作为一名学习治疗师，我每年都会接触不少"赢在起跑线，却输在了终点线"的案例，实在令人惋惜。与其担忧孩子"无法赢在起跑线上"，不如学会如何科学地指导孩子，避免"输在终点线上"的悲剧。

手记点睛

孩子的学习成长过程是一场马拉松而不是百米冲刺，提前热身需要选对科学的方式。

案例 4.2
过早书写的孩子

书写姿势不当,是很多孩子小时候过早学习写字会出现的问题。这种问题源自错误的肌肉记忆,一旦定型,往往会伴随孩子一生。

人物小档案

姓名:崔珉珉
性别:男
年级:小学一年级
诊断分型:识别驱动
关键词:书写兴趣 姿势不当 肌肉记忆

■ 案例背景

有一年快放寒假的时候,珉珉的妈妈打来电话,说想给孩子预约做学习治疗,主要想解决孩子不爱写字和写字姿势不当的问题。

珉珉妈妈说,孩子刚上小学一年级,就开始不爱写字了。他不仅写字姿势不对,还总是喊写字累。妈妈给珉珉买了好几个坐姿矫正器、防低头杆、握笔器等,都不太管用,孩子总能想办法把姿势歪过去。爸爸妈妈天天提醒他,但是提醒完他只能好一会儿，坚持不了几分钟又恢复原样。每次在家写作业都因为这个事情搞得全家不开心。

珉珉妈妈还发来两张照片，一张是珉珉写字的样子，身子和头都歪向一侧；另一张是珉珉练习本的照片，上面写满了字，歪歪扭扭、大小不一，很多字都写到了格子外面。

后来，我们约定从周日上午开始，面对面做学习治疗。

■ 初诊接待

到了约好的时间，咨询室响起了敲门声。门打开了，从外面伸进来一个小脑袋，一双黑白分明的大眼睛快速在屋里扫视一圈，最后定格在我身上："请问您是宋老师吗？"

我不禁笑了，请他快进来。珉珉的妈妈也跟着走了进来。

珉珉是个虎头虎脑的小男孩儿，活泼可爱，爱说爱笑，很讨人喜欢。可是，当我让他拿出本子开始写字的时候，就出现了一些问题。刚开始写字时，珉珉的姿势看起来还可以。写到第三个字的时候，姿势突然就变了：本子向左歪了30°，脑袋和身体也向左扭着，右手拇指、食指和中指紧紧抓住笔，无名指和小指弯曲托住中指。从侧面看，珉珉右手四指靠近手背的指节，与手背几乎处在同一个平面，手腕有将近90°的弯曲，笔尖朝里，笔头朝前。能看出珉珉使出了吃奶的力气去拿笔，可写出来的字却轻飘飘的没有力量感，字的大小也不受控制。刚写了半行字，珉珉就放下笔说不想写了。

"珉珉，我看你这个本子上写了好多字。你们学校已经教了这么多字了吗？"

"没有，这都是姥姥、姥爷教我写的。"

珉珉妈妈告诉我，珉珉的姥姥和姥爷都是退休教师，他们在珉珉很小的时候就开始教珉珉拿笔写字。一开始珉珉对写字很感兴趣，很早就会写一些简单的字，为此他经常得到周围人的夸奖。

上小学之后，老师的作业经常是要求连续写几行字，可珉珉才写了一两行就开始喊累。写字速度也很慢，同样是写字的作业，他比班里其他同学要慢上半个小时甚至更久，而写出来的字还经常被老师批评说不工整。

"珉珉，你觉得写字累吗？"

"不累。嗯……写多了累。"

我试着让珉珉用正确的姿势握笔，发现珉珉已经形成了错误的肌肉记忆，根本没有办法长时间按照正确要求握笔。

"宋老师，您说到底怎样才能让他多写几个字啊？"珉珉妈妈似乎有些急切。

家长急切的心情我可以理解，但是着急解决不了问题。我跟珉珉妈妈说了我对珉珉形成错误肌肉记忆的看法，珉珉的妈妈表示认同。她说珉珉小时候偶然拿起笔在纸上随意涂鸦，让姥姥、姥爷非常高兴，于是他们就开始教珉珉写字。那时候珉珉的手很小，手指力量不足，需要用手指环握才能握住笔，用手腕完成书写动作，大人们也没有在意。后来珉珉逐渐长大，就一直是这个握笔姿势，怎么也改不过来了。

第四章 遵循孩子的发育发展规律

▍初步分析

握笔姿势不规范，听起来不是大事儿，但是实际上会严重影响珉珉学习系统中驱动执行模块的发展。这个问题在孩子小时候可能主要影响的是学习写字的兴趣，当孩子稍大一些，需要大段书写时，你就会发现他的写字速度被严重拖慢了。

像珉珉这样已经形成了错误的肌肉记忆，再想纠正过来不是件容易的事。幸好他才上小学一年级，肌肉记忆固化的时间不长，采用一些特定的训练方法还是可以逐步纠正的。当然，当务之急不是让珉珉每天练写多少字，而是纠正其握笔姿势。

▍治疗过程

在接下来的治疗中，我并没有像珉珉妈妈迫切希望的那样，让珉珉马上多写字，而是把关注点放在如何让珉珉形成正确握笔的肌肉记忆上。

通过一些巧妙的设置，我让珉珉做到在习惯性的错误握笔方式出现之前就放下笔，只保留每次正确握笔书写的肌肉记忆；同时，在保证握笔姿势正确的前提下，我要求珉珉写的不一定是规规矩矩的方块汉字，而是一些形态有趣的"哈哈字"，"胖"字练横平，"瘦"字练竖直，"大象"字和"蚂蚁"字练轮廓和笔顺。珉珉对此非常感兴趣，既不排斥写字要求，也不喊累，这是因为我充分调动了他写字的兴趣，当写字变成游戏时，他自然就不会觉得累。

经过一段时间的训练，珉珉已经可以一口气写出很多字了。他不再喊累了，而且写字姿势也很标准。不论是课堂作业还是家庭作业，他都可以和大多数同学一样，在老师要求的时间内完成。

▍回顾总结

肌肉记忆，指一种动作重复多次之后，肌肉组织会形成条件反射。当我们形成某个动作的肌肉记忆之后，需要做这个动作时不再需要大脑思考如何做，而是直接下意识就做出来了。一个动作形成肌肉记忆需要一个缓慢的过程，一旦形成肌肉记忆，再想改变是十分困难的，不管这个动作正确与否。

多数孩子5岁之前，手指的肌肉还没有足够的力量来握笔，如果这个时候要求他们学写字，他们往往需要用上整个手腕甚至手臂的力量去握笔、运笔，姿势自然不会正确。长时间用这样的姿势写字，孩子就会形成错误的肌肉记忆。由于肌肉记忆是很难改变的，即便日后孩子手指肌肉发育出了足够的力量，错误的握笔姿势也难以纠正。

而有些错误的握笔姿势将导致孩子的答题书写速度比其他同学慢10%~20%，也就是说，一次120分钟的考试，他至少需要比别人多用12分钟的时间来书写。12分钟，这对于考试来说，影响将是决定性的。

在这个个案中，珉珉就是由于在肌肉力量不足时过早练习书写而形成了错误的肌肉记忆。而我通过引导他练习写"哈哈字"、渐进式调整握笔姿势等方法，对珉珉进行了有效的学习治疗。

各位朋友，孩子写字这件事并不是开始得越早越好。当孩子因为好奇拿起笔来，那是他们兴趣使然，这并不意味着他们做好了写字的准备。这时，作为家长，可以让他们先在沙子上用手指书写，这样既不会形成错误的肌肉记忆，又可以保护孩子对写字的兴趣，两全其美。

手记点睛

发现孩子的学习问题，要平和乐观地对待和处理，运用科学的方法，让孩子不急不闹地发生改变。有时候，学会后退一步，反而可能"计上心头"。让解决问题的方法变得有趣，是帮助孩子改变的关键因素。

案例 4.3
高知家长的向下兼容之道

> 饭桌这头的爸爸从闷头吃饭到滔滔不绝,饭桌那头的孩子却从眉飞色舞到低头不语。眼看着孩子眼睛里好奇的光芒越来越少,我倍感痛惜。回到办公室,我拿出工作手记,记录下这对陌生父子的故事。

人物小档案

姓名: 佚名
性别: 男
年级: 小学低年级
诊断分型: 语义解析
关键词: 亲子沟通　表达方法　情绪关注

■ 案例背景

北京教育圈里流传这样一句话:北京教育看海淀,海淀教育看黄庄。北京市海淀区高校云集,包括清华、北大在内的"双一流"大学就有 8 所之多。海淀黄庄,位于地铁 4 号线和 10 号线的交叉点,距离北大仅一公里,距离清华两公里,毗邻人大附中。特殊的区位因素,使得居住在海淀黄庄附近的家庭中,孩子的父母普遍具有较高的文化水平。

心聆学习治疗咨询中心就坐落于海淀黄庄附近。一天中午,我在治疗中心附近的一家餐厅吃饭,邻桌坐了一对正在用餐的父子。两桌距离很近,因此我很清晰地听到他们的对话。

儿子看上去七八岁的模样,讲起话来眉飞色舞、眼神灵动极了:"今天科技课上,老师给我们讲了世界上第一台计算机呢。"

"嗯。"爸爸起初低头忙着吃饭。

"老师讲它有170平方米那么大,我们教室都放不下,要放在篮球场上才行,像个大巨人!"儿子越讲越激动。

此时,爸爸咽下口中食物,抬起头,开始对儿子讲道:"嗯,世界上第一台通用计算机名字叫ENIAC,是在美国宾夕法尼亚大学诞生的,个头大,但运行速度还比不上现在一个小小的手机,因为它们使用的材料不同。ENIAC使用的材料是电子管。电子管很大,比你玩具箱里的二极管还要大。而现在计算机的材料已经是大规模集成电路,用特别小一个芯片就能实现比当年巨大的计算机还要厉害的功能。以后还会有量子计算机,运算速度更快……"

爸爸对于相关知识的了解十分丰富，他口若悬河、滔滔不绝地讲着。只是，他叙述的内容与表达，显然越来越超出一个普通七八岁孩子接受和理解的范围。一旁的我注意到，儿子从起初的神采飞扬，逐渐转为安静聆听，眼睛里的光也随着爸爸的讲述慢慢褪去。

接着爸爸又不失时机地"补刀"道："不要知道一点皮毛就沾沾自喜，看事情要看本质，平时要听爸爸的话，多学习。"

听完，儿子垂下脑袋，闷闷不乐地戳着盘子里的食物，沉默不语。

▍诊断分析

我无意中旁观了这对父子谈话的过程，一顿饭的工夫很短暂，但他们的对话引发了我的很多思考。

在爸爸接管话题后，孩子越来越听不懂，眼神也越来越暗淡。这显然说明孩子无法完整接收爸爸的信息或者接收后无法理解爸爸所要表达的含义，看上去这是孩子收集识别或语义解析的能力存在不足。然而事实真的如此吗？

每个人都有一套自己专属的学习系统。家长的系统历经三四十年的锤炼打磨，其中语义库的知识储备势必十分庞大。在家长与孩子做交流的时候，常常一不留神，就在一句话中加入太多孩子完全陌生的语义。面对如此大容量的信息流，一个七八岁孩子的小脑袋瓜儿显然无法兼容。这并不能说明孩子的知识储备或学习能力存在不足，而是家长的表达方式出了问题。

其实，为什么很多高知家庭出生成长的孩子，反而在学习上表现得不尽如人意？这并不是基因突变的问题，而是源于后天教育的人为"创伤"。试想，将父母几十年打磨开发的高版本程序系统，全盘复制给一个刚刚上学的孩子来运行，当读取和理解总是失败时，后者的受挫和沮丧是不言而喻的。同时，强行按照自己的高版本标准要求孩子来完成学习任务，对孩子来讲也是一项难以实现的任务。

没有选择合理的沟通方法，即用符合孩子年龄理解力的语言交流，是爸爸所犯的第一个错误；没能及时关注到孩子的情绪变化，做出必要的沟通调整，则是第二个问题。各位家长，在对低年龄段的孩子进行培养时，除了方法要得当，更要关注和激发孩子的学习兴趣。当孩子主动与爸爸交流课上所学时，显然对于世界上第一台电子计算机的话题是十分感兴趣，并且在家长面前是有很强的分享欲和表现欲的。但随着爸爸不当的升维教学，孩子的兴趣反而被浇灭了。长此以往，孩子对于学习的兴趣将会大大衰退，在家长面前也不再有表现欲了，孩子的学习动力也就越来越不足了。

从情绪高涨主动分享，到心情低落回避交流，孩子的变化过程令人心疼。原本是想与爸爸分享学习的快乐，却受到家长从知识制高点上给予的降维打击。爸爸的出发点固然是好的，希望把自己丰富的专业知识和人生经验作为宝贵的财富传递给孩子。可他却忽略了所要传递的对象是一名有情感需要、有主观能动性的孩子。当然，他没有看到孩子眼中求知的火花，也没能意识到孩子遭受打击后的黯然。他所做的，仅仅是一股脑把自己"更成熟"的系统强加到孩子身上。

在家庭教育中，感受各种不同的情绪并作出合理反应，不论对于孩子还是家长，都是永恒的必修课。家长首先要做的是时刻理解孩子的现状，把握他的情绪，始终站在孩子的角度一起思考和看待这个世界，而不只是高高在上、自顾自地给出指教。

对于不擅沟通的高知家长，及早参加学习治疗培训，掌握肢体、表情和语气交流技巧，才能更有效地提升亲子沟通能力。能力升级了，家长对孩子日后学习和成长的引领也就更加得心应手。

> **手记点睛**
>
> 好奇心和求知欲是童年的学习动力核心,进取心和表现欲是少年的学习动机关键。智慧的家长不会在孩子面前保持高高在上的无敌状态,而是让孩子在成长过程中始终保持自信!

案例 4.4
从做家务中学会举一反三

先穿袖子还是先套脖子？每个孩子在学会穿衣的过程中都会形成自己的一套穿衣程序。这就像做题时先看已知还是先看未知，每个人都有自己独特的解题程序。学会制定自己的程序，是每个孩子生活中的必修课。

人物小档案

姓名：周琪
性别：男
年级：初中一年级
诊断分型：程序定制
关键词：生活技能　能力迁移　家长决策

案例背景

在一次公益分享座谈会上，我向家长们介绍了积极学习系统的相关概念和理论体系。家长们对此很感兴趣，表示很受启发，纷纷踊跃发言：

"之前觉得孩子考试发挥特别不稳定，时而像天才，时而像白痴。今天才知道，我家孩子犯的那些'白痴'错，属于他识别驱动模块出了问题。"一位胖胖的爸爸说道。

"以为孩子缺乏逻辑性,数理化肯定学不好了,心里一直觉得遗憾。今天听了讲座才知道,原来她只是不知道逻辑通道该怎么去搭建,这通过训练是可以提高的!"一位短发戴眼镜的妈妈开心道。

"孩子作文一直不好,原来可以通过定制写作程序的方法来改变。"一位穿灰色毛衣的小个子妈妈说。

……

这时,一位身穿红色外套、短发纤瘦的妈妈向我提问:"宋老师,我是琪琪的妈妈。我家孩子就缺少您说的那种举一反三的能力。这是什么问题呢?我们家长又该怎样引导呢?"

"举一反三是一种程序定制的能力。"我边解释边又问道,"孩子的自理能力怎么样?在家是不是不怎么做家务?"

"宋老师,您怎么知道?我家孩子自理能力特别差,家务一点儿都不会做!"琪琪妈妈瞪大眼睛惊讶道。

"程序定制和程序升级的能力,其实是人类的一项本能。从人类发展史看,从采集野果到围剿捕猎,到用火烧饭、建造房屋,再到从事农、畜牧业等,这些都是一个个不断摸索的过程。每一次进步,都是一项程序从定制形成到不断升级的过程。可以说,程序定制是奠定人类科技和文明进步的基石。那么对于孩子来说,这种能力是怎样形成的呢?其实答案并没有什么神秘的,就是在每个孩子学会照顾自己的过程中逐渐发展和形成的。"我介绍道。

"在生活中培养?生活和程序有什么关系?"琪琪妈妈表示不解。

"比如我们做饭,就是在执行一个程序。现成的食谱就是一个定制好的程序。它清晰地告诉我们,第一步做什么,第二步做什么……而实际应用食谱的时候,我们还会依据具体情况,比如家庭成员的喜好,对食谱进行调整。这种调整就是改造升级程序、定制专属新程序的过程。"

"所以，可以通过让孩子做力所能及的家务，来锻炼他们的程序定制能力。从刚开始的做不好到后来能胜任，孩子在这个过程中会不断调整程序、升级程序，最终形成自己的程序定制能力。有关研究表明，将近40%的学习能力与生活能力有关，是从生活迁移到学习中的，其中，最核心的就是程序定制能力的迁移。"我进一步解释道。

"宋老师，我们工作忙，孩子打小就是退休的爷爷奶奶带的，刷牙连牙膏都要给他挤好。孩子现在已经十几岁了，是不是错过了练习程序定制的最佳时机啊？现在再去培养还来得及吗？"琪琪妈妈担忧地问道，希望我能给个好建议。

"孩子各项能力的发育，都有其关键时期，其实就是不同程序定制的过程。比如，对于两三岁的孩子，他们特别喜欢练习自己穿衣服穿鞋。一开始，可能会穿反穿歪；慢慢地，孩子们自己就能摸索出一套穿衣程序，比如先找领子，再找袖子等，从而穿得又快又好。"我答道。

"唉，"琪琪妈妈不无遗憾地说，"那时候我们嫌他动作太慢，很少让他自己穿衣服。尤其是要出门的时候，我们怕他笨手笨脚、磨磨蹭蹭，都是赶紧给他套上一件衣服就出门了。没想到这还能影响到他学习能力的培养。"

"亡羊补牢，为时未晚。回去和家人好好沟通，大家齐心协力，多给孩子创造锻炼生活自理能力的机会。在这个过程中，他会逐渐形成和提升一个个生活和学习程序。"我总结道。

■ 回顾总结

学习系统中很多程序来源于生活，这其中还不包括大量生活语义在解题中的调用和理解。所以缺乏生活经验的孩子在学习的起跑线上已经处在了相对劣势的位置。

孩子学做家务年龄表

5~6岁
- 帮忙擦桌子
- 帮忙换床单
- 自己准备第二天去幼儿园要用的书包和要穿的鞋
- 收拾房间，养成把乱放的东西捡起来并放回原处的习惯

7~12岁
- 能在父母的帮助下洗碗
- 做简单的饭菜
- 擦地
- 清理洗手间
- 会用洗衣机

13岁以上
- 更换吸尘器里的垃圾袋
- 清理冰箱、灶台等

琪琪在家缺少学做家务的机会，从小连穿衣服这样的小事都被家长包办了，因此，程序定制的能力在生活中没有得到良好的训练。这个问题反映在学习中，容易导致孩子无法形成必要的解题程序，做题不能举一反三。

于是，我给琪琪家长的建议是更多地着眼于孩子课本以外的学习，比如让孩子在家里从最基础的家务开始进行锻炼，在做家务的过程中逐步培养和完善源自基因、依赖手口的程序定制能力，并逐渐迁移到学习中。

对于学习系统各模块还处在成型阶段的孩子来说，家长要有意地为孩子提供一些锻炼家务能力的机会，为孩子在劳动中自发形成和升级程序创造条件，从而培养孩子程序定制的能力，使其在生活和学习中能够做到举一反三。

手记点睛

生活是孩子最好的课堂。带领孩子学会生活和生存，远胜过五花八门的课外辅导班。陪伴孩子在生活中成长，家长们往往更容易找到解决孩子学习问题的切入点。

案例 4.5
巧用方言为英语解围

在孩子小的时候,由于各项生理功能还处在发育中,听说读写都可能难以达到标准规范。照顾孩子的情绪,是我们在采取具体方法引导他们之前,不可忽视的一环。

> **人物小档案**
>
> **姓名:** 宋小海
> **性别:** 男
> **年级:** 小学三年级
> **诊断分型:** 识别驱动
> **关键词:** 英语 单词发音 积极情绪

■ 案例背景

我家的小朋友最近喜欢玩手机上一款听读单词的游戏 App。这款游戏,需要孩子跟读单词,并由机器进行识别,识别成功说明孩子读对了,便可以进入下一关。这对练习单词记忆和英语发音都很有帮助,所以,我很是鼓励孩子。然而有一天,孩子玩着玩着,忽然急得快要哭起来了。

我连忙跑来帮忙,发现他卡在了一个单词的读音上——burn。burn(燃烧)这个单词读音类似"博恩",不知为什么,孩子的发音总是不规范,总读成"包恩",被 App 识别成 born（出生）。后来，机器连续帮他纠正了二三十次，他也努力调整，但就是发不对音。情急之下，他快要哭起来了。

■ 初步分析

一直无法读对单词，这是驱动执行模块上的问题。但是，面对一个着急得快哭了的孩子，我首先需要处理好的，显然是孩子的情绪问题，这属于价值决策上的问题。哭，不过是发泄情绪的一种方式，根本原因是他被消极情绪"控制"了。与消极情绪相比，积极情绪才是一种健康有力的情绪，它能够带来力量，开拓我们的思维和视野，让我们更加坚韧。若孩子把一件事和积极情绪联系在一起，就会更愿意自主地去做好它。反之，则会像被卡住一样，难以继续。因此我需要先帮助他化解消极情绪，闯过情绪关。

■ 辅助过程

"别着急，记不住发音，没关系！那咱先做一件有趣的事儿。"我说。

我是山东龙口人，我们老家方言中的"焙"字发音是"b-ě"，韵母和 burn 中的 ur 发音很相近。因此我就教了他一句老家话——"你把饼放在锅里焙一焙"。孩子学得很开心。

我说:"儿子,你学会这句话以后啊,晚上给你奶奶打个电话,用老家话跟奶奶聊会儿天,让奶奶看看你这句话学得像不像,怎么样?"

孩子十分积极,主动地反复练习,到晚上还开开心心地跟奶奶通了电话。

孩子和奶奶聊完天后,我喊他过来:"来,咱们再试一下,你说 burn(音似:博恩)。"他脱口而出:"burn——耶,成功啦!"

回顾总结

孩子的发音受到口腔和声带肌肉发育的限制,面对一个新的发音往往难以脱口而出,这是一个正常的生理发育现象。相比读对一个发音来讲,让孩子将学习和积极情绪联系在一起更为重要。

就像在这个案例当中,孩子发不出 burn 这个单词的标准读音,很着急。我通过教孩子讲方言,让孩子在游戏中伴随着积极情绪,将口腔和声带肌肉练习好,最后顺利发音。

老师和家长要了解两件事:其一,如果孩子在学习时已经产生了很负面、消极的情绪,再学下去就没多大效果了。这时家长可以带孩子出去走一走、玩一玩,来调整双方的情绪。其二,家长要让孩子的学习系统中的模块升级,需要良好的设置和引导。有时候孩子说话或者某个动作总做不到位,这时跟孩子发脾气,不但问题得不到改善,还会让孩子形成心理阴影。好的教育者,一方面能够悦纳孩子的不足;另一方面会通过巧妙引导,使孩子最终顺利通关。

手记点睛

情绪关是父母引导孩子价值决策的第一关!当孩子学习遇到难以克服的困难,产生了负面消极情绪,必然会影响他当下甚至未来的学习状态。先做件有趣的事儿,让孩子情绪放松下来,对于解决久攻不下的问题往往有意想不到的效果。

第五章 掌握隔代育儿的分寸感

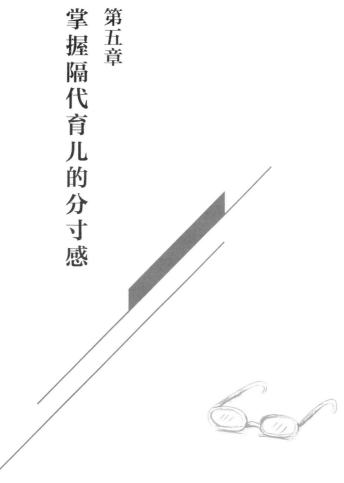

本章导读　随着生活节奏的加快和生活压力的加重,父母"失陪"的情况越来越普遍,"隔代育儿"已经成为我国一种不可忽视的社会现象。(外)祖父母在隔代育儿的过程中容易忽略哪些要素,走入哪些误区?他们又该如何与孩子的父母更好地相互配合?本章将节选几个隔代育儿的典型案例与大家一起探讨。

案例 5.1
保护孩子的想象力

> 她浮想联翩,无拘无束,她有万千可能。"人之初,性本善,性相近,习相远",背媳妇儿的猪八戒,吃蟠桃的孙悟空……孩子天马行空的想象力,不该被锁在这本薄薄的三字经里面。

人物小档案

姓名: 唐笑笑
性别: 女
年级: 幼儿园大班
诊断分型: 语义解析
关键词: 发散思维　逻辑训练　育儿误区

案例背景

笑笑是一个非常聪明、活泼可爱的小女孩,五岁半的她就能够流利地背诵很多首唐诗和宋词。笑笑的听话一直让爷爷奶奶感到很欣慰,他们希望笑笑能够始终走在其他小朋友的前面。可最近,奶奶发现了一个问题,笑笑很容易由一个事物联想到其他事物,比如:提到人参果,她就会很快想到孙悟空、猪八戒,然后会冒出各种各样的奇怪想法……奶奶总是担心这些奇怪的想法会"污染"了宝贝孙女的思想。

　　一天晚饭后,奶奶教给笑笑背诵《三字经》。当读到"性相近,习相远"的时候,奶奶解释说:"习是学习的习,好习惯的习。"而笑笑却突然笑着说道:"xi 就是媳妇儿……"奶奶大感意外,马上以一个成人的思维来考量这个问题:在她看来,"媳妇"这个有些粗俗的俚语从自己年幼的孙女口中说出来很是不雅。于是,奶奶面带不快训斥道:"小孩子懂什么媳妇呀,是习惯的习!"

　　令奶奶更加生气的是,她的训斥不但没有让笑笑改正,反而让笑笑更加兴奋地边跳边喊起来:"噢~噢~,就是媳妇的媳,就是媳妇的媳……"看着笑笑兴高采烈的样子,听着她口中起哄架秧子的话,有些气急败坏的奶奶终于控制不住情绪了,"你要是再不听话,看奶奶打你不?"她一边追着笑笑,一边用手假装比划着。但是,让人没有想到的是,笑笑跑着跑着,突然一返身向奶奶怀里冲了过来,"啪"的一声,奶奶的巴掌正巧打在笑笑的脸上。笑笑看着奶奶,不敢相信这是真的,随即就放声大哭起来,并且再也不背《三字经》了。

分析总结

其实，儿童在 5~7 岁这个年龄段正是思维训练和逻辑发展的重要阶段，笑笑的顽皮做法实际上是在进行"同音"推理联想，这对孩子学习系统各个模块能力的提升都是很有意义的。而奶奶的训斥，尤其是无意中的这一巴掌大大打击了她的积极性，阻碍了孩子用自己的方式进行思维发展，笑笑的类比推理能力很可能因此出现停滞。实际上，这是奶奶受到教育观念的局限，在方法选择上的问题。现实中，我们常常发现有些家长会埋怨自己的孩子"反应慢"，其实很可能是由于自己之前的错误干涉行为导致的。

那么，遇到这种情况，家长应该怎么办呢？

首先，我们要静下心来，问问孩子"为什么会想到媳妇儿的'媳'啊？"孩子可能会告诉你："昨晚看的电视剧里有农村结婚的故事。"接着，你就可以问她："新房子里面贴什么了？""大红囍字！"接着你还可以问她，"第二天起来，新娘子干什么了？""做饭、洗衣服！"那么，你可以接着告诉孩子，"洗衣服的'洗'也是同音字。"这个时候，孩子不仅不会顽皮了，她的思维也会跟随你的引领越走越远，在这个过程中类比推理、根据类比记忆建立语义库的能力也会逐渐加强。

在很多孩子的早期家庭教育中，孩子的（外）祖父母都扮演了很重要的引导角色。他们在关心孩子身体健康的同时，谈论最多的就是孩子的学业。但是，由于年龄的问题，有些（外）祖父母在知识素养和育儿理念上仍处于相对落后的状态。他们往往满足于孩子会背诵多少诗词或者会计算几位加减乘除之类的量化结果，而忽略了对于孩子学习能力和兴趣的培养。就像笑笑的奶奶一样，很可能在要求孩子学习的过程中出现一些不当的做法，反而损害了孩子学习的兴趣和能力的发展。

不论是家长还是老师，都需要善于处理问题、把握教育机会。孩子的行为不论是正确还是错误,只要能够妥善处理、引导和鼓励,都可以成为他进步的新起点。

> **手记点睛**
>
> 　　学习是一门科学,家长及早了解孩子的思维和认知所处的发展阶段,才能更好地站在孩子的视角去启蒙和引领。

案例 5.2
三轮车上的"小皇帝"

起初的那次,他只是忘记带课本;之后,又忘记带作业;没想到,他渐渐连试卷和作业都会忘写一部分……对他掏心掏肺的姥爷又怎么会想到,那辆以爱为名的电动车,在为他挡去风吹日晒的同时,也替他挡下了那些本该他自己承担的责任。

人物小档案

姓名:朱宇桐
性别:男
年级:小学三年级
诊断分型:价值决策
关键词:丢三落四　家庭责任　隔代育儿

■ 案例背景

宇桐是海淀区一所小学三年级的男生,由姥爷带着来到我的咨询室做学习治疗。姥爷反映说,宇桐上小学以后就一直非常粗心,经常丢三落四,不是早上忘记把作业本带到学校,就是放学后忘记把数学书带回家。最近两个学期,宇桐这种"丢三落四"的毛病甚至愈演愈烈:他有时会忘记做某项家庭作业，以为老师根本没有留；前段时间考试，他漏了一整页卷子没有答；上周的语文作文，他只写了一半就以为已经写完了，后来还是在姥爷的提醒下补全的……

■ 初诊接待

见到宇桐和姥爷是在一个寒冷的冬天，宇桐走进咨询室时戴着厚厚的毛线帽和围巾。咨询室里空调吹得很暖和，姥爷先帮宇桐把帽子围巾都摘下来放在一旁，然后才把自己的帽子和手套摘掉。

通过和祖孙俩沟通，我了解到宇桐从小就在姥姥、姥爷的照顾下长大，父母工作比较忙，经常早出晚归。日常生活中，姥姥、姥爷对宇桐的照料可谓事事包办、无微不至，这使宇桐的自理能力一直都比较差，除了喜欢看书、和同学一起玩之外，没有什么特别擅长或是喜欢的事情。

此外，由于缺乏体育锻炼，宇桐的身体素质也不是很好，经常生病。学校离家有两站地，宇桐父母认为天气好的时候应该步行上下学，这样可以锻炼身体，天气不好的时候再乘公交或者打车。可是姥姥、姥爷心疼外孙子，不想让宇桐走路或者挤公交，又想省钱不愿意打车，所以老两口买了一辆代步三轮车，专门由姥爷接送宇桐。

可是没成想，这辆三轮车后来不只用来接送宇桐上下学，还隔三岔五就得用来往返家和学校给宇桐取送落下的物品。最近姥爷的老寒腿有些疼，恰逢宇桐又频繁忘带东西，姥姥看不过去就说了宇桐几句，宇桐为此大哭了一场。

■ 初步分析

粗心马虎、丢三落四，看起来通常属于识别驱动模块的问题，但究其根源，往往跟价值决策模块上的问题有关。从宇桐的成长历程看，他的生活基本就是上学、看书和玩这几件事，从未在家庭里承担过某种责任。姥姥、姥爷将他照顾得太细致，什么事儿都不用他做，他也就从没想过"有什么事儿是我可以去做、需要去做的"。这样看似宇桐可以全心全意投入在学习上，实际上，没有家庭责任感的孩子往往也不会主动承担学习上的责任。他们"让我干啥我就干啥"，得过且过，不会主动去学习，缺乏学习的长足动力。宇桐意识不到每天带好自己该带的东西其实是自己的责任，如果没有姥姥、姥爷或者老师的叮嘱提醒就很容易忘记。这样散漫的习惯从生活逐渐蔓延到学习上，出现各种各样的学习问题也就不足为奇了。

治疗过程

第一次会谈结束，宇桐从座位上站起来准备离开，姥爷提醒他戴上帽子。我观察到宇桐是在姥爷提醒后才想到要戴帽子的，并且只戴了帽子没有戴围巾就要往外面走。姥爷这时又赶忙提醒他再拿上围巾，并且伸出一根手指在宇桐的头上点了点，宠溺地道："你这小淘气鬼，要是你忘了戴围巾，姥爷又得骑三轮车回来给你取。"被姥爷轻轻"戳"了脑袋，宇桐没有一点儿不好意思，反而做了个鬼脸，看起来甚至有些得意。

这一幕引起了我的注意——爷孙俩前来求助，想要解决孩子丢三落四的问题，我们花了一个多小时的时间试图解决它。而当"丢三落四"的状况再次出现时，姥爷却丝毫不以为意，宇桐也一点儿不愧疚，两人的互动非常"和谐"。

直到下次会谈之前，我始终在思考这让我感到困惑的一幕。姥爷的纵容，是不是让宇桐形成丢三落四习惯的原因呢？一个想法在我头脑中慢慢成型。

在第二次会谈时，我让宇桐和姥爷回忆孩子第一次忘带东西，姥爷帮忙取回时的情景。祖孙俩一起回忆那次经历，互相补充，逐渐还原出当时的场景。那时宇桐刚上一年级，姥爷刚拿到崭新的三轮车，感到激动不已。回家路上，姥爷开新车的神气劲儿感染了宇桐，坐在后座，开心地唱了一路歌。到家后，刚要写作业的宇桐发现语文书忘记带了。他担心挨批评，小心翼翼地问姥爷能不能回学校拿书。没想到姥爷非但不生气，反而很高兴道："没什么大不了的，咱们有三轮车，姥爷给你取去！"说完，姥爷拿上车钥匙，哼着小曲儿就下楼了。

后来，宇桐落东西的次数越来越多。

我问宇桐："每次忘带东西，你觉得姥爷生气吗？"

宇桐想了想说："一点儿也不生气。"

姥爷着急地插嘴道："臭小子，我怎么不生气了？你忘带东西，每次都得我去拿，我可不爱干这个！"姥爷语气谐戏，并宠溺地摸了摸宇桐的脑袋。

坐在爷孙俩对面，我感受到，一方面姥爷对孙子丢三落四有些不满；另一方面姥爷的表情和语气传递的爱怜远远大于不满。结合第一次忘带东西的印象，在宇桐的潜意识里，他大概以为落东西可以让姥爷开心。

我需要帮他们解开这个"甜蜜"的误会。于是，我支开宇桐，和姥爷单独会谈。

"第一次孩子忘带东西，您帮忙去拿的时候，似乎很开心？"我问姥爷。

"是啊，买了新车，可高兴了一阵呢！"姥爷回答道。

"您高兴,是因为有新车开,可宇桐当时年纪小,他好像以为您高兴,是因为他落东西了呢。他没想到您来回跑的辛苦,以为自己丢三落四能让您开心呢。说起来也是一片孝心,只是孩子小,用错了地方。咱们教教他,引导他往对的方向使劲儿。"

姥爷先是恍然大悟,紧接着哭笑不得,决定采取我的建议,每天请宇桐帮忙捶捶背、按按腿,让他学着照顾家人,培养他的责任意识,提高自我价值认同感。

我又和宇桐约定,如果再忘带东西,不要让上了年纪的姥爷单独去拿,一定要和姥爷一起去取,而且要走路,不能开三轮车。

第三次会谈后,宇桐开始主动关心姥爷,会因担心姥爷腿疼而提醒姥爷注意保暖,忘带东西了也会心疼姥爷为其受累。同时,老师反馈说,宇桐最近在学习上忘写某项作业、答不全题目的情况也极少再出现了。就这样,经过前后四次咨询治疗,姥爷的烦恼终于解决了。

■ 回顾总结

心理暗示是人类一种常见的心理现象,指一个人会受到他人的情绪、态度、观念等影响而改变自己的心理或行为。比如,孩子听到别人的表扬,会认为自己具备某种特别突出的素质。有时候我们的无意行为会导致孩子产生一些错误的理解。

宇桐第一次忘带东西,姥爷表现出来的是对于新三轮车的炫耀和对外孙的疼爱,这让宇桐受到了错误的心理暗示,以为姥爷喜欢的是自己丢三落四的行为。因为这一次误会,使得宇桐在接下来的生活学习中不断出现这种问题,令姥爷头痛不已。对于价值观和是非观还处于形成期的低龄段孩子来说,有时家长的引导需要明示多于暗示。所以,我建议宇桐姥爷要清晰、明确地表达自己对于宇桐丢三落四行为的感受,并且要让宇桐承担起自己行为的后果，学会照顾、关心家人。

孩子经常粗心马虎大多是心理暗示的结果。当孩子小的时候做错了某件事，我们大都不会生气，甚至觉得很可爱。但这可能会给孩子造成错觉，让他们误以为这种粗心是家长喜欢看到的。另外，如果孩子发生马虎行为，却不需要为此负责，那么孩子的马虎行为就会更加随意，难以改变。因此，在家庭教育，尤其是隔代家庭教育中，家长需要让犯了错的孩子明确意识到自己的问题，并要求其一同承担责任，避免因宠溺而忽视问题，导致给孩子错误的心理暗示。

> **手记点睛**
>
> 错误不及时纠正，便可能形成一种习惯。在家庭生活中，谨防沟通信息失真，家长要明确表达自己的感受，以免孩子因猜测产生误解，形成不当心理暗示。

案例 5.3
军官爷爷的"视察"

> 爷爷戎马倥偬峥嵘一生,爷爷如影随形的关注不仅让他挺直了脊梁,也绷紧了神经。他对爷爷又爱又敬,所以他不敢说,然而,孩子毕竟不同于哨兵,一份不查岗的爱和信任,更能给他自在成长的空间。

人物小档案

姓名:于凯
性别:男
年级:初中一年级
诊断分型:识别驱动 价值决策
关键词:军事化管理 注意力分散 亲子关系

■ 案例背景

我和团队常常为合作的中小学校提供教师培训和学生学习治疗方面的服务。陈老师便是我们一所合作中学初一某班的班主任。接受培训后,陈老师应用学习治疗的方法,把班级带成了年级最优班。然而,班上的一位同学凯凯仍有些让她感到头疼。

第五章　掌握隔代育儿的分寸感

据陈老师介绍，凯凯在课上有超过一半的时间都在走神，回家做作业也需要比其他同学多花 2~3 小时。初一入学以来，他的成绩一路倒退。凯凯虽然成绩不好，但是学习态度还不错，也很想上进，于是，陈老师就推荐凯凯和爷爷一起来找我做学习治疗。

之所以要和爷爷一起来，一方面是因为孩子与爷爷奶奶一起生活，父母在外地工作，很少有机会参与孩子的成长；另一方面，陈老师感觉凯凯注意力的问题多半源自家庭，所以建议大人一同前往，以便让我更好地分析和定位问题。

初诊接待

这天，凯凯和爷爷祖孙二人如约来到我的办公室。凯凯跟着爷爷一前一后进门落座，爷爷的长相和气质有些威严，凯凯向我打招呼时也举止得体、进退有据，起初我倒也没觉出有什么异样。

但是，在和祖孙俩交谈的过程中，我很快发现，每次回答问题时凯凯都会先观察爷爷的脸色，得到爷爷许可后才与我交谈。明显，凯凯有些"怕"爷爷。爷爷疼爱、甚至是溺爱孙子的场面我见得多了，眼前这种场景倒显得很稀罕。

在学习治疗过程中，如果遇到这种特殊的细节，需要进一步询问清楚。职业的敏锐度告诉我凯凯的注意力问题很可能与此有关。于是我问道："凯凯爷爷，您年轻时是做什么工作的呀？"

"我是部队出身，在部队待了大半辈子。"爷爷利落地答道。

难怪一进门就觉得爷爷有种威严的感觉。

"您在部队那么久，如今退休在家，觉得还习惯吗？"

"哈哈！"爷爷笑声爽朗，说道，"不瞒您说宋老师，一开始我还真不习惯，幸好有我这个孙子。以前我带一群兵，现在就带我孙子一个，倒也不算清闲。"

原来，部队出身的爷爷崇尚"严师出高徒"，他和以前训练士兵一样，管理和监督凯凯的学习极其严格。凯凯在自己房间学习时,爷爷经常会来"视察"。一旦发现凯凯没有专心学习,或是出现什么错误,爷爷就会发脾气、拍桌子,甚至摔书本。

我想着这应该是凯凯有些"害怕"爷爷的原因,于是转而问凯凯:"在这种情况下,你的学习效率如何?"

"其实,爷爷到我房间盯着的那几分钟,我几乎什么作业都下不了笔,脑子里都在想着有没有东西没放好,爷爷可千万不要摔我的书……"凯凯看了一眼爷爷,委屈地说。

爷爷先是愣了一下,然后严厉地质问凯凯:"你自己不认真,还怪我?"

凯凯更委屈了,他低下头,不再吭声了。

■ 初步分析

尽管爷爷从来没有动手打过凯凯,但是爷爷的"突击检查",却给了孩子很大的心理压力,让学习中的凯凯时刻处于一种担惊受怕的状态。孩子不能把注意力全部放在学习上,需要分出一部分精力去"应付"爷爷的视察。更糟糕的是,凯凯可能已经把这种无法集中注意力的习惯泛化到了课堂上,这也许正是为什么他在上课时无法专心听讲的原因之一。

应用积极学习系统的模型进行分析:无法集中注意力,是凯凯在价值决策和驱动执行模块存在问题的表现,需要相应的训练加以提升。更核心的问题是首先要对爷爷在家庭教育中的管理方式加以引导与调整。

■ 治疗过程

在心聆学习治疗咨询中心的一层,放置了两台学习智能测评舱,结合测试时被测者脑电信号的监测结果,可以很好地评估其学习效能。首先,我给凯凯做了一次学习效能测试。测试报告结果显示，凯凯的注意力水平在同龄人群中处于后 20%，这样的注意力水平会严重影响孩子的学习效率，难怪他的成绩一再下滑。

毫无疑问，凯凯需要训练注意力，但是首先要解决问题的根源——让爷爷意识到自己的问题，并学会科学地陪伴孩子学习。看到凯凯刚做完的舒尔特方格，我有了主意。

"凯凯爷爷，刚刚凯凯做这张舒尔特方格用了 53 秒，您愿意和凯凯比一下谁的速度更快吗？"

"这是要测试我的注意力吗？"凯凯爷爷笑着问我，"我肯定比我孙子注意力好。"

16	5	19	11	7
4	22	14	25	3
21	9	1	18	13
17	2	6	23	20
12	24	10	15	8

"那我给您计时，您从数字 1 一直找到数字 25。"

结果，爷爷只用了 33 秒就完成了 5×5 的舒尔特方格，对于爷爷这个年纪的人来说，速度不算慢了。

凯凯爷爷得知测试结果，用手拍了拍凯凯的肩膀，笑得像个孩子。

接下来，我又要求祖孙俩一起再测一次，在这次测试的同时他们俩需要接受我的随机提问并快速作答。

测试再次开始，祖孙二人都低头认真地找起数字来。

"凯凯爷爷,今天是几月几号?"

"凯凯,你今年几岁了?"

"凯凯爷爷,您是哪一年参军的?"

……

我问了几个与数字有关的问题。结果不出我所料,两个人本来正低头找数字,被我的问题一打断,都不得不停下来回答我的问题。当他们再回过头继续找数字时,不仅速度慢了一大截,而且有好几次,他们甚至忘记刚刚找到数字几了。最终的成绩是,爷爷用了1分42秒,凯凯用了1分39秒。

我把两次测试成绩展示给凯凯祖孙俩,并询问他们刚刚测试的感受。

凯凯爷爷说:"刚才我确实有点急躁,有些烦您总是来打断我。"

凯凯点点头,说:"我也是。"

此刻,祖孙俩人有了共同的一番体验,我趁热打铁道:"即使是找数字这样简单的任务,被打断时也会心情烦躁,执行效率大幅降低。那么,凯凯在学习时需要处理的信息比找数字要复杂得多,如果一再地打断他,他的学习效果可想而知。"

凯凯爷爷点了点头,若有所思。

"我知道,您时不时查看凯凯写作业是出于好心,不过通过刚刚的小测试,您可能已经发现了,这样的效果并不好。"

接下来,我便给爷爷一些更加直接的引导:在凯凯学习的时候不要轻易去打扰他,给孩子创造一个轻松自在的学习环境;同时,要帮助孩子调节学习心理状态,加强祖孙间的亲密行为,柔化自己在孩子心目中的严厉形象。

凯凯爷爷听完我的分析和建议,很是认同。他非常认真地表示,一定要改变自己的教育方式,争取与孩子成为生活和学习上的好拍档。

后来,陈老师告诉我,凯凯课上的状态越来越好,成绩也大有进步。

回顾总结

注意力是指人的心理活动指向和集中于某种事物的能力，具有四个特质：注意的稳定性、注意的广度、注意的分配和注意的转移，同时这也是衡量一个人注意力强弱的要素。

在本案中，爷爷在凯凯学习时的辛苦"视察"，虽是出于好心，但极大地影响到了凯凯注意力的稳定性，也影响了他的学习情绪，导致孩子因学习低效而成绩下滑。

光讲道理，难以让爷爷直观地认识到自己的督查对孩子来说是一种多么大的干扰和压力。于是，我通过一场"不停被打断的舒尔特方格"测试，让爷爷意识到了注意力被环境破坏时的烦躁情绪，以及注意力难以集中对学习效率的直接影响，增强了爷爷的同理心。同时，爷爷也认识到了与孙子友好亲密相处的重要性。

其实，孩子应该在被信任的状态下学习，这有助于孩子的自我管理和自驱力的养成。另外，为了防止学习时注意力被分散，要帮助孩子养成在学习之前先解决好喝水、上厕所、准备文具等问题的习惯。当然，家长也应该尽量为学生创造安静舒适的学习环境。

手记点睛

多少关心之举，是以爱之名造成伤害之实？家庭教育不能只谈"严师出高徒"，而忽略科学的引导方法。

案例 5.4
豪门里的选择性难题

女孩左手牵着姥爷，右手牵着爸爸；姥爷要往左行，爸爸要往右去。

女孩无助地看向妈妈，只见妈妈的脸上也挂满无奈。

究竟我该何去何从？女孩陷入了深深的无助中……

人物小档案

姓名：蒋依依
性别：女
年级：小学二年级
诊断分型：价值决策
关键词：理念冲突　家庭分工　情绪管理

■ 案例背景

小学二年级的依依来自一个精英家庭，从小备受关注，家庭条件优渥，但是依依却出现了明显的学习和心理问题，有时还会出现眼睛抽动的现象，班主任建议依依来做学习治疗。我通过班主任了解到，依依的姥爷、姥姥是退休干部，爸爸是一家跨国公司的总裁，妈妈原来是一位优秀的舞蹈演员，现在是全职太太。姥爷、姥姥和爸爸对孩子都有很高的期待。

▌初诊接待

这天，包括依依爸爸、妈妈、姥爷、姥姥在内的一家五口，一同来到了心聆学习治疗咨询中心，显然全家都对孩子的教育十分重视。依依个子高高的，打扮很精致，进了门却低着头不说话，偶尔眼睛快速抽动，身体做些奇怪的小动作。

为完成初次接待的信息采集，我与每一位到访者分别进行了谈话。

依依爸爸穿着三件套西装，一丝不苟地系着领带，看上去很精神。他自信满满地介绍自己，在国内"985"名校毕业后去英国排名前五的大学留学，接受精英教育。现在一家跨国公司担任总裁，每年有近一半的时间在国外。因为教育和工作经历的原因，依依爸爸对中西方的文化都有所了解。他认为，依依长大后一定会跟来自各个国家的人打交道，因此必须接受中西合璧的教育，具备国际化视野。为了弥补公立小学教育涉猎面较窄的不足，他要求依依上音乐课、芭蕾课、击剑课和马术课。"我有能力给孩子最好的教育，依依必须成为合格的跨文化精英。"爸爸总结道。

依依妈妈个子很高，打扮得很漂亮。关于对孩子的期待和教育，她说："依依的爸爸和姥爷、姥姥文化水平都很高，他们对孩子要求严格，我不需要再做什么。爸爸和姥爷有时候会因为依依的教育而争吵，我夹在中间很难受，没法说谁对谁错。姥姥有时候脾气也很急，甚至会因为依依犯错误惩罚自己，我很担心，但劝也劝不住。我看依依心情不好，就多给她买点好吃的、好玩的，跟宝贝亲近亲近。"听上去依依妈妈有点游离于家庭教育之外，在其中话语权不多。

依依姥爷穿着一件深蓝色唐装，眼神矍铄、步伐稳健，说起话来很有文化底蕴。他认为中国传统文化是最大的宝库，因此，从依依两岁起，就教她诵读经典。以唐诗启蒙，而后四书五经，每周都要让依依上国学课、练毛笔字。此外，姥爷还批评了现在教育模式过度西化的现象，他认为民族的才是世界的。显然，姥爷与爸爸在教育理念上存在很大的不合。

依依姥姥身着一件朴素利落的毛衣，讲话铿锵有力，比较爱着急。说起依依的文化课学习，姥姥先是一连串说出孩子的很多缺点，例如学习不好、注意力不集中、做事情拖拖拉拉，最后却把责任都揽到了自己身上——都怪当姥姥没做好、没管好孩子。姥姥还说，如果依依不听话或是不好好学习，自己就会很着急，有时候急起来自己打自己一下，依依就听话学习了。后来我了解到，姥姥自己打自己头的情况多次出现，有一次甚至打出了血，孩子当时受到了惊吓，大气都不敢出。这不禁让我联想起港匪片里绑匪拿刀扎自己让对方交钱的场景，恐吓意味儿十足。

最后，我和依依进行了单独的交谈。依依说，姥姥对自己的文化课成绩要求太高，她已经很努力可还是达不到姥姥的标准。做不好，姥姥就开始自责，依依对此很愧疚。有时候看到姥姥急得自己打自己头，依依既伤心又害怕，心里特别自责，觉得自己哪儿都不好。姥爷有时候会给自己讲成语故事，依依很喜欢听，但姥爷教的国学很难，她很多都听不懂。小时候还好，只要背下来就可以，可现在姥爷要求自己能够解释清楚含义，她觉得特别困难。爸爸经常不在家，一回家就挑她毛病，不过爸爸也挑姥爷、姥姥的毛病，每次回来都少不了争吵。爸爸说姥爷的国学课占了依依太多的时间，这一点她表示认同；不过爸爸给报的课也很多，像钢琴什么的，每天都要练，她觉得负担很重，每天做完都很晚了。妈妈倒是不错，总是哄着自己，不过她希望妈妈能把她从过重的负担里解救出来。

■ 初步分析

依依的家庭可以说是一个"豪门"，每位成员都是自己所在行业的精英。

依依和爸爸、妈妈住在一起，跟姥爷、姥姥家住楼上楼下，联系非常紧密。四个大人共同抚育这个孩子，都希望依依未来能够成为精英之才。

按理说，四个人共同使力，依依的教育应该很轻松。可是，事实上，全家每个人都在按自己的想法教育孩子，方向各不相同。这就像物理中画一个质点所受四个力的图示，由于各个力的方向不同，导致很大一部分相互抵消，其合力的大小远远小于四个分力的绝对值相加了。

很明显，四个家长之间缺乏有效沟通，有些理念和做法甚至可以说是南辕北辙，却都有着很强的执行力。这就造成依依所受的家庭教育很是割裂，如同用不同温度的水洗澡：一会儿把孩子放进冷水，一会儿拎出来放进热水，一会儿又是冷水，一会儿再用热水……如此反复，孩子不"生病"才怪。

因此，针对依依家庭教育理念与执行严重不合的问题，首先要调整家长们的价值决策。

■ 治疗过程

回归本职角色

在家庭教育里，角色的合理定位是亲子教育顺利展开的基础。依依才上小学二年级，正是需要家人给予温暖和陪伴的年龄，孩子应当在一个温馨有爱的氛围中成长。首先，我便给全家人分别做了工作，帮助他们每个人回归到自己最本真的角色，做好最底层的本职工作。

此前，姥爷首先是一名国学老师，其次才是一位慈爱的姥爷，角色定位实在本末倒置。因此姥爷的要务便是先做好慈爱的姥爷，然后才是国学老师。

作为姥姥，首先应该是一位慈祥呵护的姥姥，而现在姥姥却成了一位小学老师，同时还是一位处处管教、评判孩子的班主任。姥姥也要回归本位，首先做一位慈祥的姥姥，然后再去关心孩子的学习。

爸爸常年在外出差，并不具备每天影响孩子学习成长的客观条件。可每次回到家里，爸爸就化身为一个挑剔者、一名裁判，对孩子的学习状况不满，对其他家长的教育理念也不认同。因此，爸爸首要的任务，是在有限的陪伴时间里给孩子足够的支持和关心，重塑厚重的父爱形象。

妈妈在家庭教育方面的话语权较小，一旦家里发生争吵，妈妈便不敢出面，永远听爸爸、姥爷、姥姥的。实际上，妈妈最具有调节双方分歧的能力，应该更加勇于担当。同时，当依依出现问题时，妈妈应该给她温暖的拥抱，鼓励她去直面问题、迎接挑战，而不只是哄一哄。如此，妈妈才不会在孩子的成长过程中，只做一个"透明人"。

面对重新定位的家庭角色，包括依依在内的每位家庭成员都表示十分认同。四个大人其实都想帮助依依健康成长，但是由于历史遗留问题，一直缺乏有效的交流和合作，这恰恰是学习治疗师的工作重点。

依依看着大人们达成一致意见也非常开心，想到会在一个充满温暖和关怀的家里成长，眼里充满了憧憬。

减负刻不容缓

四位监护人回到了各自的角色位置，可是对依依的教育理念还未达成统一。孩子同时面临着学校学习、传统国学课堂和西式贵族教育的三重压力，负担过重。给孩子减负是角色回归后所有人的共识，可是砍掉哪部分的教育内容，又成为了新问题。

不过，没有了针尖对麦芒，一家人坐下来心平气和地讨论，其实对于依依这个年龄的孩子，学习兴趣比什么都来得重要。于是，我给出的减负方案就从课外班减起，只考虑孩子最感兴趣的科目，将课外班的数量从11个砍到了3个。此时，中式与西式也没那么阵营分明了。

明确分工协作

起初，我提议依依跟姥爷、姥姥分开居住，遭到了全家人的反对。于是，我退而求其次，帮助大家做了一些时间上的约定。姥爷、姥姥可以多安排一些旅游和外出，来充实自己的退休生活，不再把对依依的教育作为生活的重心。同时，建议姥爷不要再要求依依背诵和解析过于深奥的国学内容，多陪孩子练练书法、讲讲故事。姥姥主要负责给孩子做好吃的，在生活上给孩子关怀，学习上的事不要过多干预。爸爸负责孩子的英语学习，每次通过网络和孩子用英语交流，更多发现孩子和家人的优点，给予肯定和鼓励；妈妈不仅要把孩子打扮得漂漂亮亮，而且要统领孩子的教育问题，负起主要责任。至于数学和语文的学习问题，则由专门安排的家教老师来协助，按照学习治疗的课程要求提供陪伴式学习辅导。

在这样的重新安排下，4位家长各司其职，各自做好自己的角色，不再有反方向的作用力，也大大减少了家庭争吵。孩子在温馨平和的家庭氛围中，心态慢慢好了起来，性格开朗阳光了很多，抽动的现象也慢慢减少。很快，依依在学校的学习成绩也追了上来，整个人慢慢恢复了自信。放假前，依依妈妈打来电话告诉我，依依期末三科成绩都在95分以上，在班级名列前茅。

■ 回顾总结

家庭生命周期理论告诉我们，随着家庭生命周期的阶段性变化，家庭中个体的角色也相应发生变化。从单身青年离开原生家庭，到通过婚姻建立新的家庭，到孕育年幼的子女，到孩子进入青春期，到子女离开组建新的家庭，每个人都经历了为人子女、成为自己、为人父母、为人祖父母的角色转化过程。随着年龄的变化，每个人要及时调整不同的身份角色，同时，把工作角色和家庭角色分清，避免混淆。如果在一个家庭中，家庭成员的角色不清，尤其是家长把工作角色带回家庭的话，孩子很容易承受额外的负担，学习和生活就会受到影响。

老实说，依依的每个家长，原来都或多或少处于角色混乱的状态。正常在三世同堂家庭中，孩子享有爸爸、妈妈、爷爷（姥爷）、奶奶（姥姥）两代长辈的关爱。而在依依家，则缺少相应的角色担当，取而代之的是讨好的"保姆"妈妈、喜爱评判的"裁判员"爸爸、挑剔的"班主任"姥姥、严苛的"国学老师"姥爷，让孩子经常不知所措。而家长也因为角色不清和相互角力，无法就依依的未来形成共同的目标，更不可能进行有效的分工合作。

另外要提醒大家的是，家长在给孩子教授知识时，要先明确自己的角色定位是什么。千万不要误以为自己就是孩子的老师，按照自己的想法给孩子布置违背教育原则的任务，这样做的结果只会逐步消磨掉孩子的学习兴趣，导致孩子成绩差、厌学等不良后果。比较好的处理方式是，家长首先应给予孩子爱的关注，引导孩子积极发展兴趣和能力，把学习中的问题当作共同面对的挑战，一起研究攻克，切记我们是孩子的学习伙伴而非老师。

> **手记点睛**
>
> 　　家庭价值观的和谐统一是孩子健康成长的基础。家长在家庭中各归其位，各司其职，才能给孩子一片适宜的成长沃土。

第六章 突破自我认知的天花板

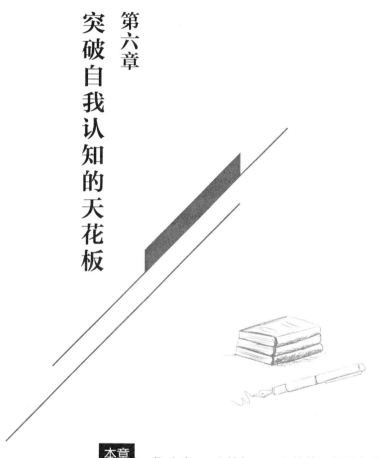

本章导读

俗话说：一分耕耘，一分收获。但耕耘真的能换来对等的收获吗？不一定，至少在学习上——如果方式不科学、方法效率低，很可能只见耕耘，不见收获。在知识爆炸、竞争激烈的今天，"读书百遍，其义自见"和"学海无涯苦作舟"式的耕耘早已跟不上时代的步伐。我们不仅要引导孩子们肯在学习中用心耕耘，更要让他们突破旧有的自我认知，有效定位并快速解决学习系统问题，从而高效、快乐地成长。

案例 6.1
拯救题海少女

她的错题本整理得可谓精致,如果参加最美错题本评选,一定有望进入前三甲。但如果选最高效错题本,我却不会为它投票。她刻苦努力,对课业没有丝毫敷衍懈怠,可收效甚微。为什么拼尽全力,成绩却原地打转呢?

人物小档案

姓名:高亦宁
性别:女
年级:高中二年级
诊断分型:程序定制 – 复合型
关键词:刷题　程序本　举一反三

案例背景

宁宁是一所北京市重点高中的高二学生,成绩在班里一直处在中等的位置。在学习上宁宁极为努力,希望能将成绩提高至班级前十,将来考入一所好大学。但不论怎么下功夫,买多少参考书、做多少题,成绩总是原地打转,无法有效提高。宁宁对此很受打击,于是找到我来做咨询。

第六章 突破自我认知的天花板

■ 初诊接待

晚上 7 点整，咨询室的门被准时敲开，一个打扮得干干净净的女孩映入眼帘。她身材高挑，走起路来却有些低头含胸、步伐空虚，眼睛没有光彩，整个人看上去疲惫不堪。

她就是宁宁，背个大包又拎个小包，礼貌地跟我打过招呼，简单介绍了下自己，无意识中叹了口气后坐了下来。接着，她抬头看了我一眼，又慢慢低下头，双唇紧闭。她一边思索着，一边缓缓说道："宋老师，我入学时中考成绩在班上排前十，但后来就越学越吃力，高一期末考试才考了班里二十多名，从小到大没考这么惨过。于是我痛定思痛买了不少参考书，报了几个培训班。写作业、刷题、整理错题，每天都要忙到后半夜，可是成绩丝毫不见起色，始终就是二十来名。一年了，我真的好累，那么多题型都要记住，我压力好大，一点希望也没有……宋老师您帮帮我吧！"

我首先充分肯定了宁宁的努力，告诉她，仅此一项，她就超越了 80% 的同龄人；接着引导她讲讲具体情况。

"宋老师，初中的时候，凡是我见过的题，做几遍就能记住。所以我就多做题，把所有见过的题型都刷一遍，考试就没问题了。可是到高中之后，刷过几轮还是总能遇到新题型，感觉越刷越多。我特别担心在考场上会遇到没见过的题，所以每天花很多时间找题、做题。我觉得一定要多见，知识面必须要广。但是，这样压力真的很大，有时候光整理错题就需要一两个小时。"宁宁十分无奈地说道。

显然，宁宁犯了一个很常见的错误，有些迷失在题海当中。"看来你花了很多时间做题、整理错题，如果你愿意的话，可以给我看看你的错题本吗？"通常，我会要求预约治疗的孩子带上常用的学习资料，尤其要带上最近的卷子和错题本。

宁宁递给我一个漂亮的本子,内页字迹工整,书写娟秀,一股小清新的美感扑面而来。这个错题本,像是一个手账本,宁宁还特意剪贴了一些花边和贴纸,五颜六色。如果参加最美错题本竞选,它一定有望进入前三甲。但如果选最高效错题本,我就不会为它投票了。

初步分析

在和宁宁的沟通中,我明显感觉到,她错把做题面等同于了知识面。在她的认知里,只要做题足够多、题型覆盖得广,知识面也就随之扩大加深了。实际上宁宁一定存在一些没有完全吸收、掌握的知识点,虽然通过刷题掌握了部分题型的解法,但如果遇到这类知识的灵活运用、脱离了自己熟悉的固定题型时,马上就感到无从下手,这也令宁宁在面对新题型时产生畏惧心理。

通过对宁宁的学习系统进行分析,可以初步判断:对于知识点掌握得不完全说明宁宁语义解析模块存在升级的空间,更重要的是,宁宁只靠刷题的这套学习模式亟需升级调整、重新定制。

其实,当下很多学生都会像宁宁一样,把题海战术当作自己主要的学习策略。掌握知识固然需要一定的实操练习，但依赖刷题并不足以应万变，这不是我们所提倡的学习方式。换句话说，如果一个孩子的学习系统本身存在很多问题，此时刷题无异于带"病"学习，只会让孩子学习系统的运行低效，不能有效提高学习成绩。此时，我们应先对这些问题进行修复和调整。

治疗过程

优化知识结构

深入分析表明，宁宁头脑中的知识结构，首先是由一个个题目，而不是知识点组成的。我们说，如果一个学生头脑中拥有好的数据结构，它会是这样的：当提到圆锥曲线这个概念时，他会想到圆锥曲线的定义、圆锥曲线的几种类型，它们之间有什么联系和区别等。而宁宁想到的是，涉及圆锥曲线有哪几类题型，题目有什么样的特点，对应什么样的解题步骤。这样的数据，基本是以固化的组块存在于大脑中，宁宁不会自我组合，于是稍加变化便无从应对。

因此，我有针对性地先教宁宁如何去梳理所学知识，从基本概念开始，逻辑化、系统化地构建自己脑中的数据结构。当然一次会谈并不能将问题清零，以数学学科为例，我带领她梳理了一个章节的知识点，然后要求她回去把余下的章节以及其他科目的知识结构也梳理出来，并花时间思考知识和题型之间的结合方式。

使用程序本升级错题整理

学生愿意付出大量精力去做题、整理错题，这本身是值得表扬的。然而宁宁整理错题的目的和方法，却需要做出一些调整。

"宁宁，你的错题本非常精美，你每天是以一种什么样的心情整理错题呢？"我故作好奇地问她。

"宋老师，出错或者不会做的题目，一般是我没见过，或者见过没记牢的。我就需要多花点功夫，把它们记住。您说做得精美，其实我是刻意的，因为很担心这些题记不住，下次看到还不会做，所以就觉得每个题都很重要，要好好用心把它们整理起来。我喜欢手账，写手账能让我静心。现在没时间写了，我就把错题本做成手账本了。做得漂漂亮亮的，看着清楚，更好记，也让我安心。"宁宁解释道。

认真对待错题本没有错，因为错题是我们升级学习系统过程中的重要指示员。然而，仅仅是记住错题的答案和解法，对升级学习系统来说收益甚微。在学习治疗师的初级培训班上，我给学员们介绍了升级学习系统的重要工具——错题本；在中级班里，这个错题本升级为程序本。程序本不光包含了错题整理的功能，更生动直观展示了解题时学习系统各个模块的调用流程，让孩子更有参照性地优化自身的学习系统。我把程序本推荐给了宁宁，并用一道例题示范了程序本的使用方法。

"宋老师，我注意了一下时间，刚才咱们做这一道题，就花了快半小时！"宁宁似乎很着急，"照这个速度，我做到半夜三点也做不完啊！"

"我能理解你的担心，用程序本整理一道题，确实花时间较多，但带来的却是整个学习系统的升级。学习系统对各个学科是通用的，如果能利用好这一道题，可以带来超过之前整理十道错题的效果。"

"那我试试吧。"宁宁还是有些不放心，但愿意试试看。

举一反三，轻松学习

经过5周的学习，当宁宁再次来到咨询室时，像是变了一个人，看上去轻松、阳光了不少，嘴角还不时挂着笑。只见她从包中取出一叠大的思维导图纸递给我。看到上面的内容，我不禁竖起大拇指——执行力超强的她已经认真梳理完成了高一、高二数学学科的知识结构。

宁宁自信地对我说:"您可以随便考我,每个知识点、知识点之间的联系和区别,我现在都清楚了!而且,按照您的建议,最近我除了数学作业,没有额外做题,而是把作业和考试的错题整理到程序本上。我发现程序本真的特别神奇,别看整理一道题时间长,做完之后觉得脑子特别清楚,根本不用担心记不住。而且只要整理完一道题,同类型的题差不多就都会做了。有些方法,甚至在不同类型的题目中也是通用的。程序本让我真正做到了心里有数,做题不慌。宋老师,我这次来,是想请教您,英语学科该怎么用程序本……"

回顾总结

在高中学习阶段,简单的文本记忆方式存在明显的固化特点,采用这种方法去解决逻辑加工的问题,便失去了灵活性。而高中阶段真正的解题,是需要基于概念、判断和推理建立起逻辑通道的,这样才能做到万变不离其宗,游刃有余地去应对各科问题、各类新题。

宁宁以大量刷题作为基础学习方式,导致脑海中首先是题目类型,与知识点、知识结构之间缺乏可组合的逻辑联系,造成了学习上付出很多辛苦却没有理想回报的结果。为了避免宁宁再下无用功,我制定了适合她的治疗方案,来帮助她重新建立起一套知识总结和收集、分析错题的程序。

首先,我以一科为例,手把手带她一起做了一章的知识梳理,在这个过程中,宁宁充分运用了思维导图,而这样的体系梳理很好地帮助她串联起了各个知识点,对于某些原本不清晰、把握不准确的概念,形成了全面完整的认识,效果是立竿见影的。尝到了甜头,宁宁自然而然地就想把这套梳理总结的方法继续下去,并迁移到各个学科中。

其实,这种知识体系的总结和梳理,也是强化收集识别和语义解析模块的过程。当语义解析模块完备了，对各个知识点及其相互关联都了解得透彻了，有了可靠的收集和理解能力，再去进行逻辑加工、解决具体题目时，也就从容多了。

其次，错题本是我强力推荐的学习工具。整理错题是宁宁很好的学习习惯，为此我将团队研发升级的程序本给了宁宁，以此帮她更加高效地整理错题。在使用程序本时，每一次解题都会被引领着依次调用各个模块，看似花费了额外的时间在"跑流程"上，实际上是在接受解题程序系统训练，在这个过程中不知不觉完成了很好的程序定制。

我很开心看到宁宁的努力顺利转化为了她的进步，她的转变不仅体现在了学习方法的改进，更体现在了学习和生活状态上的积极。她的例子告诉我们：停止盲目、无效地刷题，采用合理的方法和工具，去逐步构建起更优化的学习程序，这样才能更高效地升级我们的学习系统，学习也就不会事倍功半了。

手记点睛

学习治疗的妙处就在于完整地重建学习系统，并在任何一科、任何一题的学习中，不断完善。只有这样，才能告别盲目刷题，不再"带病"学习。

案例 6.2
产品思维搞定背单词

"我不出国,为什么非要学英语?""我不上大学也有饭吃。"眼前的男孩找不到学习的意义,对于成绩落后表现得漫不经心。这次,我决定对他采取工作式学习的治疗方案。

人物小档案

姓名:高翔宇
性别:男
年级:高中二年级
诊断分型:价值决策 语义解析
关键词:富二代 产品需求 程序定制

案例背景

翔宇,北京市海淀区某高中二年级学生。经朋友推荐,翔宇的妈妈给心聆学习治疗咨询中心打来电话。通过电话沟通我了解到,翔宇的父母在各自的工作岗位上都非常出色,爷爷奶奶那一辈经商,整个家族家底雄厚,交友广泛,可谓生活和事业都顺风顺水。然而翔宇妈妈却为儿子的学习操碎了心。孩子学习不知道努力,得过且过,到高二仍没有任何紧张感,对于在班里倒数的成绩丝毫不介意。翔宇妈妈最担心的是孩子的英语,成绩很不理想,在及格线附近徘徊。妈妈也给他报过很多辅导班,尝试了很多方法,可就是不见效果。

翔宇妈妈希望孩子能够通过学习治疗改变目前的状态,争取明年高考考上一所理想的大学。

■ 初诊接待

4月底的北京春暖花开,翔宇和妈妈如约而至。

妈妈举止有礼,落落大方,一头短发透着干练。旁边的儿子在模样上与妈妈有七分相像,瘦高的身材,脸庞上带着一种因富足而产生的自信。

"宋老师您好!我是翔宇的妈妈。"

"宋老师好!"翔宇说。

"您好!翔宇你好!请坐。"

简短的寒暄后,翔宇妈妈开门见山:"宋老师,可欣的妈妈是我朋友,她说之前经您点拨,可欣的期末成绩在年级进步了一百多名,而且现在一直保持着进步的势头。可欣妈妈知道翔宇在学习上的状态不好,所以就推荐我带他到这里来。"

"噢,原来您是可欣妈妈的朋友啊!"我记得可欣是和翔宇同校的学生,她上个学期来做过学习治疗。

"宋老师,什么是学习治疗?"翔宇好奇地发问。

"简单来说,每个人都有一套学习系统,就像每台计算机需要有一套操作系统一样。但我们的学习系统不是某个厂商生产的,而是随着学习和成长,自发地逐步形成和升级的。很多人的学习系统不是正常、高效运转的,在某些模块存在这样那样的缺陷或问题,这就容易造成学习和考试中的各种麻烦。学习治疗就是检查学习系统漏洞并修复的过程。"我看到翔宇妈妈在一旁点着头，估计可欣的妈妈已经跟她简单介绍过学习系统理论了。

"学习系统？"翔宇若有所思，继续发问，"我的学习系统有问题吗？宋老师您帮我看看呗。"

看着翔宇认真的样子，我笑了，这个年纪的孩子，对什么都充满好奇，对探求自己、了解自己更是如此。

"好啊，那咱们聊一聊。先说说你对学习的看法吧，你的优势学科和弱势学科分别是什么？"不管之前收集到的信息有没有关于孩子对学习的看法，我都会在治疗过程中直接向孩子再次收集有关信息。

"学习啊，我觉得学得好不好无所谓，考不上大学我也有饭吃。但是我也不至于什么大学都考不上吧，毕竟我大部分学科还是能听懂的，好好学一下成绩也还行。我就是不爱学英语，特别不爱背单词。为什么非让我们学习外国人的话呢，反正以后都有翻译软件，到时候会用这些软件就行。"

听到儿子的这些话，翔宇的妈妈在一旁皱起了眉头。

■ 初步分析

显然，翔宇的价值决策模块存在比较大的问题。

在当下，"考不上大学也有饭吃"是许多像翔宇一样家境优渥的孩子都会产生的念头和"底气"。诚然，家庭积累的财富和资源可以让孩子在自身发展的道路上拥有更多的自主选择权。可若因为有了混吃混喝的"退路"，便对学习这件事持有轻视的态度，不能正确认识学习的意义，那么孩子便会建立起一个错误的学习价值观。翔宇便是如此，明知英语偏科严重却不以为意，不愿付出努力去解决问题；相反，还给自己制造了一套理由和借口，认为有了翻译软件，英语学习就不重要了，这些表现都是翔宇价值决策出现问题的直接反映。

在跟翔宇交流时，我发现他的性格十分开朗，很乐于接触新鲜的事物和理念，这是一个好的信号。同时，翔宇既然有能力处理好其他学科的学习，那么完全可以把其他学科的学习程序和方法迁移到英语学习中。他英语学习最大的障碍不是学不会，而是不愿把时间和精力花在其中，尤其是背单词上。

对此，我需要找到一个契机去调整他的价值决策，使他认识到学习的重要性、学科的重要性，激发他背单词的兴趣并建立起一套专属定制的背单词程序，从而让他爱上英语，并有方法去学好。

治疗过程

在和翔宇聊天的过程中，我发现了他的一大愿望：将来想靠自己的能力创业挣钱。于是，我决定从这一点入手，和翔宇深入聊一聊。

"翔宇，为了实现你创业挣钱的梦想，你打算从哪里做起呢？"

"老师，我准备将来做生意。"翔宇想都没想便脱口而出。

"这很好啊。那你觉得自己做生意的优势是什么？"我认真地看着他。

翔宇略带神秘地说："我家里有些资源。"

"嗯，可以啊，这是做生意的优势。但是以你目前的状态，我觉得你可能不会捕捉商机。"

"老师您凭什么说我捕捉不到商机啊？"翔宇马上挺直后背，音调高了八度。

"你就坐在商机里都不自知。"他越急，我越镇静。

"嗯？那老师您跟我说说，我有什么商机？"翔宇质问道。

"你觉得背单词痛苦，这就是商机！一代人的机会往往就埋藏在一代人的痛苦里，谁解决了它，谁就脱颖而出。要知道，你们这一代人的机会是我们这一代人所难以体会的。"

翔宇认真地听着，可能之前从来没有人跟他谈过这个话题。

"现在像你一样不爱背单词的人很多，他们觉得那些流行的背单词App

不好用,也不愿意用。那么如果有人能够研发出来一款大家愿意用、而且效果很好的背单词工具,不就是抓到了一个大好商机吗?"

听我说完这些,翔宇马上向我"吐槽"他用过的各种背单词软件。最后他还总结道:"这是给那些学霸设计的,根本不适合我们这些'学渣',不符合我们的思维习惯。"

我抓住机会进一步说道:"你有这些想法很好啊,可以把你的想法整理一下。"

接下来我们一起分析了几款背单词软件的问题,同时慢慢地梳理出来一些背单词的思路。

那次谈话之后,我和翔宇又花了几次咨询时间,一起对他的上述想法进行整理和升级,按照软件产品研发的思维进行了功能设计。其实,经过一段时间的打磨,翔宇不知不觉总结了一套背单词的思路和方法,他自称是"学渣"背单词高效攻略。为了更好地设计自己的背单词 App,翔宇很用心地逐个使用其他 App 试验背单词,认真感受和体会背单词的过程,思考用户需求和现有产品缺陷。

后来，我在和某知名互联网教育品牌高层沟通时，介绍了这款背单词软件功能设计，引发了他们的浓厚兴趣，主动邀请我带翔宇去开了一次设计说明会，并希望在我们的指导和参与下完成开发工作。于是，我鼓励翔宇，"等你考完大学，咱们一起来开发这款背单词的 App 工具。"这件事情让翔宇产生了巨大的学习动力。

几个月后，翔宇以一种完全不同的心态走进了高考的考场。7 月 25 日，北京高考成绩出分，翔宇英语考了 116 分，相较于之前七、八十分的英语成绩，有了巨大的进步，高考总成绩也远远超过了北京一本线。

回顾总结

从整个治疗过程来看，我对翔宇的学习系统进行了修复和升级两项工作：修复的是他的价值决策，升级的是他的程序定制。

首先，调整他的价值决策，引导他正视自己此前一直逃避的英语学习问题。这里采取的方法是从痛苦的重新解读入手，以"痛苦中埋藏商机"为支点，化不利为有利，变阻力为动力。用孩子能接受的方式，重新定义学习问题，从而翻转他价值决策的意义标准。

另外，既然翔宇有商业的兴趣和目标，那么不妨通过激发他的财商动力来提升英语学习的兴趣。一背单词就头疼，这是个普遍性问题，不仅困扰着翔宇，也困扰着一代青少年。由自身对于背单词难的共情出发，去设计一款为具有同样问题的青少年量身打造的全新 App 工具，这正是我希望翔宇认识到的商机。

接下来，便是帮助翔宇定制适合自己的背单词程序。

我引导翔宇从自身出发，根据用户体验做竞品分析，考查市面上同类产品的不足，再根据产品需求重新迭代完善。这时翔宇已经完全进入了产品经理的角色，加足马力投入产品的研发当中。

从发现问题到解决问题，在产品方案的一次次迭代中，翔宇不断地调动自己的各个模块——从收集识别到语义解析，再到逻辑加工，最后是驱动执行。在这个自然的过程中，翔宇自身的背单词程序被逐渐总结出来并不断完善，最终形成了有趣且具备推广价值的"学渣"背单词高效攻略。

同时，我适时地给翔宇加了两把火：第一把火，让他进入真实的商业场景做产品展示，业界的认可令他自信满满、动力十足；第二把火，我与翔宇约定等他进入大学后共同开发这款产品，这种瞄准高考后的规划使他眼光更加长远，更有效迎接高考冲刺。至此，有方法，有冲劲，高考考出理想成绩也就顺理成章了。

> **手记点睛**
>
> 一代人的机会往往埋藏在一代人的痛苦里。如果你正在为一件事感到痛苦，那么多加留意，也许距离某个机会你比别人更近些。

案例 6.3
逻辑是突破学习瓶颈的关键

> 她的数学成绩达到了一个瓶颈，怎么努力也无法再提高。只能进步到这里了吗？女孩对此很是着急。其实，学习不单单是某个学科知识的问题，往往和学习系统能力各个模块有关，这边解决得差不多了，我们换个方向再升级就好了。

人物小档案

姓名：何子雯
性别：女
年级：初中三年级
诊断分型：逻辑加工
关键词：数学　进步停滞　逻辑通道

■ 案例背景

子雯是一名初三学生，因数学成绩不佳，在初三开学前的暑假里主动要求请家教，开始恶补数学。开学后，数学成绩迅速提升，随后稳定在80多分（满分100分）。子雯还想再往上冲一冲，但不论怎样努力，成绩都无法再提高了。她对此感到很着急，来到我的咨询室求助。

第六章　突破自我认知的天花板

▍初诊接待

子雯个头比较娇小，身着一身圆领浅灰色毛衣，戴了一副圆框眼镜，梳着刚刚过肩的马尾辫，显得文静不失书卷气。走进咨询室，互相打过招呼后，我请子雯坐在我的旁边。因为在此前的电话沟通里，我对她的基本情况已经有了一定的了解，在简单的交流和信息确认后，我们便开始聊起具体的学习问题。

"宋老师，我之前数学落下好多，初二期末考试不及格，觉得很丢脸，就找了老师补课。老师说我基础知识不扎实，帮我补基础。补课之后，成绩很快就上来了。一开始考80多分，我可高兴了，觉得努力没白费。可后来，就一直停留在80多分，怎么努力也没法再往上。我其他科还不错，就数学拖后腿。这段时间，我一点儿都不敢松懈，可时间花进去，见不到成效，数学考试还是80多分，总是有题不会做。我是不是逻辑性不好，没有数学头脑啊？"

说完，子雯将一沓数学试卷边递给我边说道："宋老师，这是您让我准备的考试卷子，初二到现在初三第一学期期中的都在这儿了，麻烦您帮我好好分析一下，我还哪块儿有问题呀！"

▍初步分析

子雯此前暑假的补课，主要填补的是之前学科知识点上的漏洞，数学成绩从不及格提升到了80多分，归功于她学习系统中语义解析模块的问题在这个过程中得到了一定的解决。但是到80多分后，进步就停滞了，一定是学习系统中存在其他模块尚未修复的"故障"阻碍了她成绩的进一步提升。在初诊交流的过程中，我发现子雯对自己的逻辑性尤为不自信，于是决定从逻辑加工这个模块入手，帮她定位问题、解决问题。

治疗过程

翻阅完子雯的试卷,我梳理出了几类她常错的题目。比如:几何大题,她出现问题的次数就比较多。于是,我选取了一道有代表性的题目,和她一起详细剖析解题过程,用来定位问题。题目如下:

题目:如下图所示,四边形 ABCD 的面积是 1,将 BA、CB、DC、AD 分别延长一倍到 E、F、G、H,连接 E、F、G、H。问:得到的新四边形 EFGH 的面积是多少?

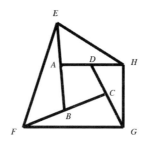

"子雯,我们一起来梳理梳理你的解题思路如何?找找经常把你卡住的卡点在哪里。"在帮助学生解决具体学科问题时,重现学生的解题过程,寻找具体卡点,是修复学习系统漏洞的重要一步。

"嗯嗯,好的。"子雯点点头。

"这道题,我看你基本没得分,当时的解题思路还记得吗?"我耐心地询问。

"记得,刚看到这道题时我有点蒙,题目的每个字都能看懂,也能理解这道题的字面意思,但不知道该从哪里下手。我当时脑子一片空白,什么都想不出来。后来数学老师讲了这道题,我把详细的解题过程记在错题本上。我记得做两条辅助线,然后利用边长相等和三角形面积公式,就能解出来。"

"好,你说得对。"

"数学老师讲的解题思路我能听懂。如果下次考试再遇到这样的题，我应该能做出来。但是宋老师，我不知道为什么要加这两条辅助线，为什么会想到利用三角形面积公式。"

子雯的话证实了我的猜测。对于这道题来说，她能够把握题面的含义和要求，也不存在对应知识点的理解偏差，说明收集识别和语义解析两个模块都没有问题，问题出在逻辑加工上。她不清楚如何找到解题的突破口，如何建立起由已知到未知的逻辑通道，这正是她学习系统目前最大的障碍所在。

问题既已定位成功，下面便是思考如何解决了。我决定从这道题入手，帮助子雯整理思路，训练她建立逻辑通道的能力。

"子雯，看到题目的已知条件和求解问题，你能想到什么呢？我们试着把你能想到的东西做一个连接吧。"

"'如下图所示'，提示我要看图。我们老师说，不论卷子上有没有给出图，自己都要画一下图。所以首先要根据题意看图或者画图。

题目说是四边形 $ABCD$，没有说平行四边形 $ABCD$，因此它是一个不规则四边形，边长相等、对边平行、面积公式这些都不能用。还有这个四边形的面积是 1，但是不知道这个条件怎么用。"

"很好，还有吗？"

"将 BA、CB、DC、AD 分别延长一倍到……所以 $BA=AE$，$AD=DH$……求新四边形的面积。然后，我想不出来了……"说到这，子雯停下来，看着我。

"非常好！你已经找到了好几条重要信息，我们在草稿纸上记录下来，试试看，能不能联想到其他的信息。"

"延长一倍？不知道。嗯，新四边形面积，看到'新四边形面积'，我想到，大四边形面积，等于小四边形面积，加上 4 个三角形面积。"

"好。"

"看到'三角形面积'，我想到公式是 1/2 底乘高。底，不知道；高，也不知道。"沉默半分钟之后,子雯抬起头问我,"怎么办呢?"

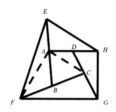

"没关系,不要着急出答案。解题的过程更重要。子雯,看到三角形的底和高,你能想到什么呢?"

"以△BEF为例,底不知道,但知道AB=AE,做一条高线,这条高线……噢,连上A、F两个点,这两个三角形面积相等。可面积相等,也不知道面积是多少啊?怎样能知道面积是多少呢?噢,我想到了,AB线段,如果加一条AC辅助线,三角形△ABC和△ABF,如果它们两个面积相等,就好做了,它俩的面积……"

就这样,由已知条件和问题出发,不断地连接和组合,逐渐建构出一条清晰的逻辑通道,这道题就迎刃而解了。基于此,我先领着子雯把解题过程变成了一张解题程序图。

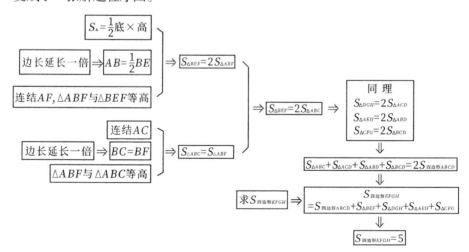

引导子雯完整地跑了一遍解题程序后，我带她将其中逻辑加工的过程总结成了一张解题程序流程图。这对强化她的逻辑流程、后续回顾参考都有很大的帮助。我告诉子雯，在平日的数学学习中，遇到较为复杂的例题，都可以按照这样的解题程序，分解问题一步步处理。重点关注其中逻辑加工的部分，用简单的思维导图梳理出来，再通过习题把这套逻辑吸收转化为自己的程式。

在后续的四次治疗里，我以一道道典型题目为例，对子雯逻辑加工能力不断进行着引导培养和考查检验，同时在每次治疗结束前布置适量的练习作业。经过一个多月的训练提升，子雯在这个学期的数学期末考试里取得了94分，得知成绩后她立即开心地向我报喜："宋老师，我又有继续进步的信心了！"

回顾总结

逻辑通道是学习系统中逻辑加工的重要概念，它的建立也是逻辑加工的重要步骤。逻辑通道有点类似人际关系网络。比如我认识甲，甲认识乙，在甲的头上顶了我和乙两个人的标签，于是通过甲，我和乙也就认识了。变量也一样，边长认识面积，面积认识体积，三者建立一个通道，边长也就认识了体积。

我们做的每一道题，都是给你一系列的已知条件，解题其实就是在已知条件里面找出相互关联的标签，然后使已知的链条一步步指向、一点点链接到最后的未知，从而解决问题。在已知和所求之间存在一条可实现的"暗黑通道"，这就是逻辑通道。

对子雯来说，数学到80多分后难以进一步提高，一定是学习系统中存在漏洞所致。她误以为是自己的逻辑能力有问题，不适合学数学，实则是建立逻辑通道的能力存在不足，这种能力通过训练是完全可以有效提升的。

在本案中，我通过试卷分析帮助子雯找到深层次的问题和卡点所在，应用学习治疗师中级班上介绍的方法进行排查，引导子雯一步步思考她不会的题目，教给她建立逻辑通道的方法，并通过练习不断强化，最终初步填补上了她这块能力的不足。子雯在后面的考试中再次取得了令她满意的进步，自此重拾进步的动力与信心。

有的老师或家长动不动就给孩子戴上逻辑性不好的帽子，导致孩子自身也会形成这样的自我怀疑。事实上，中小学阶段的孩子，学习系统的各个模块都还处在一个不断完善的过程中。遇到问题我们不应首先否定孩子，而是要设法通过训练提升孩子相应模块的能力从而解决问题。其实，孩子只需学会建立逻辑通道，就可以解决学习中的大部分复杂问题，这正是积极学习系统建构课程中最重要的一个环节。

> **手记点睛**
>
> 治病要先知病！打破孩子的自我怀疑，从精准定位学习问题开始，积极学习系统的理论是坚实的支撑。

案例 6.4
复读不是简单的选择题

每年夏天,都会有高考不如意的考生面临是否选择复读的难题,陈林便是这纠结大军中的一员。而我所能做的,便是为他传授自我反思和迭代升级之术,让他能够在自己选择的道路上,自信前行。

人物小档案

姓名:陈林
性别:男
年级:高中三年级
诊断分型:综合型
关键词:高考复读　写作　计算马虎

案例背景

高三男生陈林,从小学习就好,高中阶段成绩稳定在班级前十,有时能进前五。他所在的学校高中课外活动丰富,成长氛围浓郁但学习管理相对较松。陈林的高考成绩未达预期,他心有不甘,想复读但又担心明年也考不出更好的成绩。是否要选择复读,陈林摇摆不定,因此来找我咨询,希望得到适合自己的建议。

初诊接待

这一年酷暑来得早,室外日光炽烈、蝉鸣阵阵,室内虽有空调也感觉有些闷闷的。下午我提前来到咨询室,调整状态,做好准备,一边喝茶一边等待陈林的到来。

时钟指向 3 点 05 分,助理小李老师推开咨询室门,领进来一名又高又壮、戴黑框眼镜的魁梧小伙儿。

"对不起,宋老师,我迟到了,从地铁出来走反了方向。"陈林头上淌着汗,看来是一路小跑而来。

我朝他身后望去,并没有发现家长,看来这孩子有些与众不同。像要不要复读这样的重大决定,在多数家庭里父母都会占据主导性意见。而今天,陈林则是独自前来。

陈林解释道:"爸妈从小就很尊重我的意见。复读的事,他们让我自己想清楚,不论做什么决定,他们都愿意支持我。"

有这样信任孩子、无条件支持孩子的父母，真是一件幸事。我继续问道："那么，你目前有了哪些考虑呢？"

"我从小成绩一直不错，亲戚朋友都夸我聪明又知道用功。今年高考我这个成绩能上个不错的'211'院校，但离清北和比较好的'985'院校，还有一些差距。我有些不甘心，想努力冲一下更好的学校。但毕竟要复读一年，心里也没底，担心万一再出现什么情况。"

陈林这个孩子心气高，高考成绩相对不错，而他并不满足，想为自己定更高的目标。那么，能取得现在的成绩，他有哪些有效的方法和经验呢？距离更高的目标，又存在哪些不足呢？我请他就这两方面对自己做个简单的分析。

"那先说好的吧，我脑子好使，化学竞赛得过奖，数学、物理成绩也不错，学习挺下功夫。但是我们学校学习抓得不紧，跟那种'高考工厂'没法比。所以我打算找一个看管严格的复读班，逼自己再多下点功夫。"说到优势，陈林看上去信心满满。

"除去更努力外，距离目标还有哪些实际差距呢？"看到陈林一脸茫然，我换了一种说法，"你说想逼自己多下点功夫，那么打算在哪些方面下功夫呢？"

"首先是语文作文。我写作文太慢，总是时间紧来不及细想，字写快了也乱，我需要提高写作的速度。还有英语需要多背单词，考试看到生词就头大，如果没有生词，英语分数就能提高不少。数学、物理的计算需要更认真点，有的简单题会在计算上丢分，太亏了。还有，之前有时候学一阵觉得累，就会不知不觉放松几天，所以得找一个管理严格的复读班，帮我管住自己。"

"你似乎对自己能否坚持努力，不是很有信心？"我观察到，虽然他知道应该用功，但对自己的自我约束力并不很有信心。

"嗯，一般大考拿到成绩之后，无论是考得好还是考得不好，我都会觉得累，觉得自己考前狠下了一番功夫，应该休息休息，所以就会找借口玩几天。我担心自己复读一年，会不会还是这样？"

■ 初步分析

陈林的担心不无道理。通过复读，分数提升一个档次的情况，确实不少；然而复读不见成效，甚至比前一年更糟糕的，也大有人在。

对陈林总结出自身目前存在的这些问题，进行学习系统层面的具体分析：他的作文问题，很可能是程序定制模块存在问题；而英语问题，则是语义解析和逻辑加工模块有不足；至于计算问题，则显示出识别驱动、价值决策和程序定制三个模块都有问题；最后，刻苦状态不能持续，则是他的价值决策模块有漏洞。

带着这些问题复读，的确风险不小。若想通过复读实现成绩的飞跃，那么就必须逐一修复学习系统中的这些漏洞。通过学习治疗，当陈林明晰学习系统中各个模块的不足、清楚对应的解决方向并为之努力后，对于自己是否有把握提升成绩、是否要选择复读，也自然会有确定的答案了。这正是我为陈林制定的治疗方案中最着重之处。如果调整顺利，在积极的备考状态下选择复读，也将不复纠结与犹疑，而是信心满满、方向明确。

■ 治疗过程

作文——三招写尽天下文章

陈林告诉我，他写作文没有一套通用的程序，每次动笔前都要在构思上花费很长时间。"范文看了一些，觉得和我风格相差太大。我呢，思维方式比较理性，文绉绉的感觉写不出来。作文模板也看过，万能几段法什么的都试过，总觉得缺少逻辑性，不高明，也记不住；八股文风格，让人不舒服……别人的方法，不适合我。自己构思呢，作文课上没有问题，可在考场上时间就不够用了……"

要想又快又好地完成语文作文，陈林需要的是稳定高效的写作程序。在初级班里，我给学习治疗师学员们讲解了一套写作程序——"三招写尽天下文章"。所谓"三招"，是指历史时间结构、地理空间结构和政治关系结构。历史时间结构指的是按时间顺序，以记叙或夹叙夹议的手法写文章，适用记叙文、带有时间和顺序属性的议论文；地理空间结构指与位置、角度有关，以说明或议论的手法写作，适用说明文和策论式议论文；政治关系结构则是通过探讨关系，不同方式、立场，从哲学理论的角度来分析材料，以议论文为主。

我花了足足 40 分钟把这三招介绍给了陈林，用了不少人物、事件的素材去例证阐释。听完这三种结构的程序，陈林兴奋地看着我，眼前亮亮地说："宋老师，这三招太厉害了！有高度、不复杂，还给我留下了自由发挥的空间，我都迫不及待想马上试试了！"

陈林的积极性很高，后续治疗时主动带来了数篇"三招"程序法的练手之作，开心地对我说："宋老师，您看看，我计时写的，这个速度绝对够用了！"

英语——闯关游戏，二次解题

高考英语对考生的词汇量有一定要求，考试大纲涵盖约 3500 个词汇，但在阅读和完形中也常出现一些大纲外的生词，以此考查学生通过上下文语境猜测词义的能力。陈林的英语徘徊在 120 分上下，丢失的 20 多分都是因为单词量不足吗？应该不是。那他的问题是出在哪儿了呢？答案就在他解题的过程中。我随机抽取一张试卷，和他分析起来。

首先分析的是一道 D 篇阅读理解题，文章的内容是关于社交媒体收集用户个人信息的。一共有 5 道题，陈林错了 3 道。我请他回忆解答过程，他抱怨道："这篇文章太难了，上来第一句就有三分之一的单词不认识，看得我脑仁儿疼。第一题还问这个不认识的单词是什么意思，我都懵了。"

开篇即遇生词，极大地影响了陈林的情绪，使他做出负性的价值决策。

参加过学习治疗师初级班的学员一定会想起，学生在遇到困难并开始价值决策时，需要经历三个难关——情绪关、意义关和方法关，不论败在哪一关，都会导致学生最终无法克服困难。在这三关顺利通过之后，学生才可启动二次解题程序，才能够认真、积极地面对难题，一步步尝试着解出题目。

在我的引导下，陈林逐步闯过三道难关。其中，情绪关是陈林面临的最大难关。我告诉他，中高分段里绝大多数高考生的词汇量其实没有显著差别，对于他来讲是生词，对于其他人也一样。这种含有生僻词的词义题，才能有效考查考生联系上下文语境解析的能力。而这种能力，是可以通过收集识别训练和逻辑加工训练有效提升的。陈林不认识这个词，并不说明是他在词汇积累上出了问题，解题也不需靠背词典。训练出正确的解题程序和相应能力，以后再遇到这类题就不会犯怵，而是可以从容应对了。

此时，陈林才终于可以心平气和地积极调动大脑资源，专注地思考如何解决这道题。

题目：Enough "meaningless drivel". That's the message from a group of members of the UK government who have been examining how social media firms like Linked In gather and use social media data.

问题：What does the phrase "meaningless drivel" in paragraphs 1 and 3 refer to? (　　　)

A. Legal contracts that social media firms make people sign up to.

B. Warnings from the UK government against unsafe websites.

> C. Guidelines on how to use social media websites properly.
>
> D. Insignificant data collected by social media firms.
>
> 答案：A。

"'meaningless drivel'不清楚什么意思，这是一道词义解析题。其实，词义题并不考词汇量，它考的是对上下文的理解，需要结合上下文的逻辑和选项进行推测。题干提示，这个词的意义和第一段、第三段都有关系。选项 B 只表达了和第一段有关的内容，它和第 3 段没有关系，是干扰项，所以选 B 不对。前三段都没有和 C 选项有关的信息，C 可以排除；D 在文章中倒是提到了，但把 D 的意思代入原文，上下文逻辑不对。所以，很显然，正确选项应该是 A。"以上过程，恰恰是遇到难题无法正解时，需要在英语学科培养的方法关二次解题程序。

经过闯"三关"的洗礼，陈林很快靠自己得出了正确答案。可见，其实他并不缺少联系上下文进行语义解析推理的能力，而是陈林读题伊始产生的烦躁情绪大大影响了他调动各个模块解题的主观能动性。随后，我帮助他建立了一个专属的价值决策小程序，对于调节情绪、明确意义、采择方法三个环节都设置了相应的应急机制。以后，如果再次遇到难题，尤其是英语词汇方面的问题，只要启动这个程序就可以有效防止消极情绪干扰，顺利进入二次解题环节，难题也就迎刃而解了。

计算——马大哈晋级神算子

简单的加减乘除计算问题，看似不重要，却在孩子的学习和考试中影响巨大。由于很多模块存在漏洞都可能导致计算问题，为了解决陈林的问题，我们要通过分析错题进行深入剖析。（某道错题最后一步的计算过程见下图）

$$t-12 < x < t+12$$
代入 $t=2$
$$2+12 < x < 2+12$$
$$4 < x < 14$$

在这道题里,陈林将"–12"中的"–1",看成了"+"。

"这道题我马虎了,看错数了。"陈林满不在乎地说。

继续翻阅试卷,我们发现类似的错误不止一处。我请陈林回忆解题过程,他想了想说:"'代入 $t=2$',这题基本就算完成了。所以,算是掉以轻心了吧……"说着,低下了头。一阵沉默后,他忽然抬起头看着我,叹了口气说:"宋老师,我是不是挺让人无语的,眼看就全对了,出这么个差错!"说完,他遗憾地摇摇头。

这种错误其实涉及价值决策和识别驱动两个模块。首先是价值决策,学生往往看到难点攻克了,语义解析和逻辑加工的"工作"完成了,就放松警惕,结果出了差错。我们在对106位清华学霸的调查中发现,他们有一个共性特征:凡是遇到简单题或简单步骤,他们的警惕性不是下降,反而是提高,表现得更加细心,通过稳定校验避免错误。这和普通学生一看到简单题就掉以轻心的心态截然不同。

然后是识别驱动模块的问题。陈林将"–"和"1"写得太近,难以辨识,看上去像是"+"。即使孩子们到了高三,识别驱动的问题依然不少,像陈林这样的学生,需要花一些时间练习规范书写。于是,参考清华学霸的共性,我给陈林制定了一套规范书写和即时校验的程序。这样不但大大降低了他误看误读误写的概率,也能在解题环节中对可能出现的错误进行随时检查。

懈怠——不懈努力的秘诀

陈林每次考试后都要休息一阵,劳逸结合其实也没多大问题。但陈林对

第六章 突破自我认知的天花板

此耿耿于怀，这究竟是什么原因呢？

"我觉得是自己太在乎成绩了。"陈林犹犹豫豫地说。

"在乎成绩？那么看到分数时，脑子里会跳出来什么想法呢？"

"考得好，觉得自己聪明，脸上有光，走路都拉风；考得不好，就觉得丢人，自己太笨，抬不起头来。"

这是一种什么心理？又有什么问题呢？在初级班上，我讲过一个心理学实验，很能说明问题。斯坦福大学心理学教授卡罗尔·德韦克（Carol Dweck）设计实验来探究孩子们如何应对挑战和困难。她找来一批10岁的孩子，让他们试着完成一个测试，测试的内容对他们来说稍稍有点难度。一部分孩子，他们积极应对问题所用的方式，让德韦克教授感到震惊，他们面对难题会说："我喜欢挑战！"或者"我希望能有所收获！"这些孩子相信能力是可以提升的。德韦克教授把这种思维模式称为"成长型思维模式"。而另一些孩子在面对难题时，想法却有所不同。被要求解这些难题，他们觉得自己很倒霉，还把整个经历视为一场灾难。这种思维模式，被德韦克教授称为"固定型思维模式"。具有固定型思维的孩子，失败时往往认为自己的才智受到了评判，无法享受学习过程，他们眼光紧盯当前的成功与失败。科学家对两类孩子的大脑活动进行了检测，发现同样是面对错误，固定型思维的学生大脑几乎没有什么活动，而成长型思维的学生，他们的大脑则在高速运转。这说明，在错误面前，固定型思维的学生倾向选择逃避，不会增加投入；而成长型思维的学生则倾向相信通过锻炼，能力可以得到提升，因此他们愿意积极投入，剖析错误，从中学习，最终纠正错误。

显然，陈林对考试的看法属于固定型思维模式。接下来，我着重帮助他改变思维模式，建立成长型思维。我们重点讨论了考试的意义，通过例证说明、情景模拟最终引导他相信：一次考试无法说明一个人的全部，它只是一个练习，是一个可以为升级学习系统服务的练习；每一道错题都是很有意义的，能够帮助我们找出系统问题，升级解题程序。有了这样的认知，他才能像自己所希望的那样持续不断地努力。

回顾总结

学习治疗强调不仅要教给学生知识，还要让学生形成程序并不断完善。传统意义上老师只教学生知识，比如物理成绩不理想选择去上辅导班，辅导班就提供物理32节课，从头给你讲这个年级的物理知识。往往老师讲起来费劲，孩子学完之后也还是老样子。原因就是辅导班只涉及知识点的浅层，而程序才是执行力的根本。当一个孩子理解能力差，学习成绩不理想，我们一方面要看他的知识是否存在漏洞，如果没有学过某些基础知识，那当然要补知识。另一方面我们要帮助孩子强化解题的执行力和正确的解题程序。一个学生或许没有听说过程序的概念，但是他在完成学习活动时一定是调用了自身的某个或某些程序。做题总是出错的背后，隐藏着一个有问题的程序。

陈林的学习系统存在着若干问题。这些问题如果不能得以解决，即便再复读一年，分数增长的空间也是很有限的，甚至可能不涨反跌。事实上，这种情况在复读生当中相当普遍。提升高考成绩，并不是大家想象的那样，把知识点背得滚瓜烂熟就能上一个层次。大多数同学经过高三一年的复习，在知识点方面已经千锤百炼了，而他们真正的问题、卡点都在学习系统的模块上。只有针对学生的学习系统去深入分析，对症治疗，及早调整，成绩才能大幅提升。

我帮助陈林在学习上主要遇到的问题——写作、英语生词、理科计算、心态——逐一进行了排查，最终成功定位了学习系统中的模块漏洞，并对程序定制、价值决策、识别驱动模块上的问题制定了相应的治疗方案。

经历了前期的学习治疗，陈林的学习系统已经得到了一定程度的升级，并且对后续努力的方向也有了更清晰的认识。最终，他选择了本校的复读班。

次年 7 月,陈林成功收到了北京航空航天大学的软件工程专业的录取通知书,听到电话那头传来的喜悦,我由衷为他感到开心。

> **手记点睛**
>
> 高考失利,背后是学习系统的某些潜在问题。对于高考复读生来说,只有真正完成学习系统的修复和升级,复读之路才会一路畅通。

第七章
打通偏科生的任督二脉

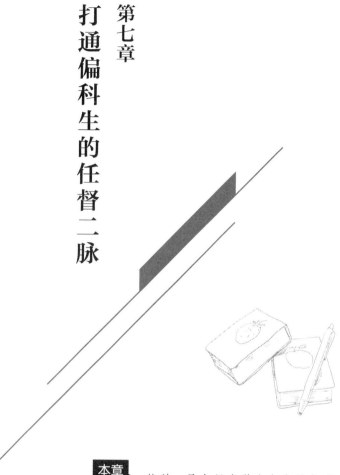

本章导读 偏科,是令很多学生和家长都感到十分头疼的问题。学生偏科背后的成因也较为多样:有的是由于缺乏对某一学科的兴趣;有的是找不到学习这门学科的意义;有的则是对学科学习的信心不足……那么,学习治疗师应当如何帮助偏科生打通"任督二脉",使其各个学科的学习融会贯通呢?解决问题的"秘籍"往往要从价值决策的部分开篇。

案例 7.1
找到英语学习的乐趣

妈妈望子成龙,放弃了高薪但忙碌的工作,换取了"拉拽"孩子学习的时间。两年过去,孩子的语文和数学成绩提了上来,可英语却始终不见起色,父母为此大动肝火,恨铁不成钢。问题究竟出在哪里?亲子关系又缘何紧张?且看本案中晓潇的故事。

人物小档案

姓名:李晓潇
性别:男
年级:小学五年级
诊断分型:价值决策 语义解析
关键词:抵触英语 自我认知 学科意义

■ 案例背景

晓潇的爸爸打来电话时,我明显感受到他的无助:"宋老师,我是实在没有办法了,您一定要帮帮孩子……"

原来,今年升入小学五年级的晓潇在英语学习中一直存在很大困难,可晓潇却始终不以为意。晓潇的父母对儿子的学习态度颇有微词,亲子关系也因此被搞得十分紧张。这不，前两天爸爸刚出差回来，晓潇就闹着要跟爸爸一起玩游戏，不要背单词，妈妈一气之下眼前发黑、甚至差点晕倒。爸爸将妈妈扶到沙发后，便拉着晓潇坐到书桌前开始检查功课，结果发现晓潇的英语基础没有任何进步，连一些最基本的单词都拼不对，课本上的句子也读得磕磕绊绊，这让爸爸火冒三丈。后来，父子俩奋斗到凌晨，晓潇才将十几个单词和一篇只有几句话的课文勉强背下来。

"宋老师，我和我爱人都是硕士毕业，当年两个人的学习成绩都很好，怎么晓潇学习这么费劲？成绩不好还不知道努力，真是太气人了，都快被他气出心脏病了。"说完，电话那头的中年男人深深叹了一口气。

初诊接待

第二天，晓潇由父母领着来到了我的咨询室。和父母一脸严肃、略带愁容的样子相比，晓潇看上去十分轻松。

从晓潇父母的介绍中得知，晓潇上小学一二年级时，父母工作繁忙经常出差，没有时间对孩子的学习过问太多。每天都是爷爷奶奶负责接送、做饭，照顾孩子生活。爷爷奶奶虽然经常叮嘱晓潇要好好学习，但做不了什么具体指导。结果，到了小学三年级，晓潇成绩越来越差，妈妈担心再不过问孩子就要"废"了。于是她放弃了当时待遇优渥的岗位，换了一个清闲的工作以便有时间辅导孩子，希望凭借自己丰富的学习经验帮助晓潇提高成绩。经过两年的"连拉带拽"，晓潇的语文和数学成绩慢慢有了起色，已经能够达到班级中等偏上的水平，语文偶尔还考出过前五名的分数，但英语始终却不见提高。每次妈妈想用英语和晓潇进行对话或者做游戏时，晓潇就很抵触，经常找借口逃避妈妈额外布置的英语学习任务。妈妈感到自己使不上劲，就请来了外语专业的学生给晓潇当家教。但是，晓潇仍然很不配合，为此母子关系紧张，家里经常闹得鸡飞狗跳。

我和晓潇父母交流的时候，晓潇一直在好奇地打量我的咨询室，看看这儿，摸摸那儿，半刻也没有闲着。不过他也留了一耳朵在听我们谈话，每当爸妈说到晓潇对于学习尤其是英语的态度时，他都会飞快地把头扭过来，用表情表示抗议。

■ 初步分析

很明显，晓潇十分抵触英语学习，不愿意面对学习中遇到的问题。一般情况下，学生偏科多半是因为缺乏学习该学科的动力和方法。晓潇也正是因为对英语学科排斥，并且不知道学习英语的有效方法，才造成了英语成绩的落后。学习治疗要从激发他的学科兴趣入手。在这个过程中，不仅需要晓潇的努力，晓潇父母在家庭教育中的调整与支持也是极其重要的一环。双方的价值决策模块需要共同调整与升级。

■ 治疗过程

我请晓潇父母暂时离开，准备和晓潇单独谈谈。晓潇表示同意，但父母离开后，他依旧左右四顾，还拿起桌上的一支笔，在手里摆弄着。

"晓潇，刚刚我和爸爸妈妈的谈话你都听到了吧？宋老师有两个重要发现。"

晓潇抬起头看看我，好奇地等我说下去。

"首先，你用了两年时间，把数学和语文的成绩都赶了上来，这一点宋老师非常佩服你。听说你上次期末考试语文成绩是94分，真的很不简单啊！"

晓潇开口道："宋老师，这都是我妈的功劳，她每天都问我今天学了什么？答不上来，我就得马上翻书弄懂。还有，她每天都专门给我额外留几道练习题。老师您说我这样能学不好吗？"虽然他嘴上说是妈妈的功劳，但看得出来，晓潇对此也很自豪。

第七章 打通偏科生的任督二脉

"我想这应该是你和妈妈共同的功劳,每天都对知识查缺补漏,做到当天学当天巩固,而且,题目你也都能做出来了,这说明你在数学和语文方面下了很大的功夫。"

晓潇轻轻点了点头,表示认同。

"但是,老师不得不说第二点发现,那就是在你眼里,英语这门课和数学、语文不同,虽然妈妈也用同样的方式检查你的英语学习,可是效果并不理想。"

晓潇脸上有些表情变化,似乎想说点什么,但最终没有接话,只是咬了咬嘴唇。

"你能不能给老师讲讲,为什么你对英语的态度和对数学、语文的态度不一样呢?"

"宋老师,其实……"

晓潇的表情欲言又止,我鼓励地看着他,一边点头一边说:"没有关系,晓潇,想说什么就说,老师都能理解!"

"我长大又不想当翻译,也不想出国,为什么非要学英语呢?天天一个一个单词地背,好烦啊!而且,我从小就跟不上英语课的进度,我们班同学都是入学前就开始学英语,我上了一年级之后才开始学,老师讲的别人一听就会,我根本不行。每天花了很多时间背单词和课文,可是实在记不住……"晓潇一边说,一边烦躁起来。

我先对晓潇遇到的困难表示理解,然后用他人的学习故事来帮助晓潇认识学英语的重要性。接下来,我通过总结语言规律,帮他有效缓解学英语的畏难情绪。

我还在英语的单复数、人称、句型和语序上举例,让晓潇根据英语语序写出相应的汉语做对比,然后再读出来,逗得他咯咯笑。借此我希望他能体会到学英语的人和学汉语的人在思维的训练上是有所区别、又能互相促进的。如果我们把两种语言都掌握了,大脑不就更强大了吗?晓潇若有所思,基本同意了我给他提出的一系列建议，他的英语学习心路就此重启。

此外，为了真正激发晓潇的英语学习兴趣，根据他的英语学习需要和极其喜欢乐高的特点，我拿出还处于研发阶段的积木单词教具模型，带他一起玩了起来，并且希望他帮我提出一些改进思路。晓潇立刻来了兴趣，对于这种通过动手拼插积木学单词而不是死记单词表，并且可以对单词和句子进行随意组合与拆分的方式非常认同。他稍稍了解了一下用法，马上就快速地拼插起来，还不时地在我给他的本子上做着记录，提出了好几条建议。我告诉晓潇，我们的努力将帮助很多像他一样不善于学英语的孩子走出困境，这让晓潇倍感自豪。通过这样的游戏化学习体验，晓潇很大程度地扭转了对于英语学习的负面情绪。

接着，我又将晓潇的父母请回到咨询室，向他们讲解了积极情绪对学习的重要性，以及该如何缓解焦虑、放松心情。最后，在我的引导下，晓潇父母达成一致，今后携手为晓潇创造积极的家庭学习氛围，不随便吼骂斥责孩子。

在之后的几次会谈中，我和晓潇着重讨论了他在学习英语过程中遇到的困难和正确应对办法。同时，我也试着引导晓潇的父母，尤其是母亲，认识到学习其实是孩子自己的事情，家长要慢慢将学习的主动权交还给孩子，从家长给孩子安排学习内容，逐渐过渡到由晓潇自己来安排自己的学习。

后来，晓潇的英语成绩突飞猛进，这让晓潇的自信倍增，也让他在学习别的科目时更加得心应手，毕竟最大的难关都已经被他攻克了。

回顾总结

在本案中，晓潇英语基础薄弱、学习态度不端正，晓潇父母对此无法接受却又无计可施，进而导致亲子关系紧张。其实，高知父母在某一科的学习上，也可能存在方法不当的问题，而孩子在学习中遇到的问题也可能和父母当初差异巨大，因此并非父母高知，孩子也一定成绩突出。毕竟，好成绩无法通过遗传直接获取，父母需要从零起步，科学地引导孩子一步步建立起属于自己的良好学习系统。需要提醒的是，在这个过程中要严防"吼式育儿"，这一点在此前的案例中我们已做了充分的探讨。

爱要讲究策略，陪伴是一门艺术，低效的亲子陪伴投入大、产出小。各位家长朋友要懂得：每个孩子都有与生俱来的天赋，从他们的天赋和兴趣出发，把学习的自主权交还给孩子，引导他们规划和设计适合自己的学习进度，才是孩子最大的福音。

情绪关 ➡ 意义关 ➡ 方法关

另外，偏科问题在学生中很常见，也是导致一些学生考试总成绩不理想的主要因素之一。处理偏科类型的个案，要先弄清楚学生偏科的原因，然后首先从价值决策的"三关"——情绪关、意义关和方法关来入手干预。

面对弱势学科，学生往往本能地形成条件反射，认为自己天生不行，长此以往，很容易形成习得性无助，直接影响原本正常的认知过程，这是学生首先要闯过的情绪关。其次，一门学科之所以变得弱势，起因多半是由于学生意识不到这门学科的重要性和学习意义，压根儿就没有学习这门学科的动力，这就是学生要闯的意义关。最后，学生在面对弱势学科时，可能确实也没有好的学习策略，所以还要闯过方法关。

当学生闯过这"三关"之后，劣势学科的成绩自然会逐渐提升，甚至有时会反超为优势学科。

晓潇对英语学习的抵触情绪显然已经积累至很深，觉得英语没有实用价值，加上英语学习起步比同龄人晚，很难追上。另外，由于缺乏对英语学科的基本认知，无法形成较强的学习动力，导致晓潇学习英语十分痛苦。

小学阶段的孩子不论是对于学科的兴趣、还是对于学习意义的理解以及方法的掌握，都需要接受外界更多的引导。因此，在对晓潇进行学习治疗时，我从价值决策的"三关"共同入手：首先，借助教具、利用一些游戏化的教学方法，调动起孩子的兴趣和主动性，帮助孩子闯过情绪关；接着，帮晓潇认识学习英语的意义，和父母一起为晓潇创造良好的学习氛围和平和的心态；之后，又教给她一些适合的英语学习方法作为"抓手"，丰富了他的方法采择，一步一步带领他克服对英语的恐惧和厌烦情绪。

需要特别注意的是，价值决策"三关"是相互影响、相互制衡的。情绪稳定是基础，意义标准的调整是关键，同时，掌握了正确的学习方法，情绪就更容易稳定；相反，情绪稳定，就更容易启用程序找到学习方法。所以，在学习治疗实践中，情绪、意义、方法，这三个层面都要重视，不可偏废。

手记点睛

要解决学生偏科问题，首先需要引导学生对该科进行重新定义和理解。同时，要让学生从自身兴趣出发，创造属于自己的学习方法和思维，这也会令学生对解决偏科问题有更大的勇气和信心！

案例 7.2
"二次元"女孩攻克数学难关

起初,这个老师家长口中的"话痨"女孩少言寡语,涣散的眼神中露出迷茫;而聊起她感兴趣的"二次元"节目排练时,立即又像变了一个人似的,气场热络、滔滔不绝。从茫然冷淡到神采飞扬的倏忽之间,我捕捉到了一束光。

人物小档案

姓名:杨雪
性别:女
年级:初中二年级
诊断分型:价值决策 – 复合型
关键词:数学　成长型思维　能力迁移

积极学习系统模型

■ 案例背景

小雪刚刚升入初二,父亲是从事贸易的企业家,母亲是小有名气的设计师,家里还有一个2岁的妹妹。经学科老师介绍,预约来做学习治疗。据老师和家长反映:小雪上课思路发散不聚焦,注意力很成问题,成绩也很差,这次数学才考30多分。平时小雪很喜欢表达,一有机会就说个不停,可一谈到学习，老师和家长都感到和她对话很困难。用转介老师的话说："和小雪说话会被她'逼疯'。"

■ 初诊接待

周六下午3点，小雪准时来到心聆学习治疗中心。她个子高高的，穿一件黑色外套，梳着马尾辫，齐刘海挡着眉毛。仔细观察时，我发现小雪的眼神有些空洞，似乎对什么都提不起兴趣。

小雪拉开椅子坐下，抬起头来，目光盯着窗外远处，语气略显冷淡地跟我说："宋老师好，我是小雪。我数学不太好，我妈带我过来咨询。"说完，小雪就低下头不再言语，这和转介老师所说的"不停说话"反差很大。

我对小雪简单自我介绍之后，请她讲讲最近一周的校园生活。

小雪没有看我，继续低垂着眼皮，但整个人的状态逐渐活络了起来："……我们这周排练，时间特别紧张。琳琳台词记不清楚，依依走位总是出错……"

小雪开始滔滔不绝地讲起和同学排演舞台剧时发生的种种状况，不像在给我这个"外人"介绍，仿佛我就是她们中的一员，对人员组成和排练任务都一清二楚。

虽然她的讲述有很多细节我对不上号，但是看到她对一件事能够抱有如此高的热爱和投入，我替她感到高兴。

■ 初步分析

从小雪一进咨询室表现出来的沉默寡言可以看出，大人们对小雪"话痨"的判断是草率片面的。

老师和家长说的注意力问题也暂时没有出现。看到孩子对自己喜爱的事情充满热情，且有足够的专注度，我想她注意力本身可能并不存在问题。孩子说起排练充满了激情，可提到学习时却一言不发，应该是由于她对学习兴趣不大。此外，她在自顾自地表达时，似乎完全不在意我是否了解背景信息，完全沉浸在自己的世界中。老师和家长所说的沟通困难，问题多半出在这里。

要解决这些问题，首先要帮小雪树立学好数学的信心，令她敢于直面自己数学学习上的不足，激发她的学习自驱力，把她对课外排练等活动的热情迁移到学习中来。为此，我决定从小雪的兴趣点切入，对她进行引导调整。

■ 治疗过程

小雪聊起排练几乎没有停顿，我一边耐心倾听一边思考切入点的选择，趁小雪喝水时，我向她问道："小雪，刚才你说你们打算在艺术节上出个节目，这是一个什么样的节目，能给我讲讲吗？"

"我们准备了一个'二次元'的节目，嗯……准确说是'2.5次元'。我们写的同人文……"小雪说了一连串我没听过的名词，有的应该是漫画名，有的似乎是人名。

"听上去很复杂呀，我很好奇你是怎么了解这么清晰的呢？"

"是茜茜拉我'入坑'的。我最开始喜欢的是……"小雪又滔滔不绝地讲了起来。从她发散的讲述中，我慢慢梳理出了答案：她脑中的"二次元"体系，就是以这部最开始喜欢的动漫为起点，一点一滴搭建起来的。在短短的时间里，她已经建构起一个庞大的知识网络。这一点让我赞叹不已，也由此看到了她良好的学习能力。

"知道吗？我很佩服你！这么多东西，从原本一点儿不懂，到现在几乎倒背如流，你是怎么做到的？"我继续引导挖掘道。

"问小度啊！"她理所当然道，似乎并不觉得这是一件了不起的事。

互联网是所没有围墙的学校，对于善用搜索的人来说，知识的获取完全可以通过网络解决。在"二次元"从入门到精通的过程里，小雪展现出了她强大的信息检索和探究式学习的能力。如果能把这一能力迁移到学科学习中，许多问题自然迎刃而解。

但紧接着，我与小雪的咨询遇到了阻力。一提起学习，她立即便会陷入沉默，然后重新转回二次元的话题，导致治疗咨询无法有效深入。见状，我向她提出是否可以做一笔"交易"：我听她聊 20 分钟二次元，她听我聊 10 分钟学习。这个听起来更利于自己的提议，小雪听完便同意了。

就这样，我们聊了很久。我了解到小雪在小学期间成绩优异，老师和家长都夸她又聪明又漂亮。但是有一次她听一位老师说，女生都是小时候学习好，到初中就没有后劲了，尤其是数学和物理。"女孩子没有数学脑"，这句话就像魔咒一样，让她在心理上感到很无助。于是，当她初一第一次数学考试低于 80 分时，她认为魔咒开始应验了，自己的数学能力已经触到了天花板，数学学习将越来越疲软。

也正是那段时间，小雪渐渐迷上了"二次元"。她把时间精力都放在了这上面，数学学习越发跟不上，成绩不断滑坡。后来，她索性既不听课也不写作业，专注探索"二次元"世界。

从解不出数学难题到听不懂数学课，再到数学成绩一落千丈，每当小雪在数学学习上遇到困难，她都会给自己找借口，诸如什么数学不好就是没有数学头脑；数学非我所长；某某同学特别聪明，我不行……

我告诉她，这样的想法不仅仅是自我安慰的借口，更反映出她的固定型思维模式。关于美国斯坦福大学德韦克教授提出的"固定型"和"成长型"思维理论，在前一章的案例中已经有所介绍。显然，帮助小雪调整思维模式，建立成长型思维，是改变她价值决策的核心关键。第一次治疗临近结束时，我给小雪布置了课后作业：用她研究二次元的方法，研究"成长型思维"知识和数学第一单元的内容，在下次见面时，要像今天给我科普二次元内容一样，把她的研究成果讲给我听。同时，我和小雪妈妈也做了深入的交流，给她讲解了成长型思维的有关知识，希望她能够在必要的时候给小雪一些支持，帮助她更好地完成思维模式的对比思考。

一周后，我们又见面了，小雪这次看上去很开心，甚至有点跃跃欲试。按照之前的约定，她先是十分清晰地给我讲解了什么是成长型思维，接着，又完整介绍了第一单元的数学知识，"小讲师"当得有模有样。

此外，小雪还主动跟我分享："宋老师，在准备的时候，我已经明白了您为什么要给我布置这两个作业。我自己学习的时候，特别是学数学时，很容易进入固定型思维。一遇到困难，我脑子里就会跳出来'自己就是笨''努力也没用'之类的想法。越是这样想，我大脑越是转不动。"

小雪顿了顿，从书包里拿出一张写满字的A4纸，继续说："宋老师，我想拥有成长型思维，不管做什么事情，都希望自己能灵活地处理遇到的问题。所以，您看，我和妈妈合作了一张固定型思维和成长型思维转化表。"

固定型思维模式	成长型思维模式
我太笨了，学不会。	每个人的学习方式不同，我需要找到合适的方法。
我就是没有数学脑。	并不存在先天的学习劣势，我不能因为一次失败否定自己，需要找到方法全力以赴。
这次我又失败了。	我暂时不太擅长这件事，这次失败是我的一堂课，但我还有尝试的机会，我也可以成功。
放弃努力吧，我不行。	我可能会失败，但我要试一试，要多一点耐心。
成绩注定了我的能力。	成绩只能说明目前的学习情况，不能代表未来。

"这两天学数学时，我常常不自觉地就会想起这张表。看到数学题目，我感觉没有那么怕了，有的题我居然也能做出来好几步。这个成长型思维真是神奇！更神奇的是，我发现在学校排练时，我很少会有固定型思维，遇到问题和麻烦基本都是运用成长型思维来处理。这说明我有些时候还是不错的，对不对？宋老师，关于排练有些问题我想向您请教，最后留20分钟咱们讨论学习问题，这样可以吗？"

"小雪，你觉得我们换个顺序来讨论怎么样？先讨论20分钟学习问题，然后再讨论排练的问题。"

"嗯——"小雪想了想，答道，"可以，确实应该把学习的事情放在前面。"

就这样，随着小雪思维模式的转变，她的价值决策模块实现了全面升级，加上她超强的自学能力和强烈的表达欲望，小雪的数学成绩进步明显，到初二下学期已经稳定在 80 多分了。

■ 回顾总结

在本案中，小雪的问题主要不是出在学习的基本能力，而是价值决策上。我在学习治疗师初级培训班上讲解价值决策时，着重分析了固定型思维和成长型思维，以及两者对学生学习的影响。小雪在喜欢和优势的领域具备成长型思维，而在不喜欢和弱势的领域（如数学等学科）则呈现出固定型的思维模式。这时候治疗师需要做的便是引导学生将优势领域的成长型思维迁移到劣势领域，帮助她在弱势学科学习中转变思维模式，克服畏难情绪，并且最终提高数学成绩。

在克服畏难情绪时，由于人的情绪转变是缓慢完成的，学习治疗师也需要有足够的耐心和适当的策略。例如：在进行治疗时，可以将结果性目标拆分为若干个小的过程性目标，分步推进，有效帮助学生减压。

另外，最好的学习不是记忆，而是给他人的示范讲解。我通过一次翻转式学习，一方面激发了小雪对于成长型思维的兴趣和学习动力；另一方面也激活了她在数学学科上的自主学习能力。这种师生角色互换、以教促学的方式，成功帮助小雪完成了一次由"二次元"探索到数学知识学习的思维模式迁移，而这种体验在小雪接下来的自主学习中不断出现。同时，从小雪同意将交流排练和数学的先后次序对调便可以看出，小雪已经开始接受学习的重要性，第一个阶段的小目标就这样超额完成了。

第七章 打通偏科生的任督二脉

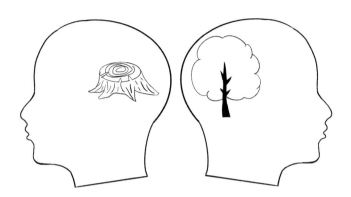

学习治疗是一门艺术,治疗师要有根据需要变换角色的能力,让学生愿意信任、亲近自己,同自己成为学习路上的战友。

要提醒大家注意的是,老师和家长的评价有时会对孩子造成很大的影响。比如:男孩的逻辑思维能力就是比女孩要强。许多女孩听到后,会慢慢相信了这句话。于是,她们在理科学习遇到困难时会产生本能的回避,认为这是天生的能力使然,而不是思考该如何自主解决问题。其实,从小雪在翻转学习中完成第一次数学闯关,到数学成绩有效提升,我们能够看出,一个人学习能力的强弱并不取决于性别,而在于是否具备成长型思维。

具备成长型思维的学生在学习中喜欢探索新事物,愿意拥抱变化与挑战,认为学习是一项终身事业,每次失败都是一堂课,通过自己的努力凡事皆有可能。这样的学生在学习中将不断被成就所推动,也能在失败中汲取经验,形成良性的正向循环。学习系统越来越完善,学习能力和成绩的提升就顺理成章了。

在学习治疗中,帮助学生建立起成长型思维,是升级价值决策的重要方式。具备了成长型思维,学生才能以良好的心态迎接学习中的各项挑战,建构更积极的学习系统,出色地完成各类学习任务。

> **手记点睛**
>
> 孩子一旦形成关于自我认识的固定型思维,就会不知不觉去证明它。比如孩子一直认为"我就是个很笨的人啊",那就该努力也不想尝试了。引导孩子把优势领域里形成的成长型思维迁移到弱势领域中,孩子才能更好地面对问题,健康、阳光地成长!

案例 7.3
打开学科的记忆之门

> 每一门学科都是研究世界的一个重要维度。学生对这门学科的学习和探索,就是培养认识世界、改造世界的某项关键能力。很多学生偏科,不是没有学好学科的能力,而是找不到学习这门学科的意义。我们要做的,恰恰是引领他们看到学科的魅力。

人物小档案

姓名: 陈雨婷
性别: 女
年级: 高中一年级
诊断分型: 价值决策
关键词: 魔法与化学 人与政治 学科意义

■ 案例背景

第一次来我的工作室进行咨询时,雨婷即将结束高一上学期的学习。纵观整个学期的学习表现,雨婷在化学和政治两科的学习上很吃力。一方面,因为无法找到这两门学科学习的意义,而提不起学习劲头;另一方面,感觉这两门课的知识点太过繁杂,学习起来记忆有些困难,这一点让她在准备期末考试的复习过程中很是焦头烂额。雨婷对此感到无助,于是在妈妈同事的介绍下,来到了心聆学习治疗咨询中心寻求帮助。

■ 初诊接待

12月底,北京已是严冬,窗外的银杏树光秃秃的,只剩下枝干随风摇摆。

这天天气晴朗,阳光透过窗子,照得屋里暖洋洋的。时钟指向下午2点30分,雨婷准时来到我的咨询室。她中等身材,走路左摇右晃,头戴一顶毛线帽,身穿一件厚厚的羽绒服,看上去有点像过冬的小北极熊。刚从寒冷的室外走进暖和的室内,鼻梁上厚厚的眼镜片瞬间布上一层哈气。她脱下羽绒服,摘掉帽子,露出利落的短发。

"宋老师,我是请假来的。今年高一,快期末考试了,又要背化学、背政治。最怕这两门课了!初中就不爱背。准备期中考试时,我提前半个月就开始复习,结果也没背完。于是这次期末我提前一个月就开始背,每天硬着头皮逼自己背。书看着不厚,可是头天背了,第二天就忘,算下来时间根本就不够用,还是背不完,感觉好绝望……"雨婷语速飞快,开门见山。

为了更准确地判断雨婷学习系统哪里出了问题,我需要更多信息,便问道:"化学和政治不爱背,其他科目呢,复习得怎么样?"

第七章 打通偏科生的任督二脉

"其他科目靠理解,没那么多要背的。数学、物理这两科,平时成绩还可以,按部就班跟着老师走就行。历史、地理、生物都还行,这种学科很有规律,听完课差不多就记住了,考试前看看书再复习一下就可以了。就是这个化学和政治,感觉知识特别杂乱,我也特别不爱背,不知道学了有什么用。将来高考选科,我倒是可以只选物理和地理,但眼下的期末考试,我不想考得太惨。"雨婷回答道。

"听上去,有些科目你的听课效率很高啊。"我总结她的优势。

"嗯,我喜欢数学、物理和历史,这些科目规律性很明显。数学和物理没那么多要记的东西;历史虽然得背,但是它故事性强、有脉络,好记。化学和政治就痛苦了。课上老师讲得快,知识点又特别散,我只好把老师说的话都记下来。作业不太会做,有时候我就在网上直接搜答案,背下来,但是很快就会忘。这些元素什么的,也不知道跟我有什么关系,将来高考我肯定不选这一科。政治课觉得特别无聊,也没什么用。虽然痛苦,但我一直逼着自己坚持,只希望我的付出能有回报啊!"雨婷看着我,想不通为什么自己花了时间和精力,却得不到好成绩。

"看来有些科目,掌握规律,你就觉得清晰?"我提炼道。

"是啊,有规律就很清晰,学起来就容易得多。"雨婷自信地说。

"政治和化学的规律呢?"我接着引导说。

"没发现什么规律啊,比如化学吧,什么钠和镁啊,都是金属,它们有什么区别呢,觉得特别乱,只能去背;还有颜色什么的,老师做实验,说这是砖红色,我看不像呀,只好去记;还有那种题,通过一些操作,确定溶液里有什么离子,这种题好烦……还有政治,比如我正在背的,我们国家的分配制度,好长一段,太难了,怎么也背不下来。而且觉得这些学科,离自己特别远,好像跟自己的生活没有关系,就觉得学了也没有什么意义。唉,只能靠背……"雨婷叹气道。

■ 初步分析

在一次学习治疗的开始阶段,我们首先要分别对孩子和家长的价值决策模块进行审视,判断其是否存在问题。雨婷不喜欢背政治和化学,不了解这两门学科的意义,显然是她价值决策"三关"中的情绪关和意义关出了问题。同时,这会引发雨婷在学习这两门学科时,无法理性思考、有效把握学科的脉络,甚至导致她认为这两门学科完全没有规律。具体地讲,这种表现归属于价值决策不当又进一步引发的语义解析模块出了问题。

如果价值决策模块出现问题,大多数情况下,我们首先都是通过干预调整孩子的价值决策,去达到溯源解决问题的效果,对于雨婷便是如此。

■ 治疗过程

魔法里的化学

"你看小说、电影里,魔法师往一个瓶子里丢进各种物质,瓶口'呼'地一下喷出蓝色火焰、'呼'地一下喷出黄色火焰,这不就是化学吗?"看到雨婷对化学兴致寥寥,我试图通过一些生活化的场景引发她的关注。通常,讲到魔法师,学生们都会表现出兴趣,然而雨婷似乎是个例外。

我继续解释道:"化学不是枯燥的知识,它是很有意思的,学化学也不只是为了考试。我们可以利用化学知识,发明新的物质、发现新的规律。课本里说的也不一定全对呢,在科学界,有时小的发现甚至能引发整个学科革命性的改变。"

"我同意您说的道理,但是改变世界可以由喜欢化学的同学去做。对我来说太遥远了。"雨婷摇摇头,不为所动。

"化学是一门实验学科,它是做出来,而不是背出来的。你们老师课上会给同学们演示各种实验,实验课上同学们也有机会在实验室亲自体验。什么物质,它在各种环境下长什么样子、什么颜色、是固体还是液体,甚至软的还是硬的,能发生怎样的反应,都是从实验中得来的。"我继续说。

"宋老师,化学实验课上,老师在前面做实验,动作特别快,还没看清,实验就做完了。我呢,又笨手笨脚的,自己光做就挺费劲的,也顾不上观察什么。"

了解到雨婷对化学实验掌握得不太好,我就向她推荐了一些化学实验的网络视频,尤其是趣味化学视频,加深她对学科的兴趣和理解。

感受到雨婷的兴趣已经慢慢被调动起来,我又进一步道:"化学是一门创造性的科学,化学研究是人类认识和改造物质世界的重要方法。比如,基于对煤炭燃烧产生热量这一化学反应的认识,我们实现了从青铜器的冶炼到铁器的锻造,从蒸汽机的应用到汽车的发明,从石油的开采和汽油的提炼,再到超市货架上五颜六色的塑胶制品……"

"化学确实是一个很重要的学科。"雨婷点点头,"可我还是觉得已经有那么多化学家,就不需要我了……"

"好吧,我来请教你一个问题。人类不断向大气中排放二氧化碳,这对环境会有什么影响呢?"我问道。

"这个问题我感兴趣,它属于地理。二氧化碳是温室气体,温室效应会让地球温度升高,海平面上升,极端气候增加。"雨婷不假思索地回答。

"那对海洋动物有什么影响呢?"我继续提问。

"嗯?"听到问题,雨婷一愣。

"从化学的角度考虑。"我引导道。

"化学角度?那我就不知道了。"提到化学,她一脸茫然。

"二氧化碳浓度增加,对海洋有什么影响?"在我的引导下,雨婷逐步认识到,二氧化碳浓度增加,会导致海洋酸化。海洋中贝类动物的贝壳,主要成分是碳酸钙。而碳酸钙会和酸发生化学反应,因此,海洋酸化会导致海洋贝类动物难以形成贝壳，无法正常生存。

"原来化学还可以在这方面应用！"她惊讶地抬起头看着我，"我还真没想到会跟海洋生物产生关联。"

其实，雨婷关于化学的语义解析是存在漏洞的。因为她只是机械地在记忆知识散点，头脑中没有建立起来这门学科的框架，也没有找到这门学科与其他学科和生活的联系。后来，我和她一起梳理了化学物质的分类、常见的物质转化、元素周期表的意义等一系列基本的化学知识，帮助她在头脑中建立起完整的化学学科知识结构。

万事万物中的政治

解决雨婷政治偏科的问题，也要先从调整价值决策入手。

"雨婷，你听过六度空间理论吗？"在学习治疗师初级班上，我就是通过六度空间理论，帮助学员认识政治学科之美的。

"听过，我们数学老师还在课上给我们演示过这个理论呢！六度空间理论说的是，任何一个人和另一个陌生人之间，最多间隔六个人。也就是说，最多通过6个中间人就可以联系到世界上的任何一个人。"提起数学，雨婷来了精神，"可这和政治又有什么关系？"

"你数学好，我们一起来做个计算。在你漫长的人生中，你预估自己会认识多少人？"

"光同学就不少。"

"确实不少。假设你认识100个人，而这100个人又各自认识100个另外的人，那么此时，你已间接认识100×100个人。这样推导下去，到第六层的时候，你可以间接认识的群体已经达到了10000亿人！每个人，都处在这样一张巨大的人际关系网中，这其中就隐藏着巨大的机会。"

"机会？"雨婷不解道。

"比如原本并不认识的两个人，一个拥有货物资源，需要把货物销售出去；另一个有资金，他需要购买货物。如果你能够找到一个通道，让他们通过你建立起资源和资金的双向流动，你就成功地完成了一次贸易过程！"

"嗯，确实啊，真希望自己将来也有这样的能力，不过觉得离现在的我很遥远啊。"

"一个人可能缺少财富，可能缺少力量，而当他拥有丰富的人脉时，他就间接地拥有了财富和力量。如何处理人与人的关系、人与事的关系、事与事的关系，正是政治这门学科要教给大家的。政治这门学科背后的逻辑，能帮助你理解、分析和处理各种错综复杂的关系。比如，如何分析一件事情的起因；在复杂局面中如何抓住问题解决的关键点；面对不利因素（如事业上的失败、考试中的挫折），如何调整心态，化困难为机会……这些问题都需要用到政治学科教给你的能力。所以，讲政治绝不是一句空话，更不是几个背来背去的概念和原理，它也是一种巨大的力量。"

"噢，原来政治这么有用啊！"雨婷恍然大悟道，"而且经您这么一说，我好像有点清楚政治的脉络了。它不是一个一个零散的知识点，每一个概念，都有它的意义。比如这几天我记不住的，我国的分配制度，它就涉及了很多人之间的关系。我想我可以从关系这个角度试着去理解政治书上的这些概念了。"

■ 回顾总结

知识点之间不是相互孤立的，要让新的知识与已经掌握的知识联系起来，形成一种成长型的知识体系。更形象地描述就是把点状的知识变成树状、网状的知识，形成立体的、可生长型的知识结构，提高知识结构的有效维度，而非简单的二维平面的记忆思维模型。

本案中，雨婷找不到这两门学科的学习兴趣与学习意义，从而没有仔细思考如何掌握、升级有效建立这两门学科知识体系的方法，这令她的知识记忆零散化、孤立化，形成一种固化的知识体系。记忆的吃力与成绩的不尽如人意，使得雨婷更加否定自己学习的动机与意义，形成一种负面循环。

因此，我着重在调整雨婷的价值决策上，通过举例、类比帮助她找到了化学和政治的学习与兴趣的结合点，同时帮助她认识到每个学科都有其自身的规律、框架和范式。

过了这两关，接下来我做的便是帮助她建构起成长型的学科知识体系。思维导图是一种常见有效的梳理工具。配合思维导图，我教给雨婷可以依据学科知识框架——如一本教材的目录来做知识体系的盲点筛查，从而强化记忆，形成成长型的知识体系。有了良好的学习动机，明晰了正确的学习意义，掌握了有效的学习方法，学习的正向反馈便自然地形成了。

很多孩子对某一学科失去兴趣，一大主因便是他们对这门学科的学习方法存在问题，导致知识体系呈现离散、固化。一旦形成成长型知识体系，学科知识的记忆将变得极其顺畅。对于对某门课程没有兴趣的孩子，在调整其价值决策的同时，也要教给他们学习这门学科的方法，特别要帮助他们建立起可生长型的知识体系。

手记点睛

没有人天生讨厌某个学科的学习，往往是因为他看不到这门学科学习的意义；也没有人天生记忆力超群，只有正确领会学习的意义、掌握适合自己的学习方法，才能有效助力学习。

案例 7.4
理科学霸的语文"救赎"

这个理科各门成绩几乎都接近满分的高三学霸,带着79分的语文卷子来寻求帮助。其实,他并不缺乏突破语文瓶颈的素质和知识,我所要做的,便是帮他调整、定制几套应用程序,找到语文学习的关键。

人物小档案

姓名:沈佳伦
性别:男
年级:高中三年级
诊断分型:语义解析　程序定制
关键词:作文　语言逻辑　迁移

案例背景

深秋的一个下午,助理将一名学生的初访资料放到了我的办公桌上。我拿起来一看,嚯,某重点中学高三理科学霸,目标冲击700分,考上清华大学。在最近的一次期中考试中,他几门理科的成绩都接近满分,而与此形成鲜明对比的是,语文成绩只有79分(满分150分),其中作文只得了29分(满分

50分)。虽然总成绩仍然能达到班级20名左右,但是想以这样的成绩考入清华,悬!

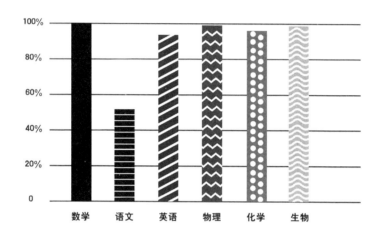

佳伦高三上期末各科成绩得分比

得语文者得天下!对于理科生来说,高考竞争的重点就是语文成绩。进入高三总复习阶段,佳伦在语文上已经下了很多工夫,可收效甚微,对此,他和家长都很着急。佳伦从班主任老师那里打听到心聆学习治疗中心,就打来了电话,预约本周日开启第一次的学习治疗。

初诊接待

"宋老师,您好!我是佳伦。"一位彬彬有礼的男生走进办公室。略显宽大的校服没有掩盖他挺拔的身姿,黑框眼镜让他颇有书生气。

"请进,佳伦。来,坐这里吧!"我让佳伦坐到旁边的椅子上。

"你的目标是明年考上清华?"看着佳伦的眼睛,我首先和他确认了他的目标。

"是的。"佳伦咬了咬嘴唇,但目光很是坚定。

"你有清晰的目标,这很好。"我很欣赏有目标并为之努力的学生,"如果你明年考上清华,那咱们就成了相差30级的校友了。"

"真的?"佳伦声音有些激动,显然"校友"两个字让我们的关系迅速拉近。

"嗯!我听你爸爸说你的理科成绩非常优秀,但是语文目前遇到了一些困难。咱们的合作目标就是解决语文学习中的问题。"对于学习动机明确,学习动力充足的学生来说,他的价值决策不存在太多问题。因此,在建立治疗关系、明确学习目标之后,我们顺理成章地切入正题。

接下来,佳伦递给我他前几天考试中的语文卷子,我仔细看了起来。通过对佳伦语文试卷的分析,我基本锁定了他学习系统中对应的问题根源。

初步分析

一般来说,数理化强的学生,逻辑思维能力都比较强,这是学科自带的天然优势。像佳伦这种理科强但文字能力弱的现象,显然是学习系统中对理科有效的学习程序没能迁移到语文学科中去,导致文理学习效果泾渭分明。对于一个理科考试几乎全满的高中生来说,不论是对知识点的吸收理解,还是进一步推理加工的能力,都应该十分优秀。那么为什么一到语文阅读理解和写作上,这种优势就消失了呢?

通过分析佳伦的语文试卷,我发现他的学习系统存在两大问题。

一是逻辑加工模块中的语言逻辑问题。如下面这则试卷中出现的材料:

> 材料一:中餐与西餐是世界两大菜系。从表面上来看,完全不同。实际上,前者所以异于后者几希。前者是把肉、鱼、鸡、鸭等与蔬菜合烹,而后者则泾渭分明地分开而已。大多数西方人都认为中国菜好吃。那么你为什么就不能把肉菜合烹呢?这

连一举手一投足之劳都用不着,可他们就是不这样干。文化交流,盖亦难矣。

根据材料一,下列表述不符合文意的一项是(3分)

A. 中餐与西餐所具有的本质性的差异其实并不大。

B. 中餐与西餐烹饪方式的不同源于基本思维模式的不同。

C. 八大菜系或者更多的菜系合煮的烹制规律是完全相同的。

D. 机械化、数字化的烹饪尝试忽略了中餐的模糊性。

文中说到"中餐与西餐是世界两大菜系。从表面上来看,完全不同。实际上,前者所以异于后者几希。"要做对这道题,需要理解"几希"这个词的含义。这个词语不常见,可能确实很多人不清楚它是什么意思。但是,"几希"的前面有一个关键词——"实际上",这就给出了一个很清晰的语境,辅助我们推断出"几希"的含义。"表面上……,实际上……"这样的句式,说明句意的前后逻辑发生了反转,也就是说,"实际上"后面句子的语义与前面句子的语义相反。既然前面说"差异大",那么后面"几希"的意思自然就是"差异不大"。

可是,佳伦既不擅长解析词语的语义,也很难抓到句子的关联,这样的题目让他感到既陌生又难以处理。结果,他恰恰错误地选择了A答案。

另外,佳伦的语文还有一个致命的弱项——写作。我常向学生或者学习治疗师的学员们讲,一个人写作水平的高低与他写作程序的优劣有关。无论是否学习过写作程序或有意识准备过,其实,每个人都有自己的写作程序,只是有人成熟清晰,有人生疏模糊;所以,有人写起来如行云流水,有人写起来则磕磕绊绊。这不过是程序的水平不同使然。

佳伦的作文经常跑题,这是因为他给自己定制了一个有问题的写作程序。

比如，对于材料型作文题，他会先选择一个貌似和材料有关、实则和所要表达主题并不完全契合的时事放在文章的开头，美其名曰要与时俱进，但哪里有那么多恰当的时事，可以每次都和他的观点完全贴合呢？这就常常导致他写作开篇即跑题。有时偶尔开篇能切题，但在后面的展开论述中，也常常因为行文逻辑不严密而导致偏离主题。

治疗过程

在接下来的学习治疗中，我首先用一些例子，让佳伦注意到汉语中的一些表达逻辑反转的转折词，就像英语中的 but、however、hardly 等。由于佳伦没有对这样的特殊词语建立起条件反射，致使他在做阅读理解时不能正确解析句子的含义。因此，我引导佳伦整理了这些转折词，以及表因果、选择、递进、并列等关系的连接词，建立起相应的语义反射库。

针对作文的问题，我帮助佳伦重新定制了 1.0 版本的写作程序：一看到材料型作文，第一段就写三句话、四行字，其中第一句是对材料的概括，第二句解析核心概念，第三句抛出自己的核心观点。

那么具体应该如何应用这套写作程序呢？下面以佳伦最近做过的一道材料作文题为例进行说明。

该题给出了三段材料，讲的是不同经典中关于"俭以养德"的论述。根据升级后的 1.0 版本程序，第一句话应该概括出"在中国传统文化当中，到处都可以看到俭以养德的论述"这样的意思。

第二句话要解析核心概念。那么，就要在这篇作文中对"俭以养德"进行解释说明。所谓俭以养德，就是指一个人要通过节俭来提高自己的品德和修养。这一步实际是把作文的核心主题进行一个概况性的解读，点明主题。在解析概念时，要注意这个概念的内涵和外延，不能随意扩大概念的外延范围，更不能偷换概念。佳伦同学在考场上写的这篇作文，第一段陈述完一个不太相关的社会时事之后,第二段将俭以养德中的"俭"解释为"勤俭",而第三段写"勤俭"的过程中,又把"俭"给丢了,写成了"勤奋",可谓越跑越远。

作文的第三句话要提出自己的核心观点,可以这样写:"从古至今,无数的仁人志士用自身的成长经历,充分佐证了俭以养德;同样,对于一个国家的发展和一个民族的兴盛来说,俭以养德,亦是如此。"

第一段写完之后,可以接下来用地理空间结构(详见案例6.4"复读不是简单的选择题")依次从个人、家庭、国家和民族的角度来写"俭以养德"。

事实上,佳伦考场上写的那篇文章也是一种类地理空间结构,从个人、社会和国家这三方面,视角从"微观—中观—宏观"由小到大逐渐地展开,这一点是值得肯定的。在此基础上,我帮他进行了升级,划分为"个人、家庭、国家和民族"这几个方面。在最后的"国家和民族"部分,可以从中华人民共和国成立70年,写到中华民族超过5000年的悠久历史,俭以养德的传统贯穿始终。

个人、家庭、国家和民族,这三个方面从不同视角的地理空间到历史时间维度交替展开,既能保证内容上一以贯之的流畅,又使文章有了厚度,提升了文章境界。

按照程序写完统领全文的第一段,接下来第二段首先从个人写起。先陈述观点,再用典型事例证明。佳伦同学之前用的是袁隆平的例子,写袁隆平的勤奋。我对他说,其实同样是袁隆平的例子,你应该从他节俭的角度来写。袁隆平作为中国"杂交水稻之父",作为上市公司隆平高科技的董事长,他有无数的理由和足够的财力去购买昂贵的衣服,享受超大别墅、顶级豪车,但是袁隆平夏天永远是穿一件T恤,冬天永远是穿一件夹克,从不追求物质享受,不在自己身上多花钱,把更多的精力和财力都投入到了杂交水稻研究当中去。这才贴合作文的主题——节俭,如此行文,个人层面的节俭算是写足了。

至于家庭层面，可以根据家风、家训和家史来进行自由发挥。

然后，再写国家层面。现在习近平主席号召我们节约粮食，倡导"光盘"文化，这是一个国家对一代人的要求。借此背景，我给佳伦举了一个例子：前段时间我去地方一所中学讲课，校长特别感慨地跟我说，自从习主席提出节约粮食的倡议，他们学校每天能节约出将近一吨食物。以前他们每天会产生一吨多的厨余垃圾，而现在每天的厨余垃圾不足 200 千克。一个有 5000 多名学生的学校，每人节省一两食物，一天三餐就能节约出一吨的食物。这个事例稍作修改，就可以作为国家层面俭以养德的例子。

至于民族层面，可以写中国人从来都是爱储蓄的，储蓄的钱从哪里来？节俭省下来的。这也是世界四大文明古国，只有中华文化可以保存下来的原因之一。早在 2500 多年前，老子就曾说过："治人事天莫若啬"，就是说我们治理国家、祭祀上天，都需要学会节俭。诸葛亮在《诫子书》里说的"非淡泊无以明志，非宁静无以致远"，就是指品德高尚的人是依靠内心安静和精力集中来修养身心的，是依靠俭朴的作风来培养品德的，这也是典型的节俭表现。俭以养德一直就是中华民族的优秀品质。

这样，从个人层面上升到国家层面，再扩展到民族层面，这篇作文的境界就出来了。我对佳伦说："这篇作文你这样写，老师肯定不会给你 29 分，恐怕 39 分都不止，怎么着也得奔着 45 分去。"佳伦频频点头。

回顾总结

在本案中，造成佳伦语文偏科的根源，是他的语言逻辑和写作程序存在问题。由于没有建立起代表逻辑的重要信息反射库，再加上一个"专门跑题"的写作程序，致使语文一直成为佳伦的弱项。

首先是信息反射库，它赋予我们快速抓取有效信息、形成联想推理的能力。在学习的过程中，许多词语经过对我们大脑神经元的反复刺激，会形成条件反射，长期积累下来，大脑里就储备了一个信息反射库。例如，一看到"如图"二字，我们就要马上启动一个动作，就是去找图；先把图找到，再对着图——对照、标记那些已知条件。学习成绩特别好的同学，通常一看到"如图"，就会立刻停止读题去找图，再对照图来看后面的信息。信息反射库里面包括两部分内容：一部分是条件，一部分是相应的应对策略和动作。

再说到写作，当语义库建立完全，便可以对作文题目中的材料、图片和关键词等信息进行精准解读，正确把握写作需要表达的主题是什么，并映射出相应的写作策略。例如，面对"俭以养德"的主题，就可以采取地理空间结构写策论式的作文。

因此，在治疗的过程中，我首先帮助佳伦建立起表示逻辑的关联词语信息反射库，进而用"三招写尽天下文章"的写作策略升级了他的写作程序，逐渐补上了这位理科学霸的文科漏洞。

遇到孩子偏科时，家长或老师常会认为是孩子没有学习兴趣造成的。而实际上，导致偏科的原因并不这样简单，"没有兴趣"这个"万能"说法往往掩盖了学生偏科更底层的根源。所以，在接手偏科的学生时，学习治疗师需要找出他们学习系统中具体模块上的问题，然后具体分析、有针对性地去解决。

手记点睛

考试是一场武装到牙齿的战斗！知识和题型是初级比拼，程序和步骤是中级比拼，而价值观和心态则是高级比拼。本案治疗中，既有语义知识的充实和提升，又有写作程序的定制与升级。

第八章 解决学习中的疑难杂症

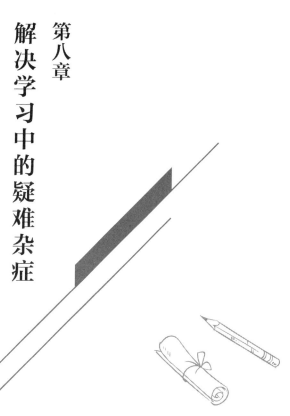

本章导读 解决学习问题如同看病寻医,离不开对症下药。如果说"下药"可以视为在一个相对固定的映射程序库中分门别类、各自匹配的话,那么"对症"则更为复杂,需要老师与家长根据孩子学习中的各类问题和现象进行更精准的分析和判断。学习中的所谓各类疑难杂症,更要求我们在帮助孩子定位学习系统问题的过程中多一点耐心和信任,充分运用积极学习系统的理论知识为孩子逐步赋能。

案例 8.1
为什么学得好却考不好

学习好的孩子具备的学习特质是相似的;学习不好的孩子,各有各的模样。这个大家眼里学习很好的孩子有一个特别的烦恼:学得好却考不好。而我将要与他共同完成一场试卷"填坑"之旅。

人物小档案

姓名:祁奇
性别:男
年级:小学二年级
诊断分型:识别驱动
关键词:条理性　学习动力　应试策略

■ 案例背景

二年级的小学生祁奇是个大家都夸的乖孩子,上课认真听讲,回答问题思路清晰、条理分明;放学后认真完成作业,作业质量很高,各方面表现都相当不错。但孩子考试成绩总是达不到预期,始终存在丢题漏题的现象。他的班主任赵老师是第三期线上学习治疗师初级班的学员,知道一定是孩子学习系统出了问题,所以建议祁奇妈妈带孩子来找我做学习治疗,以期更快速地改善。

初诊接待

上午10点,祁奇和妈妈准时来到咨询室。

"宋老师您好,我是祁奇妈妈。祁奇,这是宋老师。"祁奇妈妈主动担当起介绍人。接着她告诉我,学习上的事情,孩子基本上能做到为自己负责,他们一直干预得不多。随后,祁奇妈妈便起身走到稍远的地方坐下,把主场让给我和祁奇。

很快我就发现祁奇是一个乐观外向的孩子。他不认生不怯场,很愿意表达自己。

"祁奇,最近学习上有什么困惑吗?"我问。

"宋老师,我想考一百分!"祁奇坚定地说。

"好的!有目标我们就可以一步步去实现!"我鼓励道,"那你最近考了多少分呢?"

祁奇叹了一口气:"宋老师,我好久没考过一百分了。"

"分数都是怎么丢的呢?"我问。

"经常漏题……"祁奇视线下垂,有些不好意思地回答说。

拿到祁奇的试卷，我发现试卷上一片红色对勾，只有一道看图题的括号旁边打了叉。于是我问道："祁奇，这道题是怎么错的？"

"没看到这里还有一道题。大家都说我不认真。"说着他又低下了头。

"大家说你不认真？可我觉得你挺认真呢！"我说。

祁奇眼睛睁得圆圆的，忽闪忽闪地看着我。

"你做过的题目，正确率是百分百呢！"我认真地说，"我们需要做的，就是想办法看全题目。"

祁奇认真地点了一下头回应我。

初步分析

"看全不看漏，看对不看错"，考查的是答题者收集题目信息的完整度和识别信息的准确度。从儿童发育规律来看，二年级孩子的识别驱动模块还在校准当中，有些孩子会因为收集识别的能力不完全而出现漏题的情况。祁奇便是如此，问题出在他学习系统中的识别驱动模块上。想要改善这一点，需要对他的识别驱动模块进行全面升级。

所以接下来我做了这两件事：一是调整祁奇现有的答题模式，帮助他建立一种正确率更高的看题答题程序；二是帮助他添加相应的答案校验机制，这样他就可以随时自动检查题目是否答全。

治疗过程

"祁奇，考试的时候，你用什么顺序做题呢？先做哪个题，后做哪个题？"

"从上到下，从左到右的顺序。"对于我的提问，祁奇想了几秒，回答说。

"嗯，你做得对！"我首先肯定道。

有的二年级孩子会按照自己的喜好来做题，先做喜欢的、会做的题，这样极易出现漏题现象。对于这种学生,首先要调整他们的做题习惯,这属于价值决策问题,祁奇并不存在这样的问题。

"那我们一起来玩个游戏吧。"说着,我递给他一张准备好的空白试卷,"今天不做题,我们要做的只是圈题号。从第一题开始,按顺序把题号圈出来。如果一道大题中有几个问题,要把这几个问题的小题号也圈出来。"

祁奇接过试卷,从包里拿出一支黄色铅笔开始画圈。

很快,他就做完了,放下笔,把试卷递给我:"宋老师,我圈好了。"

我从头到尾检查一遍,发现漏圈了两个题号。

祁奇叹了口气,低声说:"宋老师,我也不知道自己怎么了,考试也是这样,总会漏掉几个题。"

"没关系,我们再来做个游戏。"我拉开抽屉,拿出几张游戏纸递给他,"游戏规则是这样的:这张纸上有100个数字,你用铅笔把这些数字从1到100连起来,看看会出现一个什么样的图形。"

数字连线示意图

"宋老师,小时候我们幼儿园老师也发过这样的作业纸。"祁奇叹了口气说,"我从小就不喜欢这样的游戏,能不做就不做。不过,今天我试试吧。"

"好的,我们今天试试,你要在保证正确率的情况下尽快完成。"说着,我打开计时器。

起初几个数字连得很快,连到"6"时,祁奇放下笔,抬起手,用眼睛在纸面上来回扫视了十几秒,接着才又拿起笔继续连线。就这样,把笔拿起又放下,反复十几次,还不时小声嘀咕说找不到某个数字。他做得很慢,最后花了5分12秒终于完成。

接下来，我又拿出另一张空白的数字连线图，让他拿好铅笔，这次连线时铅笔要一直放在刚刚连到的数字上，保持不动，再用眼睛扫寻下一个数字。只是做了一个小的方法改动，但祁奇发现自己效率立即大幅提升，3分53秒就完成了连线，他对此感到很是惊讶。

我解释道："在学习和考试时，我们每个人都像一台精密仪器。但你知道吗，所有的精密仪器在最初使用时，都是要校准的。比如照相机，我们现在用手机拍照是自动对焦的，以前的相机在拍照前需要手动对焦呢，否则照片出来就是模糊的。只有对好焦，照相机才能拍出来清晰漂亮的照片。学习也一样，我们需要一个校准的过程。"

对祁奇来说，他需要学会用指读、圈画关键词等方式，对空白横线、括号、文字段落、题号和页码等答题信息形成条件反射。

我和祁奇约定，每次考试答题之前，先用手指着，按顺序把题号圈出来。答题完成之后，再按照题号顺序，用手指着依次找到自己的答案，从而完成校验。此外，每天都要练习连数字画图等小训练。

经过一个多月的坚持，祁奇已经把自己训练得像福尔摩斯一样，不但明察秋毫，不遗漏试卷上的任何蛛丝马迹，还能反过来推算。我戏称他为考卷"神探"，开玩笑说，如果他能在期末考试答满分，我就封他为"考神"。

期末考试后，祁奇的班主任赵老师主动与我联系，她开心地告诉我，后来几次考试中，祁奇都没再出现过丢题、落题的现象，连续考出了满分，这次期末考试语文、数学、英语全都是满分。"考神"祁奇实至名归。

回顾总结

条件反射理论是巴甫洛夫的高级神经活动学说的核心内容，是指在一定条件下，外界刺激与有机体反应之间建立起来的暂时神经联系。

基于条件反射理论，我在学习系统理论中提出了信息反射库的概念，指学生在学习的过程中，对一些包含指示性、概念性信息的关键词语形成条件反射式的应对动作和策略的集合。例如，一看到题目中出现"如图"就去找图，一看到"全等三角形"就立即联想起全等的性质和判定方法等。

如果没有建立起信息反射库，学生在学习和做题时看到一些特定信息就很容易反应不过来或者反应很慢，继而出现学习和做题过程脱节的问题。

本案中，祁奇丢题落题的"马虎"行为，就是由于祁奇未能对题号信息形成有效的条件反射，同时，对于有些题目的特殊位置信息，包括但不限于页尾、跨页、图形等信息不敏感，导致信息收集不全，无法完整完成书写答案的应对动作。

据家长、老师的反馈，以及初次咨询时我对祁奇的仔细观察，他讲话时思路清晰、富有条理，在咨询时积极配合学习治疗师，在学习上也有明确的目标，是个好学上进、阳光开朗的孩子。同时，我通过询问得知，祁奇的答题顺序同样没有太大问题。

至此，我们排除了价值决策所带来的干扰，那么接下来就可以缩小范围，将解决问题的重心落到识别驱动模块上：帮助祁奇养成指读、圈画关键词的习惯，对题目中常见的基本指示信息形成条件反射，并加入指读检查机制，在校准和校验两个环节双管齐下。最终，祁奇通过训练，成功解决了考试漏题的困扰，一跃成为了班里的"考神"。可见，孩子的学习问题并不都是复合型问题，有时恰好就卡在了某一个模块的卡点上。一旦克服它，孩子的成绩就会突飞猛进。

当小学低年级的学生出现看不准运算符号、读书漏字串行、写错数字、漏题等问题时，往往不是"学习不认真"那么简单，而是他们的识别驱动能力尚未完全、信息反射库尚未搭建完整。希望家长和老师在引导时能够多一点耐心，教给孩子一些正确的习惯和方法，帮助他们建立起完善的信息反射库。

手记点睛

学习马虎有四种不同类型,分别对应学习系统中的识别驱动、逻辑加工、价值决策,以及语义+程序。后者往往成对出现,语义对应知识内容,可谓"知";程序对应操作步骤,可谓"行"。知行合一是学会学习的关键,知行不合一,马虎就容易产生。

案例 8.2
成绩波动的底层原因

对于各类图形的周长计算公式，他如数家珍。可当被问到"周长"这个定义本身时，男孩却一头雾水、毫无概念。很显然，他还未意识到自己的知识底层盲区。我想，是时候送给他一个"神助攻"了。

人物小档案

姓名：孟小武
性别：男
年级：小学五年级
诊断分型：语义解析
关键词：知识库　结构化思维　思维导图

▍案例背景

小武是海淀区某重点小学五年级的学生。自他上学以来，成绩一直不错，直到这学期，数学成绩开始出现大幅波动。家长担心孩子成绩的不稳定会影响一年后的小升初，希望通过学习治疗解决这个问题。

初诊接待

一个周六的下午,5点整,咨询室准时响起轻轻的敲门声。

"请进。"

一个略瘦的小男生出现在门口,眼睛微眯着,露出礼貌的笑容:"宋老师好!"

"你好,小武。请坐。"我注意到,小武看上去心情不错。

"宋老师,您是教哪一科的呀?"小武刚一坐下就发问道。

"小武,我和你们学校里的老师不一样,不具体教某一个学科。我专门研究学习,如果你在学习中遇到了困难和问题,我可以和你一起想办法去解决它。"通常,大家习惯按照学科对学习进行分类,而学习治疗则是打破学科的限制,从学习过程入手,对学生底层学习能力进行干预和调整。

"噢噢,和我想的一样!"小武开心地说。

"看来你已经有想法了。那么你带了什么样的问题来找我呢?"小武自助意愿高,有较强的主动性。这样良好的价值决策会在后续治疗中产生促进作用。

"嗯嗯,宋老师,我最近遇到了麻烦,考试成绩特别不稳定,尤其是数学。原来我都是考98分、100分,最近考了好几次80多分。"

"嗯,最近学习状态上有什么变化吗?"

"没有吧……我感觉一直在努力学习,像原来一样。"

初步分析

对于小学高年级学生来说,成绩的波动往往由多种因素导致。有的孩子因为生病或其他原因耽误了几堂课,导致课上讲的某个知识点掌握不牢固,于是遇到与该知识点有关的题目就容易丢分,与该知识点有关的其他知识点也跟着受牵连。有的孩子是缺乏搭建由已知到未知的逻辑通道能力，在进行难题推理时无从下手；而有的孩子则是应试策略和规范性存在问题，如计算时不使用草稿纸，答题书写不规范……

在学习系统各个模块中，价值决策位于核心，是人生的基本算法，会影响到学生学习的方方面面。在定位学生学习系统漏洞时，价值决策往往是首先要排查的。小学五年级的孩子，部分发育较早的已经开始步入青春期，逐渐有了自己的小秘密。他们在学校里遇到的生活压力、学习波动或是人际关系等问题，很容易蔓延至自身情绪，进而影响学习。

那么小武的价值决策是否存在问题呢？在和小武的交流中，我感受到他情绪稳定，能够积极地看待学习问题，并很愿意为之付出努力，价值决策问题基本排除。

■ 治疗过程

通过分析、对比小武的几套数学试卷，我发现他的错题主要集中在概念的解析上，如周长问题。他对于求圆周长、长方形周长这样可以直接套用公式的问题都能够做对；而半圆周长或者复杂图形的周长问题却常常出错。以下面这道题为例：

> 一个半圆形的花坛，周长是 51.4 米，这个花坛的直径是多少米？

小武的答案是：$51.4 \times 2 \div \pi \approx 32.74$（米）

从他的解题思路来看，他对半圆周长的理解存在问题，他对周长概念不明晰、对图形理解不到位。这个问题要归属到语义解析模块。

"小武，周长的概念是什么？"我问。

"长方形周长等于两倍的长加宽,圆周长是$2\pi r$,三角形周长等于三边长之和。"小武回答。

"小武,那么什么是周长呢?"小武说了好几个周长公式,但都没有回答出到底什么是周长。

"什么是周长?"小武挠挠头,看着我,"我刚才说的就是周长呀!"

"那么,半圆的周长是什么?"我问。

"半圆的周长,就是圆周长的一半。"小武答道。

小武的回答,表明对于周长,在他头脑的知识库中只有长方形周长、圆周长的概念,却没有周长本身这个概念。由于缺乏底层的概念解析,知识推理也很难向上进行,遇到变形题就无从下手了。

于是,我先是带领小武重新学习了周长的概念,并画了很多特殊图形,标出边长或弧长,来带领他理解周长的概念。很快他就掌握了什么是周长,完成了在大脑知识库中该知识点上漏洞的填补。

那么这个漏洞是如何形成的?以后又要如何避免出现同类问题呢?

我接着问道:"小武,老师课上有没有讲过什么是边长?"

"应该讲了吧,我不知道。这学期我请过假。有的课没有听到。"小武回答说。

其实,现在的小学五年级课程,知识的关联性已经相当强,就像一条串珠,一旦某个环节断裂,就可能留下散落的隐患。许多孩子知识点的漏洞,往往就源自某一次请假或者课上的走神。

"请假错过的课,你是用什么方式补习的呢?"我进一步问道。

"向同学问了作业,都做一遍就完了。"小武不以为意道。实际上,小武的回答也反映出很多孩子对完成作业是非常重视的,可对知识本身的真正理解和有效掌握却重视不足。

"小武,针对周长的概念,我们来做一张思维导图吧。"我提议。

小武对此很有兴致,没用几分钟我们便愉快地完成了。

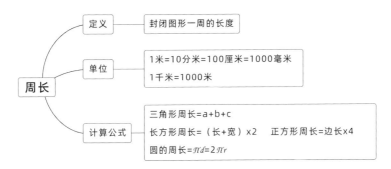

我让小武做思维导图的目的,就是要引导他认识到"周长"这个概念是长方形周长、圆的周长、三角形周长的上位概念,如果不知道这个上位概念,具体图形的周长公式,只能以散点的形式存在于大脑知识库中。

"那么小武,做半圆形花坛这道题时,你画图了吗?"我再问道。

"画图?没有。"他如实回答。

图形题不画图,很容易导致解题出现偏差。后来,我要求小武凡是遇到图形题,都要先把图形画出来,这样的习惯起码要保持到上大学。

接下来,我又给小武找了一些类似的题目进行训练,他都做对了。

"我们的学习治疗可以暂时结束了,过段时间要记得给宋老师一个反馈,告诉我你的学习情况。"

两周之后,我接到小武的电话,他开心地告诉我,自己的数学成绩已经稳定回到了原来的优秀水平,还连续得了好几次满分。"谢谢宋老师教给我这些关于知识的知识!"

回顾总结

人的学习是一个逐渐深入的过程，小学是打基础的阶段，与中学甚至终身学习是否顺利息息相关。但现实中，有些小学生和家长对基础知识的掌握不重视，仅限于完成学校作业。即使各种公式滚瓜烂熟，知识看似牢固，实则不明原委。这就像请人盖一栋房子，在交付检验时，不能光看房子外形是否漂亮美观，还要看材料是否耐用，材料与材料之间是否结合紧密，地基是否牢固等。只有这样，房子才能经得起风吹雨打的考验。

很多孩子在低年级时功课都不错，语、数、英三科考试都能取得 90 分以上的成绩。但随着年级的升高，知识广度和难度不断加大，学生过往知识结构上的一个个漏洞累积扩大，就可能导致系统性问题。

学生如何才能一直保证成绩稳固？实际上，保持优秀的神助攻正是给知识库建立结构化思维框架，将众多知识散点进行有效聚合，完成对概念和类别的层层提炼。掌控了这个核心后，任凭题目千变万化，都逃不出我们的手掌心。

过去一段时间，小武因病错过了一些重要的概念基础课程。后来，他对课上所教的知识点也没有及时进行补习强化，导致对某些新题型的理解容易产生偏差，考试成绩也开始上下波动。对此，家长和老师要迅速捕捉到现象背后的症结，针对相关问题，及时加以干预和处理，避免引起连锁反应。本案中，我通过和小武一起画思维导图，教给他查漏补缺的方法，强化概念和体系，填上了他学习系统中的这处漏洞。

在此强调一下，想要帮助孩子搭建好知识框架，一定要引导他们善用思维导图这种实用工具。它所使用的放射性网状结构，与人类大脑思考问题时的结构方式十分相似，对于帮助我们在学习和工作中进行记忆和理解很有帮助。建议大家平时多与孩子一起训练画思维导图的能力！

另外,"上医治未病,中医治欲病,下医治已病。"对于孩子的学习问题,要像防范身体生病一样,早发现、早治疗。越早懂得"治未病"的道理,越有利于孩子的学业进步,不要等到病重时才"求医问药"。

小武和家长对于自身的学习问题就有较好的防患意识,及时采取了积极的应对和解决方式,从而避免了问题的进一步恶化。

手记点睛

知识体系的建立如同积木的搭建,如果底层出现漏洞,那么搭得越高,摇摆得就会越厉害。

案例 8.3
解决难题，逻辑通道是关键

看着卷子上两道难题一字未写的空白区域，我知道我需要做的，不是简单地教他把这两道题做出来，而是引导他学会建构逻辑通道，并快速有效执行。一部喜欢的哈利波特电影，帮他开启解答难题的逻辑意识。

人物小档案

姓名：孙鹏飞
性别：男
年级：高中三年级
诊断分型：价值决策　逻辑加工
关键词：畏难情绪　负性思维　推理加工

■ 案例背景

在高三总复习阶段的一次统练中，鹏飞的物理卷子最后两道十几分的大题一个字都没有写。班主任问他原因，他说完全不会做。这次考试严重打击了鹏飞的自信心，甚至让他产生了厌学心理，不想上物理课了。后来，经班主任介绍，鹏飞来到了我的工作室寻求帮助。

第八章 解决学习中的疑难杂症

■ 初诊接待

由于鹏飞的治疗目的和切入点都十分明确，我们彼此简单介绍后，便直奔主题。鹏飞拿出这次的物理试卷，让我参考。从整份卷子来看，除了那两道空白题之外，其他题目的正确率还是比较高的。我先安抚了鹏飞的情绪，引导他用成长型思维来应对眼前的失败，"现在出现的所有问题都是来帮助我们更好地应对高考的！"希望他能够更加积极地看待这次考试。

接着，我和鹏飞一起回忆当时进行物理考试的过程。

"前面的题我做得很顺利，本来越做越放松，还预感这次一定能考个不错的分数，甚至还稍稍走神，畅想了一下高考，觉得高考物理应该蛮有把握的。"鹏飞低头看着左前方的桌面，回忆道。

"张小易跟我是邻桌，他是我们班的物理尖子。考试时，他做得比我快一些。当他翻到背面大题时，我听到他叹了口气，当时心里就想这次大题估计很难。后来，等我做到这部分时，发现果然超级难，题都有点看不懂，脑子一下就懵了。"

"嗯。"我点点头，鼓励他继续说下去。

"我试着做了一下第一道大题，完全找不到思路，浪费了差不多有十多分钟吧，然后我决定放弃这道题，赶紧做下一道，结果也是不会。"鹏飞皱着眉说。

"鹏飞，你还记得做到后面大题的时候还剩多少时间吗？"

"差不多40分钟吧。"

"那这40分钟你都做了哪些努力呢？"

"就是在草稿纸上试着做题，我知道可能做不出来，所以没在试卷上写，先写在了草稿纸上。"

"怪不得试卷上是空白的，你尝试解题的过程都在草稿纸上？"

"是的。"

▌初步分析

鹏飞的物理基础问题不大。我猜他是被这两道看上去不知从何下手的题目吓住了。在紧张的考试中,有的同学把题读了一遍却理不出头绪,就迅速断定这道题目太难,自己做不出来,困在畏难情绪里。这种负面思维恰恰又会阻碍他们进一步正常思考,导致本来有机会解出的题目也轻易放弃。

当然,鹏飞在做这两道大题时没有思路,有很大可能是面对复杂难题时,对已知信息推理加工的能力不足。但就鹏飞的回忆和表述来看,他在价值决策上出现的问题也造成了很大的影响。由于当时畏难和不自信的情绪没有得到及时地调整,鹏飞在进行逻辑推理时受阻很大。同时,鹏飞演算的过程都写在了草稿纸上,导致卷面完全空白,解题的过程得分点一分也拿不到,这也体现出他应试策略上的不足。

▌治疗过程

为了帮助鹏飞建立在面对难题时建构逻辑通道的意识和韧性,我决定在鹏飞的兴趣点上找个切入点,一起体验一番。

第八章 解决学习中的疑难杂症

"鹏飞,我们先放下试卷,聊聊天吧。平时你有什么兴趣爱好呢?"

"嗯,我喜欢听歌、看电影。"

"好啊,说说看,哪些电影是你最喜欢的?"我也很喜欢电影,而且电影承载力巨大,可以是一个好的切入点。

"科幻类的吧!比如《哈利波特》系列,每一部电影我都超喜欢,有几部反复看了好几次!"聊起喜欢的电影,鹏飞皱着的眉头暂时舒展开来,眼睛也跟着亮了起来。

"在魔法世界里,你最喜欢哪个角色呢?"我接着追问道。

"里面好多角色我都很喜欢,比如哈利、斯内普教授、小天狼星。"

……

和鹏飞聊了几句电影的情节,看到他的积极性已经被充分调动起来,我决定就在《哈利波特》中寻找一个合适的例子。

"霍格沃兹魔法学院里发生了很多精彩的故事,比如《哈利波特与魔法石》里,斯内普教授的那堂魔法药水课就令我印象很深,你还记不记得这道药水的谜题?"我把从手机上搜到的这道题目的文字和图片,拿给鹏飞看。

"当然记得!但是当时看书时还真没有仔细地推敲。"鹏飞显得有些跃跃欲试,对着题目仔细地阅读起来。

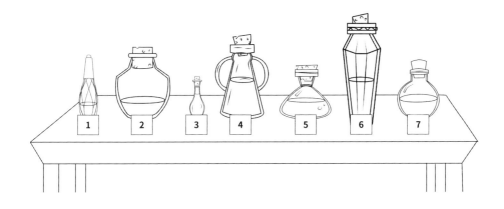

图片中的桌子上有一排七个药水瓶,边上放着一纸卷轴,卷轴里写着有关这排药水的谜题:

危险在眼前,安全在后方

我们中间有两个是你的助手

把它们喝下去,一个引领你向前,另一个把你送回原来的地方

两个里面装的是荨麻酒

三瓶是毒药,他们是杀手,正排着队等候

选择吧!除非你希望就此耽搁:

第一,无论毒药怎样狡猾,其实他们都站在荨麻酒的左方;

第二,左右两端的瓶里的药水不同,如果你想前进,它们都不会对你产生作用;

第三,你会发现瓶子大小各不相等,在巨人和侏儒里面没有藏着死神;

第四,左边第二和右边第二,虽然模样不同,味道却是一样。

"那我们一起来推导一下,这七个瓶子里装的都是什么。鹏飞你现在有什么思路呢?"我趁热打铁道。

"宋老师,您就直接告诉我推理的方法吧!"鹏飞着急地说。

我笑了笑,看到鹏飞的积极性很高,显然领会到了我给他出这道题的用意,于是引导说:"那我们就简单地分两步走,第一步把这七个瓶子从左至右

依次标号①到⑦，第二步找寻已知之间的联系一步步向下推导。"

鹏飞边听着我的话，边在白纸上迅速地誊写推导起来。鹏飞每进行一步正确的推理，我都会在一旁微微点头或用眼神、话语表示肯定。这道题的背景信息较多，但条件之间的关系真正推导起来并不复杂，没几分钟，鹏飞就完成了这道趣味推理：

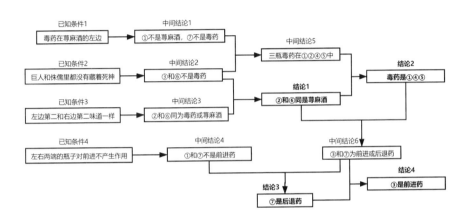

"Perfect!"鹏飞露出胜利的微笑，"这道题比起高中物理来说简单多了，一步步推就行嘛。"

"是吧，从已知条件到求解目标，原本是一个暗黑通道，但是只要我们梳理已知条件，找到关联性，并分步递进推理，就一定可以找到那条正确有效的逻辑通道。你说，一道复杂的物理题，背后的解题逻辑是不是也一样呢？"

"老师，我明白了。我马上再试一下难住我的这两道题。"鹏飞仿若顿悟，重新翻开物理卷子，标标画画起来，写着写着又踌躇停笔。

"有困难吗？"

"是的！考试的时候我做了40分钟也没做出来，根本不会！"

"如果我说你能做出来，你相信吗？"

"……"

"这样吧,你拿一张白纸,按我说的要求去做。我会问你一些问题,你直接回答我就行。"

接下来,我让鹏飞读完第一道大题的题干,把所有的已知条件列出来,然后根据这些已知条件去猜这道题的出题人可能要考什么原理。虽然有些茫然,但鹏飞还是在我的鼓励下将能想到的原理和公式一一列写了出来。接着我让鹏飞对比已知条件和原理公式,看看缺少哪些中间变量。最后再看题目求解目标,倒推只需知道哪些条件就可以得到结果。

鹏飞轻轻转动着手中的圆珠笔,再次进入思索和尝试,突然他喊道:"宋老师,我会了!"

我微笑着点点头,看着他先是逆推一步,而后正推了两步,最后终于打通了题目的逻辑通道,成功解出了这道大题。

"Perfect!"我欣慰地鼓励道。

■ 回顾总结

考试中有许多表面上看起来很难的题目,其实只是在基本题型上做了一些变形,比如:把某个已知变成需要求解的未知,从而增加了一定难度,但内容上并没有超出知识大纲。如果解题时第一遍没有找到解题思路,那么正确的应对策略就应该是首先处理好自己的情绪变化,告诉自己这种情况属于考试中的正常现象,接着启动二次解题程序,进入规范解题步骤:列已知、猜原理、建逻辑通道。

其中,建立逻辑通道是解题的关键。如果学生在平时练习简单题时能够经常有意识地总结出常用的解题"逻辑通道",在遇到难题时就可以灵活调用和嵌套这些"通道"储备,有目标地去搜寻所需条件、推理中间量,进而打通难题的"通道",很多复杂问题都会迎刃而解。

鹏飞的物理基础其实并不差，之所以在两道大题上"空白甩题"，便是因为他缺乏进行二次解题的坚持意识和实用程序，而情绪又陷在第一次解题失败的苦恼中，价值决策没能帮助他做出正确的应对，以至于无法完成正确的逻辑通道建构。

因此，我结合他的看电影兴趣，选择了一道哈利波特魔法主题的趣味推理，一方面调动鹏飞的积极性、放松他的心态，一方面让鹏飞跑一遍搭建"逻辑通道"的流程。这时，再回过头去看那两道他此前放弃的物理大题。由于消极情绪得到了有效处理，鹏飞静下心来，按照建构逻辑通道的步骤要求，一步步理顺已知条件、原理公式和求解目标之间的关系，最终顺利完成了解题。

其实，很多人误以为学霸是什么题都会做！记得我当年高考的时候，经常遇到初看感觉很难的题目，但我不会放弃。因为我保持一种心理上的自我暗示，那就是这种处理难题的感觉又来了，上次我就是这样尝试，最终做出来的！然后，我会规范列写已知条件（会做的题目就不必列写）；然后根据已知条件猜测可用原理，并罗列公式；再用原理公式将已知条件组合、串联起来，就能一步步搭建出解题的逻辑通道了。因此，做大题、难题觉得没有思路时，不要直接空着不做，而要按部就班列写已知条件、公式，并在此基础上完成逻辑通道建构过程。当然，这背后还有一个重要的因素，那就是人脑的内存——工作记忆单元实际很少，只有 7 ± 2。因此，人脑很难在不动笔辅助的状态下，完成难题逻辑思考。当我们把需要记住的已知信息和需要想着的公式原理列写出来后，就可以大大降低对大脑工作尤其是逻辑推理的强度要求，解题能力会得到大幅提升。即便最终没能求出正确答案，至少已经完成了很多步解题过程，可以获得相当一部分过程分，这本身也是一种正确的应试策略。

手记点睛

难题之难,关键在逻辑推理!每增加一个环节的推理过程,题目的难度就会增加甚至不止一分。要提高解决难题的能力,就要让学生学会由已知条件、原理公式和求解目标出发,来推导和建构逻辑通道的本领。

案例 8.4
找回自信的"宝藏男孩"

不抢跑的孩子是否能够后发制人?这对高知父母想要验证一下。他们身旁那个身高接近170厘米的11岁男孩,从他的神态里,我看出了犹疑与怯懦。因此,我接下来要做的,就是想办法与这一家人一起挖掘出一个"宝藏男孩"。

人物小档案

姓名:王衡
性别:男
年级:小学五年级
诊断分型:价值决策
关键词:后劲　自信缺失　自我效能感

案例背景

小学五年级的小衡,来自一个高知家庭。父母是博士期间的同窗,现在父亲在一家知名互联网企业担任高管,母亲则是一名大学教师。然而,从小在高知家庭熏陶下长大的小衡,学习之路却并非一帆风顺;相反,他在学习上的信心极度不足,由父母领着前来咨询。

初诊接待

10月底的北京秋高气爽,窗外远近的树叶摇曳得五彩斑斓,屋里倒显得有一丝阴冷。周六下午,助理小李老师准时敲开咨询室的门,领着小衡一家三口走了进来。

小衡爸爸戴着一副金丝边眼镜,身着暗红色冲锋衣,文质彬彬。他选择离我最近的位置坐了下来。

走在他后面的,是一个身高接近170厘米的男孩,步伐有些虚浮,穿着一件深蓝色的运动衣。男孩低着头,微驼着背,软绵绵地坐在爸爸旁边的椅子上。"五年级的孩子,个头还真高。"我不禁又看了一眼预约记录表上小衡的年龄一栏。

妈妈走在最后面,戴着一副黑色边框眼镜,身着一件干练整洁的黑色风衣,神态和举止都十分沉稳。

落座后,孩子爸爸率先开口:"宋老师您好,我家小衡今年五年级,要开始准备小升初了,剑桥英语得考,还得参加一项数学竞赛。这孩子不太配合,总说自己这不行、那不会,一点积极性都没有。我和他妈妈希望他能更自信一点,调整好学习状态。"

通过和小衡父母的交流,我了解到他们想让小衡考取到海淀区的"六小强"[①]初中学校。

当年,北京的小升初竞争十分激烈,重点中学更是有一套优中选优的选拔标准。首先是三大硬件:区"三好"、奥数杯赛证书和剑桥英语等级水平考试证明。满足硬件条件后才有机会参加笔试和面试,进一步与其他候选生竞争软实力,包括数学思维能力、写作能力、文理通识素养、中英文口语表达能力、兴趣爱好、情商、特长、公益经历等。

---

① "六小强"指位于北京市海淀区的清华附中、人大附中、北大附中、101中学、十一学校、首师大附中等六所重点中学。

对于很多"鸡娃"家庭来说,备战小升初的架势不亚于高考冲刺清华北大,甚至要准备的材料更多、更杂。因此,很多孩子从小学低年级起,就要着手准备上述诸多事项了。

之所以现在才开始着急孩子的学业,小衡爸爸解释道:"我和他妈妈学习成绩都不错。我是从山西农村考到北京来的。记得我们小时候玩着就过来了,不像现在的小孩,住在钢筋水泥里,跑都跑不开。人人从小就背个大书包,往返于各个辅导班拼命上课,有什么意思?我觉得没必要,学习还是要看后劲。我就是在上中学之后才开始发力的,要不是小时候玩够了,可能后来也没有力气学习。我和他妈妈都觉得学习主要靠后劲,所以希望孩子小时候抓紧时间玩,以后再集中学习。小衡其实脑子挺快,而且我和他妈妈以前学习都很好,我们对自己孩子的学习能力很有信心。"

爸爸说话时,小衡始终低着头看手,似乎所说与他无关。

小衡妈妈眉头逐渐紧锁,眼神中透着焦急,沉默地看着我们。

爸爸继续说:"小时候多玩,成绩说得过去就行。但五年级了,为了上个好一点的初中,要拿出来一些成绩,不同年龄段的任务不一样。数学和英语我都能教,但一教我才发现,孩子他自己不知道努力。让他动脑筋思考可太费劲了,丝毫没有我当年那个拼劲儿。我们希望能够帮助他调整状态,调动起他的积极性,让他对自己的学习能力有信心。"

爸爸说完之后看向孩子妈妈:"我说得怎么样,有什么要补充吗?"

小衡妈妈接着补充道:"宋老师,孩子做事慢,我性子急。光看他从包里拿出来一本书,我都感觉要花上 10 分钟的时间。看他做事情,我每次都要急死了。唠叨再多也没用,他还是慢吞吞的。"

在爸爸妈妈讲话的过程里,坐在中间的小衡始终一言未发。

"小衡,"我问他,"要准备小升初考试了,是吗?"

"嗯,是的。"听到我的提问,小衡回答道。但是他始终没有抬起头,声音也小得像蚊子。

"小衡，在小升初的准备上有信心吗？你怎么看待它呢？"

"我，我不行，太难了，我觉得不行。"小衡嘟嘟囔囔，不好意思地说。

"你怎么动不动就说不行？"爸爸忍不住指责道，接着转头看向我，"这孩子特别没自信，这一点可真不像我。我们就是希望他能够相信自己，努力学习，发挥出自己应有的实力。"

■ 初步分析

不补课也能学好，这是小衡父母达成的共识。因此，他们在孩子小学阶段的培养方式是顺其自然，给孩子一个轻松快乐的童年；等到中学后，孩子的体能和心理抗压能力都上来了再去加料，前期的放松是为了给孩子积攒"后劲"。换句现在流行的说法，小衡父母选择佛系育儿，坚信孩子不抢跑也能上进、优秀。

其实，这种家庭教育是相对健康的，但是到了升学的节骨眼上，小衡的学习状态如此消沉，小衡父母也无法再保持一贯的淡定，开始督促小衡抓紧时间。而对于小衡来说，原本以玩为主的学习生活宽松舒适，现在突然变得紧张、充满压力，自然有些难以适应，再加上在校的表现始终平平，也就越来越泄了气。

小衡的学习自我效能感很低，这需要从价值决策入手调整，打破小衡旧有的自我认知，帮助他建立起一个更加积极的学习情绪和学习状态。

■ 治疗过程

你 能 行

"小衡，刚刚我听到你说小升初太难，觉得自己不行。那么这种'我不行'

的心态有没有例外呢？有没有哪一次，或者哪件事情，让你感到自己很优秀或者还可以的？"为了帮助小衡回忆自身的闪光点，我直接向他发问道。

"呃……"小衡看上去腼腆极了，想了好久才开口，"有过那么一次吧……"他的音量依旧很小，笑容也显得很不好意思，和他高高的个子形成鲜明的对比。

"哦？是什么时候，什么事情呢？"我抓住契机问道。

"呃……有一次我和爸爸摘柿子，嗯……我看有棵树上柿子多，好摘，呃……就上去摘。那个……爸爸上了另一棵树，呃，柿子少不好摘……爸爸笑我缺乏生活经验，呃，后来，呃，果然他摘的柿子比我的好吃。"说完小衡缩了缩脖子，讪讪地笑出声来。

爸爸看着他，微笑不语。

"嗯嗯，然后呢？"我接着问。

"呃……后来，语文书上，有一篇古文，呃，很像我们摘柿子的事。觉得好玩，呃，就想背下来。"

"那是小衡第一次主动背课文。"爸爸补充道。

小衡说完又低下头，不好意思地笑笑，脸微微发红。如果不是这种羞涩的笑容，我总会因为身高而忘记这个孩子只有 11 岁。

"你想背下来，然后呢？"我看着小衡，鼓励地说。

"嗯，我就花了一些时间，想办法去背。后来老师要求在班里背这篇课文时，我是第一个举手背的，当时，觉得自己特别酷。"小衡笑着说。这次的笑，似乎有点不一样。

"你给宋老师背一下听听。"爸爸说。

"王戎不取道旁李——王戎七岁，尝与诸小儿游。看道边李树多子折枝，诸儿竞走取之，唯戎不动。人问之，答曰：'树在道边而多子，此必苦李。'取之，信然。"

"哇，好棒！你怎么做到的？"我竖起拇指，赞叹地问。

"呃，就是想背，多背了几遍就会了。"小衡回答说。

"嗯嗯，你为此付出了一些努力，并且也取得了收获。这样的经历还有吗？"我追问道。

在我的启发下，小衡发现自己通过努力而取得成绩的经历还有不少。例如有一次英语写作曾被当作范文、在校运动会上带领同学在4×100米接力中取得过班级第一名、参加的课外公益活动入选了年级优秀项目等。说着说着，他脸上多了不少笑容，自己也感觉不错。

"宋老师，我都没想到自己也能这样下功夫，然后通过努力完成任务呢！"他的语言更加连贯，整个人的状态都变得自信起来。

"回去以后，你打算做点什么？"我趁热打铁道。

"嗯，我想回去像刚才说的那几次一样，努力地去准备。"小衡有些跃跃欲试。

自我效能感

接下来我让小衡到隔壁的沙盘室稍事休息，留下小衡的父母，来沟通后续治疗过程中如何相互配合。

"正如您所说，不同年龄段的孩子有着不一样的任务。小衡这个年纪的孩子，正面临着一个心理发展上的重要关卡，那就是解决勤奋与自卑这对矛盾问题，最终获得成长过程中的自尊。"我向小衡父母解释道。

"这孩子缺的就是这个。"小衡父亲明显有些急切，"宋老师，您有什么提升孩子自信的好方法吗？"

"自信不是凭空而来的，它需要孩子有成功的经历做铺垫。当然，不必非要取得多么大的成就，哪怕只是日常一些微小的成功，也会给孩子带来一定的成就感，日积月累就可以让孩子获得足够的自信。需要提醒的是，由于小衡个头高，可能常让人不由自主地把他当作大人，从而提出超过他目前年龄水平的要求，这也会打击他的信心，这一点一定要警惕。当然，对于能力偏弱的孩子，家长可以有意设置一个个难度小的任务，通过引导和鼓励孩子完成任务，使他收获成功感，逐渐积累起自信。"

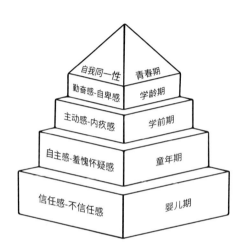

两个月后，小衡的父亲告诉我，孩子不再总说自己不行，已经能够自主地安排学习任务；另外，他的英语等级考试成绩很不错，还正在积极准备一个月后的数学竞赛。同时，据老师反馈，小衡在学校也自信了许多。

■ 回顾总结

6~12岁的孩子，在心理发展上处于"勤奋"与"自卑"这个矛盾阶段。在这个时期，孩子如果能够通过自身努力而获得成就，那么将会逐渐发展出自信。如果孩子因努力不足或目标过高而难以达成，就容易造成缺少通过努力获得成功的经验，很可能会陷入"习得性无助"的怪圈，并最终彻底放弃努力。但是，如果家长为孩子制定的目标过低，也会令孩子放弃努力。

要改变这样的孩子，不能只靠要求和说教，而是要让他从一个个小的成功体验中建立新的价值决策。这种体验可以是原有的经历反思，也可以是新的尝试体验。

在小衡的成长过程中，通过努力而收获成绩与肯定的经历不足，与其他表现优异的同学相比，他很容易感到自身缺乏闪光点，于是导致自信缺失，甚至表现出自卑。

在治疗过程的交流以及对亲子互动的观察中，我发现到，小衡的不自信，一定程度上也在于父母缺乏积极的引导。小衡父母在孩子自信养成的关键期没有为他及时创造机会，在小衡通过努力取得一些成绩时也没能给予应有的肯定与鼓励，甚至因为自身是高知的原因，错过和漠视了很多孩子身上的闪光点。对此，在与小衡父母的单独沟通中，我着重强调了家长在孩子自信培养上的重要作用，以及希望他们做出改变的努力方向。

在对小衡的现场调整中，我首先帮助小衡回忆，过往有哪些成功经历是通过自己的努力而获得的，从而开启了他建立自信的通道。后期，小衡的父母也愿意积极配合，一起努力回忆，收集孩子点滴、微小的成功经历，并从生活中到学习上不断发掘、创造孩子可以付出努力的机会。最终在多方配合下，小衡的自信心成功建立起来。

老师和家长要切记，不要对这个年龄段的孩子提过高的要求、定过高的标准，而要重视孩子身上微小的进步，鼓励他们通过努力来实现小幅进步。当孩子知道自己的努力可以换来积极的认可和回报时，就会变得更加自信。

手记点睛

后劲是厚积薄发的力量，但积累后劲的过程不等于放养。在勤奋和自卑的矛盾期，发现孩子的潜能，引导并帮助孩子不断获得成功，是他一生自信的来源。每个孩子都是一个"宝藏"，需要父母不断去发掘，才能最终使他闪闪发光。

第九章 与『阿斯伯格』男孩『共舞』

本章导读

我们生活在一个共同的世界，也栖息在各自的空间。我们通过社交来适应外部世界，同时也在自我空间中调整内心，力图达到内外世界的平衡与贯通。这便要求我们用约定俗成的文化习惯去理解他人，同时也要用准确的语言和情感来表达自我。一名优秀的学习治疗师会把每个个案都视作一个具有独有性格、独特智慧以及自我志向的独立体。即使面对不愿或不善交流的"阿斯伯格综合征"个案，我们也可以从他们的问题表现中看到其学习系统的相应缺陷，并用尽可能快速有效的方法调整相应的模块和程序，达到寻根治本的效果。

案例 9.1
偏执男孩的社交解码

他时常偏执、喜怒无常,同学们都称他为"疯小孩"。事实上,他也渴望与大家成为朋友,只是无法把握与人相处的界限和尺度,往往弄巧成拙。解锁他的社交力,要从一个个社交小程序的建立开始。

人物小档案

姓名: 李韬
性别: 男
年级: 初中二年级
诊断分型: 价值决策 – 复合型
关键词: 界限感　尺度标准　情绪语言

案例背景

一天下午,助理接到一位初二男孩妈妈的电话。这位妈妈说在学校听过我家庭教育方面的讲座,想请我给孩子做学习治疗。孩子名叫韬韬,在四年前被确诊患有阿斯伯格综合征,经常与同学发生冲突,有时甚至顶撞前来劝阻的老师。最近一个月他不好好上学,总是找各种理由让妈妈跟老师请假,去医院检查身体却显示没有任何问题。

第九章 与"阿斯伯格"男孩"共舞"

韬韬从小主要由妈妈带大，遇到事情或者犯了错，妈妈都会一条条掰开、揉碎了给他讲明白道理。比如，韬韬一年级时在学校过了一次圣诞节，于是他就相信世上有圣诞老人。妈妈为了让儿子"理智"一些，就不断地讲道理、举例子，告诉他圣诞老人只是一个虚构的人物，直到孩子认清这件事为止。

现在，韬韬已经上初二了，还是比较粘妈妈，有时会像三岁的孩童一样扑到妈妈身上，一头扎进妈妈怀里；但当情绪失控时，又会对妈妈大吼大叫，甚至还会动手推搡妈妈。韬韬和爸爸接触得少，但对爸爸谈论的事情，比如地理、历史、战争等话题很感兴趣。

▌初诊接待

对于这个阿斯伯格综合征男孩儿，我需要了解更多具体的背景信息。所以，第一次我并未与韬韬直接见面，只是约见了他的妈妈。

韬韬的妈妈是一位优雅的女士，她声音轻柔，面带微笑，十分礼貌。

韬韬妈妈表示，自己和孩子爸爸都是博士毕业，身体健康且家族均无遗传病史，不明白自己的孩子为什么会患上阿斯伯格综合征。韬韬小时候和其他小朋友无异，学习非常好，也能够和小伙伴们正常交往，没有发现什么特别的问题。韬韬从小就很喜欢军事和武器，妈妈很注重对孩子兴趣爱好的引导和培养，为此特地找来在理工大学相关领域任教的同学和韬韬共同探讨军事方面的话题。基于此，韬韬从小学三年级起，就立志考入理工大学的兵器制造专业。

妈妈详细叙述了韬韬从出生到现在的学习和生活的状态。她说：韬韬内心特别渴望朋友，想要与人交往，但因缺乏交往技巧，往往弄巧成拙，惹得同伴们不喜欢他。韬韬的"界限感"非常强烈，一旦逾越他的"界限"，他就会做出一些过激的报复性行为。例如，课间玩闹时，某位同学碰了一下他的桌子，他就会感到非常气愤，然后冲过去把这位同学桌子上的东西全部扫到地上。这时，班里的同学往往会大叫"韬韬又发疯了！"

现在韬韬正在接受医院开具的阿斯伯格综合征药物治疗，情况已经比刚上初一时好多了。

"宋老师，我有时候也会崩溃。但是，我必须得坚持，因为我要对孩子负责。以前基本上每周都会被叫家长，周围人都习以为常了。可是我从来没有放弃。韬韬英语不好，我就请了家教，但是他不想一个人学，希望有个伴儿一起学，于是我就鼓励他邀请小区里一个和他同龄的孩子一起上课。韬韬特别想和他做朋友，我就为他创造各种机会。但是他学习一点儿都不主动，比如英语这门课，他每次就只学课上的90分钟，多一分钟都不肯学习。一个学期下来，韬韬成绩一点儿没有进步，陪他学习的孩子倒涨了20多分。我心里特别难受，可就是这样我和韬韬也一直都坚持着。没想到，最近他居然开始不想上学了。"韬韬妈妈说着，声音有些伤感，脸上却还保持着微笑。

随后，我和韬韬妈妈深入分析了孩子的情况，我认为孩子的问题不仅仅源于他自身，与家长也有很大关系，因此家长也要参与治疗甚至直接进行咨询。我给韬韬妈妈留了一个任务——觉察自己的表情，坚持一周。关于韬韬，我将首先调整他的价值决策模块，修正他关于人际交往的内在评判标准。

韬韬妈妈表示同意，她补充说，孩子见到陌生人时，有时会非常羞怯，有时则会情绪暴躁，只有她陪着的时候才会好一些。她希望下次可以和韬韬一起来找我做学习治疗。

鉴于韬韬的特殊情况，我应允了，并约定下周六开始治疗。

初步分析

阿斯伯格综合征属于孤独症谱系障碍（ASD）或广泛性发育障碍（PDD），患病者与孤独症患者具有同样的社会交往障碍，也有着局限的兴趣和重复、刻板的活动方式。

阿斯伯格综合征患者的特点是，愿意与人交往，喜欢与同伴玩耍，但缺乏交往技巧，不能正确理解他人面部表情、肢体动作等非语言表达信息，难以形成和维持良好的人际关系，容易被同伴孤立。

现实中，有些阿斯伯格综合征患者的家长情绪表达方式相对单调，无法满足孩子情绪体验学习要求，他们如果能学会更加丰富的情绪表达，对孩子的社会适应将有很大帮助。韬韬的妈妈表情相对单一，在同她交谈的过程中，我发现即使说到很伤心的事情，她依然保持微笑。而据妈妈说，韬韬的爸爸是一个比较严肃的人，大部分时间都板着脸。为了平衡爸爸的严肃，自韬韬出生以来，妈妈总是以微笑面对他，无论是叫他起床还是批评教育他，都会保持着微笑。

治疗过程

与韬韬的对话

一周后，我见到了韬韬。即使有妈妈陪同，他还是有些紧张。

"你好！我叫宋少卫，宝盖宋，少年的少，保卫的卫。"我伸出手，准备和他握手。

韬韬愣了一下，还没有来得及作出反应，旁边的妈妈就赶紧提醒道："宋老师和你打招呼呢，愣着干什么？"

我看着眼前的这个孩子，大概175厘米的个头，身体很结实，脸颊和下巴微微冒出青春期初生的胡须。他并未对妈妈的话立刻作出反应。

几秒后，他才伸出右手，并报出自己的名字。

我用力地和他握了握手，直奔正题："最近在学校遇到什么问题了吗？"

韬韬说："没有，就是和数学老师有一点不愉快，是关于根号的。我考试的时候，写的根号没有上面的那个横，结果数学老师给我判错了。但是我查过了，我写的那个就是对的，根号就是可以不写横的。我去找过她好多次，但是她都不给我重新判。气死我了!宋老师,您说我有没有写错?"

"据我了解,在没有特殊规定的情况下,这个符号确实可以简写。"我回答道。

"是吧?后来我就把在网上搜到的资料都打印出来给她看。最后数学老师虽然承认我是对的,但是依然不给我改分数,她说考试中简写不会给分的。我很生气,就在黑板上写满了根号,不让同学擦,等着数学老师来,不让她上课。后来班主任来了,把我叫到办公室,让我给数学老师道歉。可是我没有做错,是她判错了,我为什么要道歉?"韬韬情绪激动,滔滔不绝。他还详细地讲述了自己是如何与数学老师、班主任做斗争,最终取得胜利让数学老师给他修改分数的。

在韬韬的整个叙述过程中我没有打断他,只是不停地点头并用肯定的眼神鼓励他继续说下去。当韬韬妈妈试图出言干预时,我制止了她。我深知如果一个孩子不断找理由不去上学,那一定是学习系统中的价值决策出了问题。而要解决价值决策的问题,首先要帮助孩子跨过情绪关。

当孩子叙述事件的时候,学习治疗师尽量不要打断他们,相反,要鼓励他们把想说的话都说出来。即便他们的言论有些荒谬,治疗师也应认真倾听,并表现出发自内心的真诚,因为这是孩子在宣泄内心深处的负面情绪。而且,这是与孩子建立良好咨询关系的重要一步。沟通时,治疗师点头与赞许的表情,更有助于收获孩子的信赖感。

"听到你因为根号的事儿和数学老师发生矛盾,我感到你既生气愤怒又十分委屈,是不是?如果这事儿发生在我身上,我一定也很不好受。"听韬韬把"根号事件"从头到尾讲述完,我没有急着做出评论或指导,而是先对他表示了理解。

"嗯!明明网上说那样写是可以的!他们都觉得我有问题,哪哪都不好……"韬韬有些哽咽。

"啊!那他们可没有发现你的一个特别重要的优点。"此时,我适时转换了话题。

"什么优点?"韬韬诧异地抬头看我。

"你的语言非常具有逻辑性!你能把持续了将近一周的事儿,极其有条理地表述出来,这是一项非常重要的能力,现在中高考更多的是考查逻辑思维能力,所以这对你来说是一个大大的加分项!"我恳切说道。

韬韬刚要回话,在旁边全程保持优雅微笑的妈妈又准备提醒他什么。我及时注意到并用眼神再次制止了她。

"嗯,我也感觉我逻辑性挺好的,我特别喜欢理科,里面有很多题都是用逻辑思维解决的。"听到我的话,韬韬并没有感到害羞,而是自信地肯定了自己。

"是的!我研究中高考多年了,总结出一套十分有效的高考公式:'高考最终分数=个人实际水平 ± 作答规范性 ± 考题适应性 ± 临场心理发挥 ± 选择题盲答正确率 ± 批卷老师匹配性 ± 其他不确定因素'。"我详细地向韬韬讲述了如何解读这个高考公式,以及有哪些需要注意的事项。

公式中特别强调了考试作答的规范性和批卷老师匹配性。例如高考作文判分,如果有字迹不清的情况,倘若判卷老师因没有看清而判错分数,后果只能由考生自己承担。

韬韬虽然患有阿斯伯格综合征,但却不是一个"笨小孩",相反他很聪明。他立马联想道:"宋老师,那如果我简写根号,高考的时候遇到和我们数学老师一样的情况,给我判错了,吃亏的岂不是我?"

"你说的很对,可能 99% 的人根号都不会简写,倘若只有你简写,就和作文字迹不清一样,处在模糊地带了。"我微笑并赞赏地点了点头。

"那……我和数学老师要分,是错了吗?"韬韬开始反思自己。

"你需要想明白,一件事儿发生了是谁的责任,而且尽量不要在乎一时的得失,要看长远。"我引导韬韬自己思考。

"我好像明白了,宋老师,我太在乎这次考试的分数了,其实数学老师和班主任都说过,这次即使给了我分数,如果到了中考的时候我还这样写,也很有可能会被扣分。他们希望我长个记性,以后规范书写。"韬韬已经醒悟过来。

"特别好!我们能不能借这次根号事件,就与人争吵胜利或失败带来的不同影响做一个总结呢?"我继续引导,希望能够让这次事件带给韬韬的启示再升华一下。

经过一番讨论,最后我们总结出了这样的行为准则:

与人争吵胜利后,该怎样做?

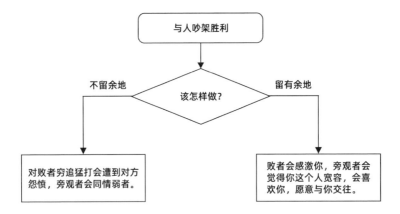

第九章 与"阿斯伯格"男孩"共舞"

在整个治疗过程中,我希望韬韬能够领悟到一些与人相处的道理和方法,只有那样,他才能够获得适合他自己的人际交往的技巧和方法,形成属于他自己的一个个"人际交往小程序"。

接下来,我们的治疗会面保持着每周两次的节奏,每次都探讨一个他认为自己需要解决的问题。例如:"为什么我和同学们开玩笑,他们都不笑?""如果别人的自私伤害了我,我就要报复。这么想对不对?""推开别人时,用多大的力气不会让对方感觉受到了攻击或疼痛?"……

我们从"开玩笑的方式"讲起,练习给对方讲笑话;对自私的尺度问题进行探讨,思考关于"度"的把握;我们模拟不同情境下力量的使用,实际体验不同力度所带来的触觉感受……

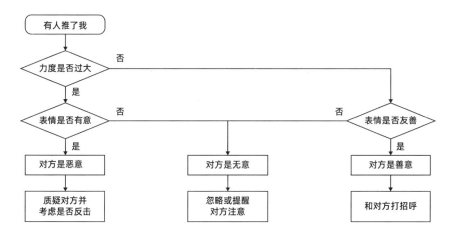

如果韬韬没有遇到新的问题,我们就设想一种"冲突的可能性",并模拟处理过程。比如:如果有人推了我,我该不该打回去?以前,韬韬想都不想就会这样做。但是,现在的处理程序是:①感受一下对方推自己的力度,大不大?②观察对方的表情;③根据力度和表情,分析对方是恶意、无意还是善意;④如果是无意,可以忽略或提醒对方注意;如果是善意,则和对方打招呼;如果是恶意,质疑对方并确认是否反击。借助这种游戏式的模拟,我们逐渐锻炼他应对新冲突、新矛盾的能力。

一个月后，韬韬在他的专用笔记本上，记录了许多价值决策方式及问题解决程序，并且不再逃避上学，正常复学了。

与韬韬妈妈的交流

当然，这个过程离不开韬韬父母的配合和努力，尤其是他的妈妈。每次李韬咨询完的第二天，韬韬妈妈都会按时来与我会谈。

"宋老师，您让我觉察自己的表情，起初我是不大理解的。但是一周后，我也发现了自己的问题，我总是微笑，即使和韬韬生气了，也还是在微笑。这样是不是有问题呢？"

"是的！韬韬愿意与人交往，喜欢与同伴玩耍，但是缺乏交往技巧，不理解面部表情、肢体动作等这些非语言表达的信息，采用的交往方式很生硬，不能灵活应对不同情景，因此常被同伴孤立。我们都说父母是孩子的第一任老师，父母的情绪表达方式如果过于单调，就无法给孩子提供更多情绪学习的机会，这可能是导致韬韬发病的原因之一。"我向韬韬妈妈详细地解释道。

"那我应该怎么做呢？"韬韬妈妈语气很急迫。

"我在培训学习治疗师的时候，会专门讲解如何进行表情练习，帮助家长更有效地传递情感、态度等。今天我们的任务就是练习6种基本表情。"

"好的！我尽量试一下。"

我先是请韬韬妈妈做出悲伤的表情。悲伤是一种负面情绪，但是却也有着积极的意义，表达悲伤和理解悲伤是人际交往中必不可少的能力。

韬韬妈妈揣摩了一会儿，抿嘴、眉毛挤到一起，有些生涩。这也难怪，让一直保持微笑表情的人突然表现出悲伤，确实有些难。

"悲伤时脸部肌肉松弛，并且眉毛里端收缩或扬起，眉毛之间产生垂直的皱纹，上眼皮内端抬起形成三角形，下眼皮也会受到影响，变得紧张，嘴角会向下撇。"我一边说，一边做示范。

"天呢！宋老师您的眼睛里都有眼泪了！"韬韬妈妈愣住了。

"是的，我调动了我的悲伤程序。"我揉揉眼睛说道，"我们继续？"

"好！"看了我的"表演"后，韬韬妈妈练习得更认真了，慢慢地也开始摸到门道了。

"建议您随身准备一个小镜子，可以多多练习，改变是悄然发生的。但也不必操之过急。"

在后面的咨询中我们从6种基本表情到15种组合表情，再到身体语言，最后到语音语调，都逐一进行了练习。

此外，在后续咨询中我还帮助她调整了和孩子的相处模式：对话方式上不再对孩子进行"唐僧念经式"的教育，而是懂得对话留白，让孩子有自己思考的空间；亲子关系上，妈妈适当放手，让爸爸多跟孩子相处。

韬韬妈妈学得很快，也很用心，她很快就掌握了要领，这为韬韬的快速恢复起到了非常重要的作用。

▌回顾总结

人际交往中的信息传递遵循着一个公式：信息传递 = 7%的言语内容 + 38%的语音语调 + 55%的面部表情。其中，言语内容所传达的信息占比是很小的，这也是为什么家长的唠叨对孩子难有效果的原因。

阿斯伯格综合征患者在非言语交流（目光对视、面部表情、身体姿势和手势等）上往往存在明显的能力不足，所以他们需要沟通者提供更加多样的语音语调、面部表情的刺激与体验，这样可以增强他们非言语性的理解和表达能力，从而提升交际性和情感性的互惠行为。而对于每个孩子而言，照料者的语音语调和面部表情越丰富，就越可以在一定程度上提高孩子的情绪智力，促进亲子关系，为孩子的学习助力。

由于自身的特点和后天的一些错误认知，韬韬的妈妈一直刻意表现得非常亲和，导致非言语信息很少，韬韬从妈妈那里得不到足够的非言语表达的学习机会。

在与韬韬的沟通过程中，我认真倾听他的心里话，帮助他宣泄心中负面情绪，抓住他的优点及时表扬，协助他认识一些人际事件，提高情绪智力，最终帮助他形成一些"人际交往小程序"。同时，我也教会韬韬妈妈使用各种非言语信息与孩子沟通，适应孩子的人际交往特点。

手记点睛

每一个孩子都是一颗独一无二的星星，他们有自己的闪光点，有自己的运行轨道。作为学习治疗师或者家长，我们应该尽量了解他们的特性，用他们乐于接受的方式，赋予他们成长中缺少的力量，帮助他们形成积极有效的人生程序。

案例 9.2
用可"听见"的方式交流

我们俩就这样待着,开始仅仅用肢体动作进行交流,他抠弄桌缝,我跟着他抚过桌面……有时候,我会躺在地板上和他聊天,这样方便与他对视。再后来,每次见面,我都会说,"来吧,看看我的脸,我高兴吗?""今天早晨,我迟到了,还被人抱怨,我难过吗?"就这样,我陪着这个孩子学会了"阅读理解"他人的情绪。

人物小档案

姓名:李星星
性别:男
年级:小学一年级
诊断分型:价值决策-复合型
关键词:交流方式 情绪语言 人际交往

■ 案例背景

星星是一个非常特殊的复杂个案,他的同卵双胞胎哥哥没有任何异常,但星星却在3岁半的时候短暂失语,6岁表现出疑似阿斯伯格综合征的系列症状。要知道，同卵双胞胎的阿斯伯格综合征共患比率高达60%~90%，据此我推测他的问题更多来自后天影响，而先天遗传的器质性问题概率比较低，所以对解决他的个案问题还是有一定信心的。

那是多年前的一个春天，星星的妈妈通过热线电话联系到我，她的声音干练而坚定，一听就是一位高知职业女性。她告诉我孩子的一些问题细节：

1. 星星喜欢我行我素，在班里不会和同学、老师正常相处，听不懂老师的指令，甚至不管不顾跳进学校的水池里洗澡玩耍；

2. 星星和同卵双胞胎哥哥的性格差异很大，不喜欢与人对话，喜欢一个人玩各种粉末状物体和瓶瓶罐罐；

3. 星星的语言发展明显滞后于同龄孩子，曾经在3岁半左右出现过短暂失语现象，至今在语言表达上仍存在明显问题，有时会不自觉地重复几个怪怪的声音，从小学入学以来，语文成绩一直不及格；

4. 星星的注意力很不好，上课无法集中精力听讲，经常自顾自玩小物件，无论铅笔橡皮还是小纸片，常常沉浸其中，有时即使老师正在讲课，他也会自顾跑出教室，老师要求家长陪读，这让星星父母很是尴尬；

5. 星星平时不愿与人对视，尤其是陌生人，一遇到别人注视自己或想要交流，就会躲闪或跑开；

6. 星星在运动时身体动作生硬不协调，经常突然前冲，喜欢原地转圈，多次无意中碰撞到同学，进而发生冲突；

7. 星星对于药物的化学名称特别敏感，能够熟练背下家庭常用药物的名字；

8. 星星对于出门和进门的步骤非常在意，有时放错或拿错了东西顺序，一定要重来；

9. 从星星3岁多开始，父母多次带孩子去各大医院看病，结论仍不明确，怀疑过注意力缺陷与多动障碍（ADHD），也怀疑过孤独症和阿斯伯格综合征。

第九章 与"阿斯伯格"男孩"共舞"

■ 初诊接待

我和星星妈妈通完电话的第二天,星星第一次来到我的工作室。

这是一个身子单薄、冲劲却不小的男孩。在我与他妈妈交流的过程中,他丝毫不理会,一会儿看看、动动屋子里的各种摆件,一会儿又拉开抽屉,自顾自地寻找着什么。好不容易在我对面坐了下来,也不理会我的提问,只是趴在桌子上,用手反复抠弄桌面的小缝隙。于是,我在他的对面也趴下来,用手指把他抠过的地方都轻轻抚摸一遍,碰到他的手指也不躲闪。在这个过程中,星星完全无视我,偶尔和我视线相交,也没有什么回应,马上就会把目光投向其他地方,或是干脆爬起来跑到一旁,一会儿再回来接着抠桌缝。起初我尝试与他对话,后来索性就不说了。我一边找机会和他用眼神交流,一边用手抚摸着桌面。

星星的妈妈不明所以,在旁边着急地提醒我:"宋老师,我请您给孩子做咨询,您怎么不跟他说话啊?!"

我仍然温柔地注视着星星,笑着轻声回答她:"我说了呀,我们俩聊着呢!"

她连声追问:"我听您什么也没说啊?"

我温和地对她解释道:"你要的是我跟星星沟通,还是和你说话呢?如果和你说,不管我们说什么,星星都听不进去;如果想和星星说,就要用他的方式。"

其实,我一直在用肢体和动作与星星交流。第一次咨询就这样过去了,星星并没有什么特别的变化。但是,我对星星有了一个基本客观的分析和判断。

随后,我又和星星的爸爸妈妈单独做了一次深入的交流,落实了几个重要信息。

第一，和哥哥相比，星星2岁前并没有特别大的异常，但是二人的生活状态不太一样。星星小时候体弱多病，晚上哭起来很容易把哥哥也带哭了，妈妈一个人照看两个孩子很困难，所以就请了职业保姆带着星星睡觉。但是，星星的妈妈是一个有洁癖的人，对家庭卫生要求很高，为此，很少有保姆能达到她的标准。六年来，家里换了十几个保姆，平均每个保姆只能干半年。据星星爸爸反映，如此频繁地更换保姆，导致星星的安全感极差，分离焦虑明显，甚至怀疑星星可能受过保姆的某些人为伤害。

第二，星星的妈妈是一位海归高管，在一家知名投资公司担任执行董事，平日里工作强度很大，关心孩子的时间相对有限，但是她对于孩子的文化课学习特别重视，有时候星星记不住知识，妈妈会表现得很急躁，小时候经常会吼孩子。

第三，星星的爸爸妈妈结婚多年，事业上一直女强男弱，夫妻关系有点紧张。在星星的教育问题上，二人的矛盾更加明显。星星爸爸主张让孩子推迟一年上学，更多地参与到体育和绘画活动中；而妈妈则希望孩子尽早适应学校生活，同时对孩子的语文能力薄弱和人际关系紧张感到非常焦虑。

■ 初步分析

根据星星的行为特征和相关成长信息，尤其是在交流时很难形成视觉的共同关注，并结合他在澳大利亚阿斯伯格综合征评定量表的得分，我初步给出了星星罹患中度阿斯伯格综合征的意见。同时，在进一步确认他智商正常和本人非自愿治疗意愿的基础上，结合他的一些作业和考卷错误等，运用积极学习系统的各维度模型分析，得出星星具有重度学习困难的结论，下面分析各模块对应的问题根源。

星星的语文成绩一直不及格，问题的重点在于其语言发展明显落后于其他同龄孩子，在拼音学习中经常出现b、d不分，拼音音节总要从第一声调试读开始,导致用时过长等问题,他显然是在识别驱动模块存在问题,对此需要进行针对性感知觉训练和条件反射库建立。

其次,星星在现实生活中的语义解析数据库很不完善,对一些常用词的理解并不清晰,甚至对前后左右都有些不是很明确,这就造成他在理解方面存在许多困惑;同样,在记忆方面由于理解困难,他常常采用机械的物理记忆加工,导致记忆效率低下,刚刚学会很快就遗忘。

另外,语义的不清晰也就是基本概念的模糊,更导致了逻辑加工的困难。可以说,在星星的学习系统中,各个功能模块都有明显问题,且相互交叉影响。因此,综合评估星星的学习系统,第一大关键问题来自语义解析!

除此之外,另一个突出的关键点来自价值决策。

我们都知道,积极学习系统模型的价值决策模块中有三个重要组成部分,一是情绪管理,二是意义标准,三是方法采择。星星在情绪管理方面的问题很大,他的情绪粒度十分粗糙,几乎没有从开心到愤怒的过渡部分,也就是说,他很容易发脾气。当然,他也很难理解和体会细腻的情绪情感,尤其无法感受他人情绪的不同程度变化。于是,他就采取漠视的方式来处理,只关心自己的世界和自己的感受,但是又缺乏足够的语言和情绪表达能力。对此,帮助他准确收集到别人的情绪信息,并且做出正确判断至关重要!为此,我努力说服星星的妈妈,不要急于开始对其他模块的学习治疗工作,而是先多花一些时间,陪着孩子感受和理解他人情绪,建立基本的生活语义基础,体会家庭的温暖和安全感。

■ 治疗过程

经过两次我和星星父母的充分沟通,尤其在统一家庭价值观和教育观念的基础上,星星的妈妈意识到问题的严重性,留给星星部分恢复正常的时间越来越少了。因此,她下了一个很大的决心:给星星办理休学一年,同时自己辞职在家亲自带星星睡觉、带星星做家务、带星星完成学习治疗。

这对星星的后期调整起到了巨大的作用。第一，让星星充分感受到，妈妈对自己和哥哥同等的爱，也直接减少了可能来自他人的不确定影响因素。据妈妈反映，星星的安全感大幅提升，做噩梦的次数明显减少；第二，星星妈妈意识到自己的情绪表达过于严肃单一，于是经常和爸爸、哥哥一起带着星星玩动漫 cosplay！让星星通过卡通人物去体验不同的情绪情感。老实讲，亲人的耐心示范意义重大，星星的很多情绪是和爸爸妈妈一起，一点一点重新"做"出来的，他的情绪粒度因此得到了很大的改善；第三，妈妈的贴身陪伴帮助星星很好地重新感知生活，认识世界，极大地弥补和增强了他的生活语义库，为学习和生活打下了一定的常识基础。

当时，我每周见两次星星，每次一个半小时左右。最开始，星星在我的工作室经常不听指挥、横冲直撞，有时直接就撞到我的身上，我和星星妈妈

第九章 与"阿斯伯格"男孩"共舞"

就在旁边微笑着,给他一些口头指导、询问鼓励和必要帮助。针对星星语义解析能力弱的问题,我建议星星妈妈参考人类语言诞生和进化的历程,从名词的使用,到动词、量词、形容词等,逐渐过渡到完整句子的使用。当星星说不好某些词语或者句子表达意思不清楚的时候,我们也不急着纠正,而是用他的语义和逻辑组织语言,说一遍或表情夸张地表演给他看,观察他的反应,然后再用正常的语言说一遍,引导他重复。即使很多时候我们都理解了他的意思,但是他要想得到我们的帮助,必须要完整说对了词语或句子才可以。三个月咨询之后,我无意中发现星星在学习英语单词的时候,表现出极强的语言能力,至今我仍然记得,他对英语单词几乎过目不忘的样子。于是,我和星星妈妈紧急调整,把英语当作母语来培养星星的语言能力,这给了他重新建构语义解析能力的宝贵机会。

另外,为了加强他的情绪感知和理解能力,我经常会选择躺在地板上和星星聊天,这样星星的视线居高临下,更容易与人对视。再后来,每次见面,我都会和星星说,"来吧,看看我的脸,星星,我高兴吗?""今天早晨,我迟到了,还被人抱怨,星星,我难过吗?"此外,平日在家,星星妈妈也会按照我的建议带星星动手做简单家务,包括收拾杂物、浇花、做饭、打扫屋子;这是星星的家庭主课,他每完成一项有意义的任务都会得到表扬和肯定。其他时间,妈妈会和星星一起共同创作小故事,其中有个重要角色是能够用眼睛和微笑唤醒生命的精灵,每当讲到这个角色,星星都会用瞪大眼睛做出反应。当然,妈妈经常会和星星一起看英语绘本阅读,不仅阅读理解故事中的情节和事物,也会引导他去阅读理解其中的人物情绪,甚至随时"阅读理解"现实生活中周围人的真实情绪。

在星星前后为期两年多的学习治疗过程中,我坚持一贯的价值观至上理念,和星星爸爸妈妈合作,采取各种暗示方式,帮助星星建立自信心。甚至哥哥也参与了多次"助攻",在几次和星星的简单比赛中故意让弟弟取胜。

慢慢地，星星相信自己的学习和成长问题只是发生了一些小毛病，过两年就会有一个大大的改善。这种对未来的积极期待和逐渐增长的信心，帮助星星更能积极乐观地面对各种问题。

"人有七种情绪，我已经掌握了四个，还有什么担心的？"他常常会这样自言自语，给自己打气。

一年后，他的阿斯伯格综合征得到了显著的改善，星星回到原来的学校，继续读一年级。但是过了不久，因为星星英语交流比中文流利很多的原因，他转学去了国际双语学校。这时候，他对情绪的认知和管理都有了极大的提高。同时，妈妈的家庭陪伴也弥补了他许多生活上的缺失。神奇的是，在价值决策、语义解析模块的修复基础上，星星的识别驱动和逻辑加工等模块也得到了迅速而有效的提升，并且能够在我们的引导下，顺利完成各种小程序的定制，比如完成浇花工作，并保证院子里所有的花都浇到、浇好。检查工作完成的时候，他会高高地举起右手的大拇指，给自己一个大大的赞。

■ 回顾总结

当我们处理一个错综复杂的学习治疗个案时，尤其是一些重度的学习困难个案，学习治疗师经常可能面对一个识别驱动、语义解析、逻辑加工、价值决策和程序定制各个模块都有问题的尴尬局面。这时，强烈建议大家首先解决价值决策问题，然后，依次处理是识别驱动、语义解析和逻辑加工，最后才是程序定制。

另外，对于一些相对复杂和严重的心理问题，例如：焦虑症、抑郁症、强迫症等，学习治疗也有很好的实践干预效果。

本案中，星星患有阿斯伯格综合征，这是一种发病率接近万分之七的心理疾病，在中国庞大的人口基数下，也有近百万患者。阿斯伯格综合征的关键点就在于患者的情绪理解和感知能力出现了明显障碍，对此，建议中级和高级学习治疗师运用价值决策中的情绪管理干预措施,帮助个案理解和表达情绪情感。同时,运用各种方法、程序来改善和提升情绪翻转的能力,例如"任何事情都可以是好事!",从而达到良好的情绪管理效果。

> **科普小贴士**
>
> ### 阿斯伯格综合征的常见表现及与孤独症的差异
>
> 阿斯伯格综合征与孤独症具有同样的社会交往障碍,在某些方面表现出局限的兴趣和重复、刻板的活动方式。在分类上与孤独症同属于孤独症谱系障碍或广泛性发育障碍,但又不同于孤独症,区别在于阿斯伯格综合征大多没有明显的语言和智能障碍。
>
> 首先,阿斯伯格综合征患者与孤独症患者在人际交往意愿方面明显不同。
>
> 阿斯伯格综合征患者愿意与人交往,喜欢与同伴玩耍,但是缺乏必要的交往技巧,不能正确理解对方的面部表情、肢体动作等非语言信息;与人交往时,往往表现出明显的刻板、生硬、程式化,因此难以与他人形成和维持良好的人际关系,不能灵活应对人际问题,常常会被同伴孤立。
>
> 这一点与孤独症患者是明显不同的,后者在人际交往上是退缩的,他们对周围的他人不感兴趣,不会主动与他人建立联系,而阿斯伯格综合征患者则是渴望与其他人建立联系,却常常因缺乏技能而无法做到。例如:他们使用语言来进行沟通的能力差,在交谈过程中不会察言观色,有时不能关注到对方的反应,不管对方对自己所

谈内容是否感兴趣，也不顾忌对方感受。不知不觉会在交谈中使用一些书面语言，给人一种咬文嚼字的古板、生硬、夸张感觉。

第二，在谈话中，阿斯伯格综合征患者只能理解简洁、清晰明了的语句，难以领会幽默、隐喻、双关意义的语句，所以，容易造成理解错误，也容易因此被嘲笑和孤立。

第三，阿斯伯格综合征患者的行为模式比较刻板仪式化，常常表现为固执地保持日常活动的程序，如上学必须走相同的路线，进门或出门有自己的固定顺序，若当天的计划或课程变动、堵车或有事耽误了时间等就容易烦躁，甚至发脾气。也有一些患者每天吃相同的饭菜，必须在固定的时间和地点上厕所，定时上床睡觉，只用同样的被子和枕头等。一旦这样的活动程序被改变，患者就容易表现出焦虑不安和烦躁情绪。

第四，阿斯伯格综合征患者常常有某些特殊的收藏、爱好或能力，如收藏某种卡片、记忆列车时刻表、比赛获奖者、名山或建筑的高度，显得比较怪异。对此，我们可以鼓励和引导阿斯伯格综合征患者发展这些兴趣爱好，如能引导他们成年后从事相关的职业或研究，更加容易获得成功。

第五，阿斯伯格综合征患者的运动发育延迟和运动笨拙，这是一个重要的相关表现而非诊断依据。他们在运动技能发展方面相对落后于同龄人，更晚学会骑自行车、接发球、开罐头、使用改锥和钳子等。有一些人的步态僵化、姿势古怪、操作能力差，在视觉－运动协调能力方面存在显著的缺陷。

说到这里,我不太建议学习治疗师最开始就接手星星这样的复杂个案,更推荐先从简单一些的学习治疗个案入手,比如出现某一方面问题,或是程度较轻,甚至本身正常、只是想要在薄弱学科上提分。待经验积累到100小时,并对积极学习系统和各个模块功能、问题和干预方式了如指掌之后,再逐渐尝试有难度的个案,全面提高自身的水平和信心。

最后要总结的一点是,学习治疗对于复杂个案干预有一大优势——体系功能清晰、操作步骤明确,无需过多纠结于某些现象,也不必浪费时间于各种所谓可以深挖的问题点。比如:星星对各种粉末状物体特别感兴趣,从精神分析的角度来看,极有可能背后有故事。如果针对这个点进行过度解读,也许对问题的解决会有所启发,但是很可能由于沟通不畅、处理时间漫长,带给家长一些不完全正确的心理暗示,甚至可能造成一定程度的跑偏和误导。而我们运用学习治疗的干预方法,各种问题点只是对于某个模块问题的局部分析,一旦把各个模块按照顺序完成相应干预处理后,个案的整体状态和系统能力就自然升级改善,达到全面提升的效果了。

> **手记点睛**
>
> 每一个学习问题个案本身都是极其巧妙的错误,值得我们尊重、敬畏和学习!感恩他人,收获快乐,每一个问题都可以有价值。每次结束咨询之前,请向你的个案表达由衷的谢意!

第十章 治愈灵魂深处

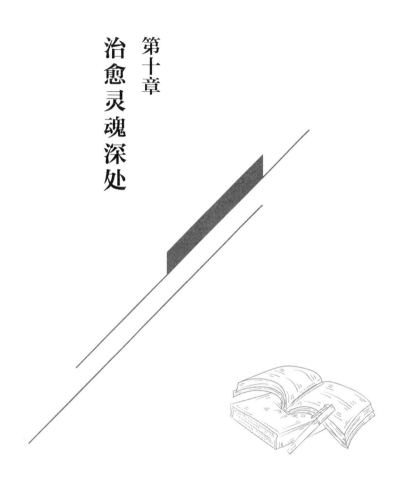

本章导读

学习之路，亦是一个人一生成长的修行之路。犹如毛虫成蝶需要破茧，孩子在学习路上也难免会遇到几个难以跨越的关口。它们既是挑战，也是机遇。当孩子不幸被这些坎儿绊住，学业受阻、心态受挫时，我们应当如何有效地助孩子一臂之力？在本章节选的几个案例中，我们将跟随学习治疗师一起走入孩子的灵魂深处，共同见证他们将发生怎样的转变。

案例 10.1
青春期的"灵魂三问"

眼前的这个小女孩爱下厨、爱表演、爱交际,唯独不爱上学,一提起学习就满是厌弃、不在乎的样子。可当她提起那次艺术节的表演、提起那个让她憧憬已久、才华出众的偶像时,我发现了她眼里忽然闪烁起来的光……

人物小档案

姓名:陈雨霏
性别:女
年级:初中三年级
诊断分型:价值决策
关键词:社会情感 成就感 自主学习

案例背景

雨霏是一名即将升入初三的女生。她从小听话乖巧,学习成绩在小学期间很是优异,可是到了初中一路下滑,暑假前这次期末考试的再次失利使雨霏更加失去信心,甚至表示"突然不想再学习了"。雨霏的父母对此感到十分忧心,经班主任岳老师介绍,带着女儿来到我的工作室进行咨询。

第十章 治愈灵魂深处

■ 初诊接待

8月底的一天,阴云密布,一场暴雨即将来袭。从家出发的我手里拿着雨伞,比预约时间提早十分钟便来到了咨询室,发现母女俩已在座位上等候,打过招呼一问才知,她们半小时前就到了。

雨霏身高大约160厘米,大大的眼睛,扎着高高的马尾辫,齐刘海儿挡住眉毛,身穿V领白色米奇T恤衫、牛仔短裤。相比14岁的年龄,气质打扮略显成熟。

"妈,你怎么跟着,不是说我跟宋老师单独聊的吗?"在谈话的一开始,雨霏便向妈妈提出了不满。

"你们聊,我不打扰,就在这听听。我也想知道学习治疗是怎么回事啊!"雨霏妈妈细语轻声地和雨霏商量,显然想参与。

经过一番协调,我和雨霏妈妈决定:先让孩子跟我交流,之后如果有需要,再请雨霏妈妈协助。妈妈离开咨询室后,雨霏坐下来,滔滔不绝地讲起自己十几年的生活经历,又讲到她当前面临的困惑。

"我小时候学习挺好,还练过舞蹈和美术,很喜欢参加学校的课外活动,总体算是一个比较听话的人吧。到了初中,初一第一学期的期中考试成绩还不错,是我们班前十,我记得好像是第八名。但是后来,就感觉学不动了,也觉得自己已经长大,不想再被大人安排了。小学的时候家里管得严,盯着让我写作业、做题、上辅导班什么的,我呢属于没什么兴趣吧,但是比较听话就照做了。但是现在有了一些自己的想法,就觉得'我为什么要去做这个事儿啊?'还有就觉得'世界上应该还有很多有意思的事情',我更想去探究这些有意思的事情,不太想像个小孩儿一样,大人让干嘛就干嘛。"

"嗯,你说小时候成绩还不错?"我问。

"嗯,学习成绩啊,小学挺好的,也参加一些校内活动,在学校里整体表现还不错吧,就是在课外班学得挺吃力。初中以后,考试成绩就一次不如一次,到上学期期末考试的时候,都变成后十名了。前几天还有同学跟我开玩笑,说没想到我还有辉煌的过去。其实,我自己也觉得挺奇怪的,感觉现在自己不知道为什么,对成绩不是特别在乎,就觉得除了学习还有那么多有意思的事儿!干嘛要把心思都放在学习上?"

■ 初步分析

相对来说,雨霏是一个发育偏早的孩子,她已经明显进入了青春期。这个阶段的孩子,在价值决策方面正处在一个探索期。一方面他们认为自己已经长大,不愿被老师家长当成孩子看;但另一方面,放到社会上去,他们仍然还只是孩子,他们的经验、学识、大脑发育等,并未达到成年人的水平。这个阶段的孩子会开始探索"我是谁",如果在自我观念上出现偏差,则极易导致他们的价值决策出现问题,将精力转移到学习以外的地方。

■ 治疗过程

"比如说什么事情呢?如果不学习,你想做些什么事情呢?"接着刚刚的对话,我好奇地问道。

"嗯,做什么事情呢?我想想啊,反正就觉得上课、写作业都特别没意思。我经常会在日记里写'学习没意思、考试我恨你'这种无聊的话,我真心觉得学习一点儿意思都没有。"

"那么,除了学习,你还做什么事情吗?"

"嗯,我喜欢和朋友聊天,喜欢听歌。学习就比较没意思。"雨霏回答道。

听到她句句不离"学习没意思",我心中也有了数,此时需要找个切入口,把问题剖开来说。

"雨霏,刚刚你强烈要求单独跟我谈,不想让妈妈在身边。我很好奇,这究竟是为什么呢？"我转而问道。

"嗯，我妈妈还是习惯拿我当乖宝宝看。她就觉得我应该是那种品学兼优的好学生，除了学习也不需要有什么别的兴趣爱好，最好每天就是学学学、梦想长大成为科学家的那种。"雨霏抱怨道。

"那你自己觉得你是什么样子的？"我问道。

"对学习我真是没什么兴趣了，上课听不进去，题我也不会做。不过我喜欢参加学校活动，喜欢跳舞，喜欢做饭。比方说做饭，如果在外面吃到什么好吃的，我就会记录下来，回家就上网查菜谱跟着做，我做饭可好吃了！"雨霏得意地对我讲。

"遇到喜欢的吃的，就可以找到菜谱学着做，而且做得很好吃，雨霏，你的学习能力很强呢！"我竖起大拇指进而问道，"你说你不想学习，而是想做一些其他的事情，那你做过哪些尝试吗？"

"有啊，比如在学校艺术节，我带着我们班几个女生一起出了个节目。其实我就是小时候学过一点点舞蹈，早就不练了。但艺术节班里要出节目，我就找了一个舞蹈视频，大家一起学，她们不会的地方我就教她们。我找地点练习，联系灯光、服装，演出之前还给她们化妆。后来，我们这个节目居然在艺术节中得了一等奖，像这种事情我就觉得特别有意思。"雨霏开心地说。

"在艺术节中策划整个表演并最终得奖，很棒！那你反思一下，在这个过程中，哪些时刻是让你觉得特别有意思的呢？"我问道。

……

从雨霏的叙述中我发现，在组织同学参加艺术节并获奖的过程中，她获得了很强的成就感，与人交流的需求也被满足了。和同学共同挥洒汗水的时刻令她非常快乐，最终的获奖也令她体会到自身的价值。

雨霏的分享让我能够有效地抓取到所需信息——在价值决策模块中，雨霏最为重视成就感和人际交流。如果在学习中也能获得成就感、满足雨霏人际交流的需求，那么就可以更好地调动起她的学习积极性。

"组织艺术节的表演，给你带来了不小的成就感和人际交往上的满足感，我们来试着给这些感受打打分吧，如果 5 分代表极致，0 分代表无感，那么这次活动给你带来的成就感有多少分呢？"我问。

"4.5 分。"雨霏回答。

"与人交流的需求满足感呢？"我接着问。

"4 分吧。"雨霏回答。

"那么换到学习上呢？"

"学习所带来的成就感吗？嗯，2 分吧；与人交流，0.5 分吧，学习毕竟是一个人学呀！"雨霏思索了片刻回答道。

接着，在进一步的沟通中，我引导雨霏回顾过往，使她回想起：在以前成绩好的时期，她也曾十分享受学习所带来的成就感，而假如现在能够听懂老师讲课、能够完成好作业、能够取得好成绩，她也能获得很强的成就感；在人际交往方面，以前同学有不懂的题目常会来问她，她也很享受为同学讲解的过程。雨霏意识到：不是学习本身不能给自己带来成就感和满足感，而只是因为当前她的学习出了问题，才导致了她不能享受到这种感觉。随后，她表示愿意尝试和我一起工作，升级自己的学习系统，并期待问题解决之后在学习中重拾成就感和满足感。

"雨霏，你有偶像吗？"我问。

"有啊，艺术节我们选的舞，就是我 idol（英文中'偶像'的意思）的。"提起偶像，青少年常有的激动神情，浮现在雨霏脸上。

"这样啊！关于今天你来咨询的问题，假如有个机会可以和你的偶像交流，你向她提出这个问题，她可能会怎样回答呢？"我问。

"呃，我想想，之前从来没有想过这个问题呢……我的 idol 是一名乐队女团的成员,她是个学霸,读的名牌大学,之前并没有计划出道,只是在大学里和几个志同道合的伙伴一起玩音乐,没想到后来她们的音乐作品会这么火。对了,她们几个都是名校高材生,如果没有考上这么好的大学,她们甚至不会彼此认识。我想如果可以问她,她一定会建议我不论将来做什么,当前都应以学业为重。也正是因为有足够的学识和见识,她们的音乐才如此独特,充满智慧。"谈起偶像的经历,雨霏满脸的向往。

"如果你的偶像处在你现在的情况下,你认为她会怎样做呢?"我继续提问。

通过思考这个问题,雨霏想到了很多帮助自己提升成绩的方法。她越说越兴奋,似乎已经迫不及待回家尝试。我知道,这种偶像的代入感,帮助雨霏把价值决策中的问题解决了不少。

看到孩子对学习重新有了向往,雨霏妈妈很惊讶,苦口婆心劝了这么久都不见效,一次治疗竟然带来这么多的变化,难道是施了魔法?我给雨霏妈妈简单讲了讲青春期孩子的特点及家长的注意事项,希望妈妈在家里多一些配合。

随后的几次治疗以学习系统的建构和升级为主。在两个月后的随访中,我们得知,雨霏的学习状态调整效果明显,期中考试排名已升至中游。此外,她还带领几个朋友组成了学习小组,大家一起学习,成绩大有进步。

回顾总结

在原始部落,孩子只要完成部落指定的任务就被看作成年人,青春期现象几乎不存在,青春期问题为现代社会独有。每个处在青春期的孩子都需要解决自我同一性的问题——"我是谁?"当然,再加上大家都知道的"我从哪里来?""我要到哪里去?"合称为"灵魂三问"。即使对已经成年的老师和家长来说,"灵魂三问"也不是容易回答的问题。

　　现如今，处于青春期阶段的大多数孩子，缺少真正到社会环境中去了解自我社会价值、验证自己想法的机会，对于"我是谁？"很难有清晰明确的想法，进而他们对"为什么要学习"这个问题容易产生摇摆和怀疑，但又很少有机会能够深入地与他人探讨自己的思考，因此在有关学习的价值决策上非常容易出现问题。

　　雨霏觉得学习没有意思，也找不到学习的意义。她甚至对自己的学生身份产生怀疑，不清楚为什么要上学、为什么要做学生，在探索自我的过程中迷失了方向。而我作为学习治疗师，在倾听与引导的过程中，不附加评价、不批判地与孩子进行深度沟通交流，帮助她走进自己的内心，去认识和思考更深层的自我。

　　此外，对于青春期孩子来说，偶像就是前进的灯塔。在这一阶段，如果能够找到一个积极向上的偶像，对孩子的成长是非常有益的。在青春期孩子的眼中，通常都会有一个或几个完美形象，他们通常是那种超越自己、超出自己现实生活的人，孩子会把偶像"神化"，就是坊间流传的"男神""女神"之说。孩子在这样说的时候，大人不必盲目排斥，最好的处理方式可以顺应她的人格特质,与她一起探讨和研究她的偶像。幸运的是,雨霏的偶像在读书和才艺两方面都很亮眼,这就构成了对她的正向激励。从偶像的角度去看待学习,成为激发她学习的动力之源。同时,因为她喜欢社交的特质,引导她在同学中结成互助式学习小组,营造一个良好的学习交流环境。这对她学业的促进,可谓是如虎添翼!

概括来说,对于青春期的孩子,我们要帮助他们进行一定程度的自我探索,引导他们思考自身的喜好、优缺点,设计适合他们的人生发展路线,激发榜样的力量,陪伴他们更积极、更平稳地度过青春期。

手记点睛

在孩子的成长过程中,榜样的力量是无穷的!让孩子喜欢上一个积极学习的人物,远胜于耳提面命的各种唠叨。比如:我最喜欢的历史人物之一是欧阳修。他在《归田录》卷二中说:"余平生所作文章,多在三上:乃马上、枕上、厕上也。盖惟此尤可以属思尔。"自从知道了这"三上"学习后,我就把零碎时间彻底交给了学习,这也是我坚持终身学习的动力。

案例 10.2
中考失利不等于人生失败

没有人相信她曾是那个学习优秀、令人羡慕的花季女孩。很长一段时间,她都无法接受中考失利的现实。"我对一切都失望了!"这是她开口说的第一句话,随即眼泪扑簌簌地往下掉……重拾信心、做回自己,便是我要引导她改变的方向。

人物小档案

姓名:韩晴

性别:女

年级:高中一年级

诊断分型:价值决策 语义解析

关键词:自我 落差 新生适应

案例背景

晴晴是一个内向慢热的女孩,小学期间她成绩优秀,稳居班级第一;初中学习刻苦,班级排名略有下滑,但也能进入班级前十。为了让孩子中考能够顺利发挥、考入重点高中,初三时父母还给晴晴报了校外的辅导班。然而事与愿违,晴晴中考失利,与市重点高中擦肩而过,进入了一所普通高中。

晴晴对此事一直耿耿于怀，本就内向的她不愿意与新学校里的同学交往。再加上高中的学习生活较之从前枯燥单调，她感到难以适应，疯狂地想念初中的同学、老师和校园生活。

高一上学期，晴晴频繁约原来的同学聚会，一开始受到邀请的初中同学们很高兴，积极赴约。然而，到了高一下学期，同学们会以作业很多、没有时间或者约了新同学等原因拒绝晴晴。慢慢地，晴晴变得很沮丧，认为以前的同学也因为她没有考好而瞧不起她。

晴晴总是说新学校的老师讲得不好，周围同学也都是因为成绩不好才进入这所学校，而且同学对她态度极不友好，整个学期下来都没有交上一个朋友。

在学习上，晴晴认为自学比听老师讲课效率更高，所以她经常上课不听讲，沿用初中的学习方法，自己学自己的。虽然，高一上学期成绩稳居班级上游，但是到了下半学期的期中考试时，已经被不少同学追上，成绩也掉落到了班级中等的水平。

晴晴的父母对于晴晴入学后的变化真是看在眼里，急在心里，几经联系找到我来寻求帮助。他们说，晴晴从小就是个极有主见的孩子，父母俩也不知该从何劝慰、如何引导，希望带孩子过来与我进行一对一咨询。

初诊接待

"我对一切都失望了。"

这是晴晴开口对我说的第一句话。我细细咀嚼着这句话,等待她做进一步的解释,然而晴晴只是低着头,良久没有声音再传来。

"可以把你的经历说给我听听吗?"我轻声询问。

"我本该和我初中的好朋友们一起考上重点高中的,我们都约定好了的!但是我的中考成绩实在是太垃圾了,只能去现在的学校。因为去了现在的学校,原来的老师同学都瞧不起我,不愿意再跟我交往。现在我在学校没什么朋友,老师讲得不好,我上课也不想听。刚入学时我起码成绩还行,可是这次没考好,现在我连学习都不行了。我不想上高中,好想回到初中,回到原来的学校……"

说着,晴晴的眼泪如断线的珠子滚落下来,我赶紧把纸巾盒递给她,并轻声安慰:"别着急,我们慢慢聊。"

晴晴哽咽着说不出话来,我也没有打断她的宣泄,当一个人的负面情绪压抑久了,我们需要让它充分释放出来。

在此期间,我仔细端详了眼前的这个孩子。身高155厘米左右,不胖不瘦,皮肤很白净,额头上冒出几颗青春痘,从眼镜的厚度上看估计有四五百度。

过了一会儿,晴晴慢慢停止了啜泣。她告诉我:她总是想回到初中,那个时候有喜欢的老师,有要好的朋友,一切都那样美好;不会像现在这样,新同学对她不好,原来的好朋友不愿意理她,老师也经常批评她,同学们都是三五成群,就她一个人形单影只。

"这次考试考得太垃圾了,我甚至都不想去学校了。拿到成绩的那一刻,我趴在桌子上大哭,除了班主任问了我一句外,其他人没有一个来安慰我。"

曾经拥有引以为傲的成绩,现今却被那些她一直瞧不上的"差生"所超过,晴晴一下子失去了所有的自信。她也知道自己现在这样是不对的,但是没有人能告诉她应该怎么办。

■ 初步分析

晴晴的表现是典型的"新生适应不良综合征"。

中考失利,没能进入心仪的市重点高中是引发晴晴当前学习和心理问题的主要原因。面对新的学习环境,晴晴不是想方设法积极适应,而是过分留恋"初中时代",沉浸在过去的世界里,悲叹自己的不幸,对学习和生活都充满失望。

在她的价值决策里,因为高中学校不是市重点,就认定老师教学水平低,同学都是一群学习不好的"差生"。她并没意识到,正是她先入为主的偏见,才导致老师和同学都无法正常接近于她。

在学习上,晴晴依旧沿用初中已经有问题的学习模式,学习系统没有得到及时的升级。这就好比周围人的电脑已经升级成 Windows 10 了,而她还停留在 Windows 7,效率自然低了许多。前期凭借过去的知识积累,在其他同学的学习系统升级尚未完成前,学习成绩还能处在上游,但到下学期就开始落后于他人了。

总的来说,晴晴需要快速升级自己的学习系统,以适应高中阶段的学习和生活。

■ 治疗过程

第一步:从价值决策入手,宣泄不良情绪

价值决策是学习系统的核心,也是晴晴出现"新生适应不良综合征"的关键所在。要对她进行价值决策的调整,首先要帮助她宣泄不良情绪、调整心理状态,使其能够积极地面对新环境中所遇到的挑战。

晴晴之所以会出现"我对一切都失望了"这种以偏概全、糟糕至极的负向情绪，主要是因为她产生了"没有考上重点高中，我的人生就完了"这种想法。因此我将处理的重点，放在了改变她的负面认知上。

首先，我承认晴晴当前面临的困境是在她的人生中前所未有的，并设身处地从她的角度出发去体会和思考。

"晴晴，你最近太辛苦了，我理解你此刻对一切都很失望的心情。而实际上，我的中考也和你一样没有考好、发挥失常，我在心理上也经历了和你类似的遭遇。"在对晴晴表示理解的同时，我适当地进行了自我暴露，这样能够快速和她产生共鸣，缩短心理距离。

听了我的话，晴晴止住抽泣，抬起头来问我："真的吗？宋老师？"

"嗯嗯，是的！"我详细地向晴晴讲述了自己中考失利的故事。在初二时，我与同班的一位女生互相产生了好感，这对我们两人的学习都造成了一定的影响。虽然最后还是考上了重点高中，但成绩很不理想。我当时非常沮丧、失望、落寞。不过，经过一段时间的纠结，我做出来一个果敢的抉择，站在高中学校的校门口告诫自己：高中这三年一定要把自己管住，不能再在感情问题上栽跟头，要把精力全部集中到学习上。正是因为有了中考的教训和反思，才会有我在高中三年的奋发图强。最终，我战胜了挫折，实现了高考超越。

晴晴听得很认真，不住地点头，还问了我许多问题，我逐一为她进行解答，偶尔自嘲一下当年的糗事，逗她一笑，让她明白没有考上重点高中不是一件那么糟糕至极的事儿，而放眼未来的高考，她还有充分的时间和机会来证明自己。

随后，我还给晴晴讲了一位大学同学胡庆勇的真实故事。我的这位同学，来自贵州省边远山区的一所镇办中学。他每天上下学都要走很远的路，学校的设施非常简陋，老师们的知识水平也很低，甚至有人是初中毕业来教高中课程。因为胡庆勇的学习成绩好，全班同学和老师遇到不会的题目时，都来向他请教。为了当好同学老师的"助教",他对自己的要求非常高。在这种不懈坚持和努力下,他成为了学校二十多年来唯一一个考上清华的学生。

谈到这里,我引导晴晴得出了两个结论:第一,排名不好的学校,老师水平不一定差;第二,就算有些老师教学水平不高,但学生最终的成绩如何,很大程度上还要看自己的努力情况。

聊着聊着,晴晴不再眉头紧锁,脸上也偶尔有了笑容。

第二步:从学习系统出发,进行系统升级

经过两次咨询,晴晴在价值决策上的问题基本得到了解决,她初步建立起了新的价值平衡点。但是,如果学习成绩不能有效提升,不久之后晴晴的内心将会再次面临失衡的情况,这正是为什么普通的心理咨询无法有效解决青少年学习问题的原因。试想一下,我们把一个溺水的人从水中拉上来,只是安慰一番,然后再把他扔到水里去,让他继续受苦纠结,这实在没有什么太大的积极意义。

学习成绩不提高,就不算有效解决问题。当然,"学海无涯苦作舟"的意识已经有些落伍,简单的文化课补习和刷题效率很低,学生心理上也容易排斥,执行起来难度很大。更有效、更积极的做法是升级晴晴的学习系统,让她真正学会在学海游泳!

我请晴晴把笔记本和考试试卷带来,帮她进行一个全面的分析。

我发现她的笔记几乎空白,试卷中简单的基础题目基本都能做对,稍微难一些的综合型题目错误率较高,解题过程中对已知条件的关键信息敏感度不足,不过她多数题目的解题思路基本是正确的。综合判断,晴晴逻辑加工的能力还是比较好的,问题可能主要出在语义解析上。之后,我随机抽查了她一个学科知识板块的掌握情况,果然发现她头脑中的知识分散,不能形成

清晰完整的体系。

针对这一问题，我首先从知识重构出发，引导晴晴建立了高中阶段各科的知识图谱，优化她的记忆策略，帮助她形成网状记忆结构。同时，我还和晴晴一起讨论了课上听讲和课堂笔记的重要性，让她对此加以重视。

几次治疗之后，时间就到高一期末了。这一次的期末考试，晴晴考出了班级第八名的好成绩，她对自己的进步很是满意，对未来更是充满信心。

"宋老师，高中还有两年，我相信，如果好好努力，我也会像您一样考入理想大学的！"看到晴晴自信的样子，我由衷地为她感到开心。

回顾总结

价值决策位于学习系统的中心，对学习系统运行起着至关重要的主导作用。而针对学习问题个案的价值决策调整，第一关就是情绪关，也就是要帮助个案学会良好的情绪管理。因为在人类进化过程中，理智脑比情绪脑出现得更晚，所以，在日常的生活和学习中只有安抚好情绪脑，理智脑才能正常开始工作。

像晴晴这样的青春期学生，大脑额叶尚未完全发育成熟，情绪粒度较低，情绪管理能力相对较弱。遇到中考失利、人际关系不和谐等刺激因素，就容易出现情绪失控的问题。负面情绪累积到一定程度，将会直接阻碍孩子的学习。

另外，晴晴没有考上理想的学校，同时，固守在原来的人际关系中，不愿接纳新同学和新老师，也是她价值决策出现问题所带来的表现。当学习成绩的大幅退步成为了压垮她的最后一根稻草、负面情绪堆积如山时，带她闯过情绪关成为当务之急。

因此，在开始进行学习系统其他模块的调整之前，我首先对她的一些错误观念进行了调整。我在她的大脑中"植入"了这样一个价值观：未来她学习成绩的好坏，主要取决于她自己而非别人；能否取得好成绩也主要在于她能否管住自己，而非周遭环境对她的影响。

的确，我们的情绪是会常常受到外在环境的影响而产生波动。但是无论何时，主宰我们内心世界的始终是我们自己。正如《坛经》中有云："时有风吹幡动。一僧曰风动，一僧曰幡动。议论不已。慧能进曰：'非风动，非幡动，仁者心动。'"又如《大学》中云："知止而后有定，定而后能静，静而后能安，安而后能虑，虑而后能得。"做好自身的情绪管理，方能朝着自己的目标稳步前进。

情绪关是价值决策的第一关，后面还有意义关和方法关。如何帮助学生顺利闯过这"三关"，是学习治疗师中级培训的学习重点，也是处理晴晴这类青春期孩子的"新生适应不良综合征"的关键。

> **手记点睛**
>
> 当孩子面临由考试失利所诱发的一系列价值决策问题时，引导学生运用翻转情绪的三个透镜，做好情绪管理，是帮助她走出困境的第一步。本案中，引导学生从中考失利到高考预期的调整，正是长焦透镜的应用。

案例 10.3
如何翻转"缺"爱的家庭

世界上常常有一些人,明明爱着我们却不会表达。年幼的时候,我们读不懂父母的爱,以为自己在他们眼中可有可无。当我们长大,亲历了人生的磨砺后,才逐渐懂得有一种感动是他们负重下的勉力付出。对那些爱我并足够重视我的人,我不会辜负;对那些爱我但还不够重视我的人,我会用行动和成绩证明我值得更多!

人物小档案

姓名:钟晓阳
性别:女
年级:初中三年级
诊断分型:价值决策-复合型
关键词:生涯规划　夫妻关系　价值统一

积极学习系统模型

▌案例背景

晓阳是一位初三女孩,就读于北京市的一所普通中学。她从小在学习上就表现吃力,性格也因此带有一点自卑但同时又很倔强。目前,晓阳的学习

第十章　治愈灵魂深处

成绩在班中处于下游，期中考试物理、化学两科都未及格。如果以晓阳这次的成绩来比对以往中考的录取分数线，她极有可能考不上什么像样的高中。面对这种压力，晓阳有些情绪崩溃，多次哭得稀里哗啦，甚至提出要休学。父母带她到安定医院就诊，得出的结论是中度抑郁。

第一次电话咨询里，晓阳的父亲和母亲直接在电话那头吵了起来，父亲对咨询费很在意，一再质问"为什么这么贵！"母亲则气愤地说："孩子都让你搞抑郁了，你还算计什么？！"我赶忙劝两人别急，可以通过我们的学习治疗师公益服务来寻求帮助。

学习治疗师在向孩子的父母获取孩子的基本情况时，会请他们分别写出5~10个在孩子成长过程中产生重大影响的事件。

据负责首次接待的学习咨询师助理王老师反馈，晓阳父母提供的5~10件重要事件，大致如下：

1. 晓阳是独生女，作为家族长子和长孙的爸爸，对于没有生儿子一事一直耿耿于怀，常常挂在嘴边说，女孩学习再好也没有用；

2. 父母经常为生活琐事吵架，这让晓阳特别烦恼，有一次她跟妈妈说，这辈子都不想结婚；

3. 小学三年级，晓阳因为一道数学应用题不会做，爸爸给她讲了两遍，她还是不理解，结果爸爸一时气恼，打了晓阳；

4. 晓阳没有什么好朋友，五年级在学校被同学欺负，爸爸妈妈去学校找老师，爸爸轻易接受了同学家长道歉，妈妈认为对方根本没有诚意；

5. 2020年疫情期间，因为上网课的原因，爸爸给上初二的晓阳买了新手机，结果，她特别喜欢看视频，有时不知不觉就看到下半夜，为此，爸爸多次发脾气并收回手机；

6. 晓阳感觉班主任李老师有些不喜欢自己，把自己当作班级的透明人；

7. 晓阳小学四年级的时候，表妹来北京过暑假，因为表妹和晓阳抢一个

晓阳很喜欢的玩具,爸爸妈妈要求晓阳让着妹妹,晓阳特别委屈,此后经常提起此事;

8. 晓阳有追星倾向,喜欢看电影,写一些短评,还收藏了很多偶像的照片和海报等,对此,爸爸很是恼火,多次把晓阳的一些收藏拿走。

■ 初诊接待

第一次见到晓阳,我感觉她是个比较内向的女孩,除了勉强和我打了个招呼,就没有什么话说了。晓阳相貌平平,皮肤白皙,安静地坐在一旁默默听着父母和我交流,也没有太多的表情反应,偶尔会看一眼爸爸,眼神中流露出一丝淡淡的不满。等到父母离开,她单独和我交流的时候,晓阳也没有太多的表达。于是,我主动将前一段时间刚刚完成的《奇迹学校》教育电影剧本梗概拿了出来,讲给她听,希望她给我提提意见。

在这个剧本里,我特别提到现行的传统教育模式建立于1717年的德国普

第十章 治愈灵魂深处

鲁士时期,其核心是以各个学科的知识传承为主要载体。但是,300年过去了,人类社会的发展非常迅猛,四次工业革命、两次世界大战,尤其近百年来的科技创新、经济升级、文化迭代,远远超越了人类三个世纪前的社会预期。社会变了、人变了、考试也在变,但是,教育模式的本质却没有大的变化,这在一定程度上导致了教育方式远远落后于时代。为此,我才写了《奇迹学校》这个电影剧本,把自己对未来教育发展的乌托邦式梦想表达出来,想象未来的学校不再是各个学科知识的简单灌输,而是边学边做的工作式学习模式,3天学习2天工作2天休息,今天所学的知识和技能明天就要被应用,今天遇到的困惑和问题明天就学。

这时候,我看到晓阳的眼中多了些亮光,她开始和我讨论教育的问题,比如:她自己在学校的困惑,在家庭中的烦恼等。尤其提到了对爸爸的意见,觉得自己无论怎么做,也不会让爸爸对自己满意,甚至有时候头脑中会出现"等我不在了,你就会满意了!"这样的念头。对此,我决定提前在价值决策方面给她做一个小的调整。我问晓阳,你觉得爸爸爱不爱你?晓阳摇摇头。我接着问她,你觉得爸爸爱谁?晓阳想了想,又摇了摇头。

于是,我跟晓阳讲起自己的童年,我13岁之前都是在农村跟奶奶生活,连幼儿园也没有上过;而爸爸妈妈带着哥哥姐姐在城里工作,曾经有一度我也困惑过,爸爸妈妈为什么不带我一起去城里呢?是不是不爱我?后来,我渐渐发现,爸爸妈妈对哥哥的学习管得很严格,爸爸经常会因为哥哥不好好写作业而打他的屁股,这时候,我又开始悄悄感到庆幸。我注意到,晓阳听得津津有味,而且脸上明显有了笑容。

接着,我跟晓阳说,现实中父母往往不愿意告诉孩子他们的苦衷,但实际的人生不是童话世界,常常充斥着种种无奈和压力。有一种感动就是背负着种种烦恼下的勉力付出,很多时候,我们的父母都在这样默默付出着。可以说,每一位为人父母者都是生活中的勇者。他们中有人做得很好,一边付出一边微笑，让孩子感受到美好、热爱和感动；也有人做得不那么好，一边付出一边烦恼，让孩子感受到冷漠和不堪。

对父母的态度才是晓阳真正需要调整的，她觉得妈妈特别爱自己，常常因为自己和爸爸吵架，她想起妈妈就想哭，觉得妈妈太不容易了；同时，她有些"恨"爸爸，觉得爸爸根本就不爱自己，总想做点什么让爸爸因不爱自己而后悔。对此，我告诉晓阳，爸爸一定是爱你的！否则，他就不会坚持为家庭付出，只是他不会表达，尤其不会在有压力的状态下表达对你的爱。同时，我建议晓阳要学会调整自己的心态，对那些爱我们并发自内心看重我们价值的人，我们不能辜负；对那些爱我们但不真正懂得我们价值的人，我们要证明我们值得更多尊重！

这番话表面上并没有要求晓阳做出很大的改变，但是起到的作用是巨大的。当晓阳把它内化于心的时候，它就变成了处理晓阳内心纠结的一个重要价值观念，以前的很多委屈和压力经过这个新的价值观判别转化为了动力。从原来的"你不重视我，那我就不好好生活、学习，让你后悔！"转变为"你不重视我，那我就好好学习、生活，证明自己的价值，让你后悔！"

■ 初步分析

根据晓阳的心理状态和学习成绩，结合初诊接待的信息收集，我分析晓阳的学习困难属于中度。首先，如上所述，晓阳的自信心不足，需要在价值决策模块做一些调整和修订；其次，晓阳的语义解析模块是强化重点，尤其在物理、化学方面的知识体系缺失明显，"巧妇难为无米之炊"，基础知识的漏洞必然带来解题能力的问题，这一点在化学方面表现尤其突出。同时，晓阳的理解能力在应用题方面有待提升，需要学会通过图示法来提高对题意的理解；再次，晓阳的逻辑加工能力在数学和物理上也是短板，尤其是面对复杂的物理电学大题，她经常把不同过程搞混，对此，需要在提高图示理解基础上，根据等效电路图来提高二维矩阵逻辑思考能力；最后，结合物理和化学的一些题型，我们需要帮助晓阳制订出相应的解题程序，例如：化学实验题的解题程序。

除此之外，有一个关键的辅助点，那就是爸爸对女儿的态度如何改善。

在青少年的成长过程中，人格形成的两个关键点是自我认识和责任担当。其中，自我认识最初主要来自养育者的评价。晓阳爸爸对女儿的不重视或表现出来的不重视，让晓阳对自己的能力和价值充满了怀疑，某种程度上，晓阳认为自己不是一个值得别人尊重的人，这加重了她的自卑心理。另外，妈妈和爸爸的关系紧张，有时候，妈妈会抓住爸爸在晓阳教育方面的缺失来打压爸爸，但不知不觉加重了晓阳低自尊的问题。因此，家庭问题的辅助治疗在晓阳个案中非常重要。

治疗过程

我针对晓阳的问题，制订了一份完整的学习治疗咨询方案，其中，20次的咨询中，有6次是针对晓阳父母的。这部分工作需要同步或提前进行，为晓阳的后续咨询工作扫清障碍。

由于晓阳的心理和学习问题已经比较严重，父母双方都表现出极大的配合意愿。同时，由于成人较强的理智性，家庭咨询工作开展非常顺利！仅通过三次咨询，我就和晓阳的父母就家庭价值观念和教育观念达成了一致。其中，针对晓阳爸爸的调整如下：

1. 学会微笑，用眼神传递对女儿的欣赏和爱；

2. 用旁敲侧击表扬别人家女孩的方式，向晓阳传递"女儿厉害了也很棒！"的观点；

3. 从写作、唱歌、肤色等方面，具体表达对女儿的肯定和认可；

4. 改善家庭氛围，尤其是要和爱人有亲密状态。比如，一家人看看电影、

外出就餐或去姥爷姥姥家等;

5. 进女儿房间要敲门,不轻易动女儿的东西;

6. 调整自身的价值观。一个人在家庭中的价值,不是看你拿回来多少钱,而是看你让家庭有多少温暖,让亲人有多少感动;

7. 每个人都有自己的弱点,把自己变成无敌状态是很不明智的,不要在家人面前掩饰自己的弱点;

8. 从小事做起,让女儿给自己提要求。(没想到,晓阳后来的一个要求竟然是让爸爸背自己一次!)

另外,家庭价值观念的统一也很重要。如果父母双方价值观念差异过大,孩子日常的感受就如同冷热交替,很容易引发教育和成长问题。对此,我和晓阳的父母一起统一了以下家庭价值观念:

1. 两个40多岁的人都有些离不起婚,从现在开始,谁也不要再提离婚;

2. 女儿比儿子更贴心,晓阳是上天给自己的宝贝;

3. 夫妻是最亲的人,要互相维护而不是互相拆台;

4. 既然在一起生活，那就是把生命放在一起，钱也应该放在一起，所以，爸爸把工资交给妈妈统一管理是很正常的；

5. 双方的老人都需要赡养，按照对等原则，每年提出一个相同预算，比如：每家 2 万元；

6. 晓阳喜欢用手机看视频是孩子的正常反应，需要引导而不是限制。引导的方式可以和她的兴趣结合，比如：看视频写评论，甚至可以引导她将来学习影视编剧专业。

在与晓阳父母咨询沟通的同时，我为晓阳做了第一次正式的学习治疗，重点是生涯规划！生涯规划咨询是为了帮助晓阳建立起一个努力的方向和目标，并在此基础上，制订一个可执行、可实现的成长路径。

我对晓阳说："你的优势学科是语文和英语、历史、政治，劣势学科是数理化，你有没有想过，自己适合选择什么样的专业呢？"

晓阳回答："文科类。"

我接着问，"那文科类里面该选择什么专业方向呢？"

"不知道！"这次她没回答上来。

我笑着看了看晓阳，问她："你平时最喜欢的事情是什么？"

"追剧看视频啊！"晓阳想都没想就回答。

我说："OK！有没有想过，你其实挺擅长写影评，也很有剧情想象力，你完全可以考虑学习影视编剧专业。目前，国内的影视业和视频需求发展很快，亟需编剧人才。而且北电、中戏、上戏、中传等高校的编剧专业比起表演专业来说，要相对好考很多，从你目前的爱好和学习能力来看，你选择编剧专业非常合适！"

晓阳思考着，频频点头，表示同意。

有了这个共识基础，就好办多了。我们一起搜索了北京电影学院编剧专业的录取分数线，平均折算后 450 分比较保险。然后，我们一起对她的未来成绩做了估算。

然后我拿着估算好的分数问她:"三年后高考,优势学科语文 100 分,英语 100 分,史地政 200 分,劣势学科数学 50 分,你有信心吗?"

晓阳认真思考后回答道:"450 分,我肯定没问题!"

接下来的事情,就是讨论眼前的中考。我告诉晓阳,虽然高考的时候,理化生可以通过选科加以回避,尤其是物理和化学。但是,2021 年的中考,我们必须要面对它们,至少不能不及格。我还告诉晓阳,物理和化学对于人生具有极其重要的意义,物理培养二维矩阵逻辑思考能力,有助于形成我们的工程意识;化学具有极强的创新模式,帮助我们思考各种组合和变化。同时,我从自己的人生经历出发,给晓阳讲了对物理和化学的人生应用。她很感兴趣地听着,不时问我一些问题。

就这样,我和晓阳在第一次正式咨询中完成了生涯规划,并在此基础上,对当下的学习进行了价值观念的调整。

接下来的六次学习治疗咨询,共 12 课时,我给晓阳全面介绍了积极学习系统,并且结合她的多次考试试卷分析她的学习系统在识别驱动、语义解析和逻辑加工,以及价值决策和程序定制方面存在的问题。针对晓阳试卷中的简单题马虎问题,重点从识别驱动和价值决策上帮助她形成条件反射库;另外,我说服晓阳接受一对一化学辅导,快速完善学科语义库。我在数理化知识体系的基础上,引导晓阳运用逻辑通道建构方法来思考解题过程,这特别受到晓阳的欢迎,以至于每次结束学习治疗咨询的时候,她都会要求我再猜一个东西,再来一道题吧!注意,这个时候,我并不要求她完成整道题的解题过程,只是进行逻辑加工。

除此之外,我帮助晓阳建立并整理了数学、物理和化学三科的错题本。我们采用的错题本不是普通错题本,而是基于积极学习系统特制的程序本。它能够帮助孩子在分析错题的前提下,深入总结学习系统各个模块的不足,并且分别形成条件反射、"三板斧"步骤和具体任务导向的程序化操作。

例如：下面这道数学题的错误总结。当时，晓阳选择了 C 选项，而答案是 D 选项。她认为自己只是简单失误；但从学习系统的角度看，事实并不只是如此。于是我和她一起从各个模块的角度，来分析了她的错误以及其他可能出现的错误背后的系统性原因。

长方形的周长为 x，宽为 2，则这个长方形的面积为（　　）。

A. $2x$　　　　　B. $2(x-2)$　　　　　C. $2\dfrac{x-2}{2}$　　　　　D. $x-4$

如果选择 A，则错误的原因可能是：

错误	正确
把题目中长方形的周长 x 看作长方形的长为 x	需要根据周长 x，宽为 2，先算出长为多少

如果选择 B，则错误的原因可能是：

错误	正确
由记忆错误的公式：长方形周长 = 长+宽 推导出错误的结论：长=周长－宽	长方形周长=2×(长+宽) 则长=周长÷2－宽

晓阳选择了 C，其错误的原因在于：

错误	正确
由正确的周长公式推导求长的公式时出现错误，从而得到：长 =（周长－宽）÷2	长方形周长=2×(长+宽) 则长=周长÷2－宽

正确的答案是 D，我们不仅要学会一道题目的正确求解，更要通过错误

认识到自己思维中的漏洞，设计出简单有效的解题程序。凡是"已知长方形周长，求面积"有关的题目，第一，要记住周长等于长＋宽的两倍；第二，根据已知条件，对长宽进行各自转化求解；第三，长 × 宽得出面积。这是一个典型的"三板斧"式步骤总结，可以很好地防范类似错误的再次发生，从根本上解决问题。

后来，我们又用了四次学习治疗的咨询时间，重点结合学科要求和题型完成了物理电学题、化学实验题、语文现代文阅读、中考作文的程序定制，并且让晓阳在日常的学习中加以应用和迭代。尤其是在作文方面，我要求晓阳把一篇作文连续写了三次，直到接近满分作文要求，我告诉她，写作将是她的人生"杀手锏"，必须犀利无比。这实际上，大大提升了晓阳在写作上的价值决策意义标准。

经过半个学期的努力，晓阳的学习状态和学习成绩有了显著的提升，期末考试数理化分数有了大幅增长：数学 83 分，物理 76 分，化学 68 分。同时，其他学科也都有不同程度的改善！总体排名在年级一下子进步了 50 多名，这让晓阳感到非常开心，也对中考第一次有了信心。

■ 回顾总结

每一个问题孩子的身上都背负着拯救家庭的使命。晓阳的问题表面看是一个孩子的心理健康问题，实际上是家庭问题不断累积的结果。

晓阳的爸爸妈妈来自不同的地域和社会阶层，他们的核心价值观念差异巨大。晓阳爸爸来自山西北部的一座小县城，父亲是普通工人，母亲是农民，家里还有三个弟弟妹妹，家庭生活非常简朴，观念相对传统；晓阳妈妈则是北京人，从小生活比较优渥，唯一的哥哥出国在外，父亲是中层领导干部，母亲也有一定文化，观念都比较开明。虽然，爱情让晓阳的爸爸妈妈这两个原生家庭差异巨大的人走到了一起，但是，道不同不相为谋！价值观的巨差异，让二人的婚后生活问题频发。而这种差异最直接地体现在晓阳的成长上，晓阳在两种人格斗争的影子下成长，虽然爸爸的家庭影响力有限，但是，妈妈的批评和指责加重了问题。

要解决晓阳的学习和成长问题，就必须消除或弥合晓阳爸爸和妈妈的价值观差距，达到合二为一的状态，这一步通常是在结婚前后就应该完成的。老话说，结婚要门当户对！其目的就是价值观相当，无需过多调整和改变，结婚双方能够很快适应，达到价值观基本统一的目的。对于晓阳爸爸和妈妈这种差异巨大的夫妻，就要退而求其次，要么一个人全部或部分接受另一个人的价值观，达到二合一的效果；要么彼此尊重、互不干涉！前者的处理简单，后者的难度很大。

我和晓阳的爸爸妈妈经过充分的沟通，在亲情、金钱、事业、子女教育等各方面，达成了一个相对明确的价值观约定，帮助双方大大减少争吵和摩擦的概率。当然，仅靠一纸约定来管理家庭是远远不够的。当我们遇到尖锐问题的时候，还需要夫妻双方从亲情、爱情的角度换位思考，为对方多一些着想。

在家庭中，管理的最高境界是讲爱，其次才是讲理。当我们要靠讲理来处理家庭矛盾的时候，其实已经有些远离了组建家庭的美好初衷。所以，各位亲爱的朋友，即使我们有时候需要在家里和爱人、子女讲道理，它也必须是基于爱的前提，要让他们看到，你的眼中有温暖、有光亮。

手记点睛

良好的家庭氛围就是家庭教育的成功之道，它像空气和水一样，无时无刻将孩子浸润其中，悄然改变着他们。家庭氛围中最关键的是夫妻关系！夫妻关系中最重要的是价值观统一或相互尊重。两国之战，打的是价值观；一家之乱，乱的也是价值观！

案例 10.4
从网游世界回归的高三学霸

他在休学以前，曾以极其优异的分数拿到了班级大考的第一名，然而没过多久，就以特殊的方式开启了他的间隔年（Gap Year），转到电竞游戏"争霸"赛里寻找人生的意义。如今，深感茫然的他已经读高三。而我需要做的，就是帮助这个孩子振作起来，重回属于他自己的人生轨道。

人物小档案

姓名：王皓然
性别：男
年级：高中三年级
诊断分型：价值决策
关键词：休学复学　人生意义　职业探索

案例背景

2014年年底，我和团队接到了一位高三考生家长的求助。打电话来的是一位十分焦急的母亲，她请求我们帮帮她的儿子。孩子名叫皓然，是海淀区一所重点高中分校的高三学生，明年夏天就要参加高考，但他已经休学在家好几个月了。

初诊接待

在与孩子的家长面谈沟通过后,我得知,皓然高二时成绩一直稳定在年级前三,进入高三后,他还在第一次大考中以优异的成绩获得了年级第一。成绩出来后,老师们都对皓然表示了认可和期许,但就是从这次考试过后,父母注意到,在皓然的身上悄然发生着一些细微的变化。

起初,皓然有时候会在上学路上突然给家里打电话说身体不舒服,然后就骑车回家了。后来,请假的次数越来越多,家长担心他的身体出现问题,便带他到医院检查,却发现并无异常。又过了一段时间,皓然干脆没等出门就直接"通知"家长说:"我今天不舒服,不去学校了。"

孩子的这种状态让家长心急如焚,再加上孩子的情绪也很不稳定,亲子关系频频出问题,争吵时有发生。

另一方面,皓然请假在家的精神状态也颇为不佳。最开始他还打打游戏或者骑车出去运动一下,到后来基本上不出家门,窝在家里发呆,甚至出现

了失眠的情况，身心状态每况愈下。

突然有一天，皓然对母亲说："我要去打电竞。"那时候电子竞技正是令许多年轻人向往的既能赚钱又能娱乐的"理想职业"。皓然甚至为此做好了规划，并在家中开始自己"训练"起来。但是没过几天，他又变回之前萎靡不振的样子，"电竞梦想"似乎也在几天间忽然破碎。

这种时而振奋、时而消沉的情况反复出现，让皓然的家长不得不开始寻求精神科医生和心理咨询师的帮助。

然而，在辗转了一些地方之后，所有专家给出的诊断结果都十分一致——一切正常。这让皓然的家长既无奈又无助，这也正是他们不得不坐在我面前讲述这些痛苦经历，并希望获得帮助的原因。

■ 初步分析

学业和外部期望给皓然施加了巨大的压力，使得他启动了"回避"的防御机制，具体表现为厌学。通常情况下，我们会尽可能地帮助孩子克服恐惧返回学校。但返回学校后需要花费许多时间重新适应环境，同时厌学行为也有一定的复发概率，所以复学并不是皓然的最佳选择，自由度较高的校外学习更适合他。再者，皓然的心理韧性不足，抗压能力弱，这可能是造成他考试发挥不稳定的重要因素，亟需调整。

同时，皓然其实并不甘于沉湎在"回避"所带来的一时的安全感和舒适感中，他开始进行职业探索，事实上，这正是他具有较高成就动机的表现，本质上是在寻求"学习的意义"；而当这种探索陷入僵局时，就又会出现"无意义"感，打击了他的成就动机。如此反复，形成恶性循环。

这并不是皓然第一次进行学习意义和职业选择的思考，只是以往的思考不要求他必须得出结论。而现在，高考迫在眼前，在这种高压和情绪不稳定的状态下，显然不是抛开一切，只专注于思考人生意义与择业问题的理想时机。因此，我需要引导他先跨过高考这道屏障，再静下心来思考这些问题。

▋治疗过程

基于这些分析，我同皓然的家长一同制定了一个替代"复学"的备考方案，并在一切准备完成之后，安排了我与皓然的第一次会谈。

2014年秋天，在北京海淀黄庄的一间咨询室里，我第一次见到了皓然。

短暂的自我介绍之后，皓然向我问出了他最不解的那个问题：

"我为什么要考大学？"

听到这句话，我更加确信了自己的判断——他所做的一切都是为了寻找这个问题的答案。我并没有直接回答他的问题，而是跟他聊了不少我的个人经历，包括我高三和大学时期的一些故事，其中不乏一些挫折和糗事。

我讲这些故事并不是用来回答皓然的问题的，而是要用一些夸张、有趣但又真实的故事分享，在皓然心中快速地建立起一个值得信赖的学习治疗师形象。这种适当的自我暴露可以在短时间内拉近我与学生的关系，让学生更容易接纳治疗师。

会谈刚开始时，皓然偶尔会摆弄自己的指环，但随着我的讲述，他的注意力也逐渐被我吸引。当我发现他已经能够对我的言语给出足够的反馈时，我开始把话题引向问题的核心。

"皓然，我知道你一定对未来有过很多的思考，并且尝试做出改变。我觉得这很好，因为你愿意去思考未来，这已经比很多人要强了。

"我想这也是你今天站在这个'十字路口'的原因。当然，每个人都会面临职业的选择，或早或晚而已。

"在这个人生的十字路口，我们有很多选择：可以选择停下来休息一下、思考接下来该往哪里走；也可以随便找一条看起来还不错的路先试一试……

"但如果你想了想却没能得到结果，或是你走了走，发现这条路不对，你又不得不回到原点时,你打算怎么做?"

皓然先是盯着我看了一会儿,然后慢慢地移开了目光。可以看得出,他在认真地思考我的问题。

简短地沉默了一会儿,我继续说道:

"如果是我的话,我会选择遵循既定的道路继续向前走。"

"为什么?"皓然突然抬起头问道。

"因为虽然我不知道该往哪里走,但我知道我不可能一直停滞不前。对于我们今天无法做出抉择的问题,如果什么都不去做,到了明天也还是做不出选择。

"不如继续按照原计划向前,不断地塑造和充实自己,直到能够做出抉择的那一天。"

听到这些,皓然睁大了眼睛,有些惊讶地看着我。

"皓然,对于你来说,现在要做的就是像一个勇士一样,奋不顾身地往前冲……"

在我和皓然会谈的一个多小时里,他并没有说太多的话,而是更多地通过肢体语言向我传达他的感受。

从他的眼神我看得出来,虽然还是没有弄清楚"为什么要考大学",但他已经知道该如何去寻找这个问题的答案了。

这次会谈结束后,皓然重新投入高考的备战。尽管比他的同学们少了这几个月的复习时间,可扎实的知识基础和更加坚定的意志让皓然很快地回到了高三学生应有的状态。

不过,一些应试上的不适应还是影响到了他在一模[①]中的发挥。在学校老师、家长、包括他自己的预期里,超过一本线是没问题的,但一模的实际成绩却只达到了三本线。为此,我们又进行了后续的两个疗程。

---

① 一模:高考前的第一次模拟考试。

第二阶段的学习治疗中，我从程序定制的角度教给他了一些学习、考试的步骤和程序，比如：三招写尽天下文章的作文程序；同时，引导他帮助我定制一些高考相关的解题程序和规范步骤。而第三阶段的会谈则主要是帮助皓然进行考前的心理状态和价值决策调整。

最终，皓然在 2015 年的高考中获得了 639 分的成绩，超过了当年一本线 80 多分，并摘下本校理科状元桂冠。

学习治疗的康复过程对他产生的影响很大。这段人生经历，无疑是他职业生涯的一笔宝贵财富。高考填报志愿时，皓然选择了心理学专业，现在他已经成为了一名专职学习治疗师。当然，相比他关于"学习意义"的思考与讨论，人们往往更关注他是如何学习和提分的。而我和皓然正通过"学道训练营"和"积极学习系统课程"两个项目，将这些技巧以一种更加系统和规范的方式教授给越来越多的学生。

看到皓然在工作中找寻到并不断拓宽自己学习的意义，我感到十分欣慰。

回顾总结

青春期孩子的自我意识迅速发展并趋向成熟，他们不再一味地接受父母给予的价值标准，而是自发地从环境中汲取多元信息，试图通过自己的思考找到"我为什么要做这件事"背后的答案。例如，很多学生会思考：学习的意义是什么？我到底该过一种怎样的人生？

在本案中，皓然把考试拿第一名和获得外界的认可作为自己学习的意义，尽管他曾达到过这个标准，但是要保持在这个水平，则需要消耗大量的心力，这是皓然所不能承受的。因此他不得不舍弃旧的价值判断，转而去寻找一种更加简单的方式以获得他所需要的认可和成就感。

既然问题已经出现，那么如何才能引导孩子学会积极面对挫折与困惑呢？

皓然是一个成就动机较高且自我意识较强的男孩，他休学后的行为表现，表明他正在寻找自己新的价值,可是这个过程很不顺利,为此他苦恼不堪。而他在咨询中对我的提问也表明,他并不是真的想放弃学业,只是希望有人能给他一个坚持下去的理由。

他所寻求的"学习的意义",只有他自己可以找到并判定。这不是一句鸡汤,因为即使我给了他一个理由,他也很难打心底里认可这个理由并为之努力。

所以我没有回答他的问题,只是通过自己的故事向他阐述了我探索学习意义的过程,以表明他休学后做出的思考和尝试都是有价值的。但是,皓然并没有从这些努力中获得答案,这才有了目前停滞不前的状态。于是,我为他提供了一个新的视角,即"带着疑惑出发"。

皓然认为,如果遇到了一个问题,就必须要解决它才能继续前进,这就使得他必须在"为学习找到一个新的理由"和"放弃学业找到一个新事业"中做出选择。显然,他目前还不具备做出这个选择所需的能力,而时间也不允许他停下来思考。所以当我提出"带着疑惑出发"这个方案时,皓然感到豁然开朗,他终于可以不再纠结如何取舍了。

其实,人生就是一个不断遇到问题、再不断解决问题的过程,也是不断跨越和超越自我的过程。想要在挫败中振作起来,需要把自己锤炼得很有韧性。面对问题,在采取行动前我们要问自己这些问题:"我真正想要克服的问题是什么?有哪些方案可以用来解决问题?谁能帮助我克服障碍?"等。待孩子跨过某道坎后,我们应当再鼓励他进行反思:是什么使自己克服了障碍,让自己更加强大。

通过"思考—行动—反思"这个循环,一个又一个问题不断地得到解决,孩子的学习系统也将随之不断呈螺旋状进化。

在我二十余年的学习治疗生涯中,许多学生都曾以不同的方式问过我相同的一个问题——学习的意义是什么?这种对于某些行为背后价值的思考,在孩子进入青春期之后尤为常见。如果孩子提出了类似的问题,说明他正在反思旧的价值标准,并尝试建立属于自己的新准则。

在学校中表现优秀的孩子,往往可以获得足够的表扬和满足感,这部分孩子很容易把"获得认可和成就感"看作自己学习的意义;而那些成绩并不十分优秀的孩子,由于无法从学习中获得足够的成就感和价值感,甚至会因此受挫和失落,这就使得他们更多地思考我为什么要学习,学习难道不是一件费力不讨好的事情吗?

要知道,前者建立在外部环境上的成就感和价值感上,其实并不牢固;而后者在遇到挫折和想要退缩时进行价值判断,更是容易误入歧途。

实际上,即便是对于许多成年人来说,仅仅通过思考来明确人生的价值或者行动的意义是很困难的,何况青春期的孩子们。因此,学习治疗师的任务就是适时、合理地引导他们进行人生和学习意义的思考,并让这些思考有助于孩子们的自我整合和个人成长。我相信在未来的某一天,这些孩子可以凭借自己的智慧,为自己的人生赋予独一无二的意义。

手记点睛

学习是一种体力劳动、脑力劳动和情绪劳动的组合。一个孩子可以因为情绪不好而请假休息,学校与家庭应当为他们的情绪提供更优质的服务和支持。面对高考,帮助一个孩子想清楚人生的目标和学习的意义,比给他报文化课补习班更重要。

案例 10.5
"放牛班"的逆袭奇迹

> 这群青春期的孩子们，身上几乎集中了我们所有不愿见到的叛逆特征：学习成绩落后、不讲纪律、打架斗殴、吸烟、早恋……而我作为他们的荣誉班主任，将与这群少年共同开启一场事后被所有人称作"奇迹"的逆袭之旅！

班级小档案

年级：高中一年级
诊断分型：综合型
关键词：分层教学　个性化教学　逆袭

案例背景

2015 年，我带领团队与北京某中学的分校区合作了一个实验班项目。实验班刚成立时，班主任郑老师茶饭不思，差不多有一个月的时间没有睡好觉，原因是整个年级里发生的负面事件，百分之七八十都出自这个班。这并不奇怪，这个班集中了整个年级高中入学时成绩靠后、行为问题突出的一批学生。

他们课堂纪律差、不按时交作业、打架、抽烟、谈恋爱……

初步分析

作为这个班级的荣誉班主任,我感到既兴奋又担忧。一方面,想到自己可以运用学习治疗的方法帮助整个班的孩子,我就充满斗志,摩拳擦掌准备大干一番;另一方面,对于孩子们是否愿意积极配合,是否在看不到的地方还存在更多问题,我也颇为担忧。

根据我的初步了解,帮助孩子们构建起积极学习系统势在必行,因为所有学生学习系统的各个方面都亟需优化升级。入学和小考成绩反映出这个班级学生的学习问题十分突出,与此同时,其他方面的问题也不容忽视。到底该怎么办呢?

现在回忆起来,似乎一切问题的解决都顺理成章,仿佛有如天助一般。但是所有的亲历者都清楚地知道,每个人都付出了怎样的努力、做出自己的贡献,我们的团队如此,分校区的老师们如此,这个班级的所有同学和家长们亦是如此。

下面,我将从这为时一年的团体治疗中,选取几件有代表性的事件,与大家分享。

治疗过程

一个班级四种作业

起初,这个班级的作业完成率很低,能够按时完成并完整提交作业的学生比例不足 1/3。经过一番调查我发现,无法正常交作业,不全是因为孩子们不想写作业,更主要的原因是课堂上布置的作业题对于班里多数同学来说难度较高,很多题目大家都不会做,不少同学为了交作业不得不去抄答案。

看到他们尚有完成作业的意愿，我意识到作业改革可以成为这场"战役"的第一个突破口，于是，我们决定采用分步训练、分层教学的策略。我在专门为这个班级开设的《学道课》上，针对作业题目相对较难的问题，为同学们量身设计了A、B、C、D四种不同难度的作业任务。虽然作业是同一道题，但是不同水平的学生可以认领不同难度的作业。具体是这样安排的：

A作业：只需完成对题目信息的收集识别；

执行标准：找到题目中的重要信息，并圈画、列写出来。

B作业：需要完成对题目信息的收集识别和语义解析；

执行标准：在完成A作业的基础上，去思考或者猜一下这道题要考什么原理公式，列写出来。

C作业：除上述两步外，还需建立解题逻辑通道；

执行标准：在完成B作业的基础上，还要写清楚：题目要求什么、需要什么条件、已知都有哪些条件和怎样才能求出结果。画出逻辑通道即可，不必计算求解。

D作业：在C作业的基础上，再加上驱动执行的过程；

执行标准：即为完整地把题目解出来。字迹清晰，流程清楚。

当然，以上四种作业均需按时上交，才算完成。

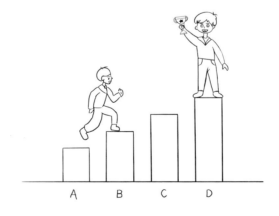

这种分步分层式定制的作业布置方案，由简到繁、由浅入深地给不同水平的同学分配任务，使得作业变成了所有学生能力范围之内、自己可以选择和把控的任务。而结果也正如我的预期，很快得到了同学们的积极配合。

自从采用了这一作业方案后，实验班里的学生从最初的大多数都无法按时完成作业，到学期末所有人都可以完整地完成作业，这个过程只用了三个月的时间。

和"金融小组"的学生一起赚钱

除了分层定制作业外，我还给班里的学生实施了个性化分组策略。现在学校里常见的学习小组的分法是将班里的学生按成绩"S"形分组，保证组与组之间学习成绩实力均衡。但我们没有采取这样的分组方式，原因是这个班学生的成绩普遍偏低，偶然性较大；同时，我也不认为成绩就能代表个人的实力。于是，我们换了一种思路，选择按兴趣作为分组依据。结果，班里有7名学生，在统计个人兴趣时直接就写了一个字：钱——既然他们喜欢钱，那我便将这7名学生组成了一个"金融小组"，对这个小组的全体组员进行金融基础知识的培训，带着他们了解货币是怎么回事，股票是怎么回事，期货又是怎么回事……

恰巧当年有一个重大经济事件发生，就是国家第三季度的国内生产总值（GDP）增长率被推测将首次低于7%。在国家统计局正式发布统计数据的前几天，李克强总理在政府工作会议上做了一个"对当前中国经济运行的6点判断"的报告。由于报告时间十分临近统计数据的公布，因此我们推测报告中会暗含当时国家经济运行速度的信息。于是我就要求金融小组的成员们，马上认真解读这份政府工作报告，并根据该报告推断增长率的具体数值。最后，经过认真的研究与分析，这7名学生给出了一个答案：6.8%。他们说，一定低于 7%，因为总理报告中有这样的论述；但是，不会低太多，因为总理报告中还有那样的论述。基于这个判断，他们同时还给出了一个做空上海铜期货的建议。

根据金融小组成员们的分析，三季度 GDP 增长率肯定低于 7%，虽然不会低太多，但是只要低于 7% 就是一个质变，一定会导致中国股市和期货市场短暂的暴跌，如果提前卖出期货产品，待其大跌时再买回来，就可以挣到不菲的差价。

提醒诸位，给我提供这份投资建议的"顾问团"只是一群年龄不大、经验有限的高一学生。但这些孩子这段时间的投入与成长，让我深信他们并不只是随口说说，于是我采纳了他们的建议。在接下来的第一个交易日，一开盘我就迅速做空了 10 手上海铜。随后不久，国家统计局发布了统计数据：6.9%。这是近 15 年来中国经济增长速度首次低于 7%，果然导致股市、期市双双暴跌。

当天我们就挣了 6 万多元钱，晚上我请金融小组和另外几个赶来蹭吃的学生一起在学校附近吃烤串，共同庆祝首战告捷。十几个学生吃了两千多块钱的烤串，大家都十分高兴。席间，平时吊儿郎当不务正业的学生刘越抱着我的肩膀，一反常态，很认真地跟我说："宋老师，我今天才认识到语文阅读理解真的太重要了，以后什么不好好学都得把阅读理解学好了！"

语文阅读理解是个什么梗？原来这份政府工作报告，他们掰开揉碎、不知读了多少遍，才能够对每一句话都理解透彻，最终得出这一系列结论。强大的阅读理解能力，是这一切分析的基础。这次经历也让刘越这个"爱财"的孩子认识到，学习是真的能够学以致用、带来财富的。

这样一个聊学习的好时机，千载难逢！于是我一边吃烤串，一边给他们讲，其实每一个学科都是我们未来人生重要的生存技能和思考维度，我带着他们细细琢磨每个学科的意义：数学能用来干什么，语文能干什么，还有物理、化学等。当这些学生的兴趣追求（如金融小组的"爱钱"）因学习而被达到或满足时，再跟他们讲任何关于学习的事情，就很容易被接受。

这是发生在班级"金融小组"的一件趣事。没过几天，又有另外一件事，让整个班的同学都有了很大的进步。

一个钱包引发的信任危机

班里有个叫作陈小雨的女生，有段时间总把一个名牌钱包带到学校。这钱包是小雨的妈妈送她的生日礼物，本身价格不菲，里面还装着爸爸给的1000多元钱。有一天，小雨突然发现钱包不见了。陈爸爸听说之后急忙赶到学校，希望查一下全班同学的书桌，但班上其他学生不同意，纷纷质询道"凭什么"，双方争吵得不可开交。

班主任郑老师很着急，马上就给我这个荣誉班主任打电话商量对策。电话里，我听完郑老师的简单描述，就笑着跟她讲说，"这是一件好事。"郑老师听后，诧异地问道："这是什么好事啊？！"其实，当时我也没有完全想好对策，但直觉告诉我，这一定是个绝佳的教育契机。我请郑老师不要着急，一定要先安抚好大家的情绪。放下电话，我随即出发赶往学校。

路上，我一边走，一边琢磨该怎么办。走着走着我就想到了——何不开一次班会，把这次事件变成改变孩子们价值决策的好机会？

这次班会的主题就定位"什么是财富"，除了全体同学、班主任郑老师和我，陈爸爸也列席会议。

首先我给大家讲了"财富"这个重要的概念。什么是财富？我认为，人生的财富分为三等，最低等的财富是钱，或者可以用钱来衡量的物质；中等的财富是能够创造或赚取钱财的知识、技能和本领，这也是我们需要在学校和社会中不断学习的一个重要理由，即通过学习提高创造财富的能力；而最高等的财富则是人与人之间的信任，正是由于信任，我愿意加入你的团队，为团队贡献我的青春、我的能力，共同实现团队的梦想。这样一来，团队的力量就会越来越强大！

我对全班同学说："现在小雨丢失了低等的财富——一个钱包以及里面装的现金，价值5000元。我们班的同学损失了，就是我们班损失了这些财富。但是更可怕的是，目前我们还面临着失去人生最高等级财富的风险。本来同学之间相互信任，我们在未来或许有机会联手建立一个团队、完成一个项目、实现同一个梦想，但是因为这次丢钱包事件，我们可能相互留下尴尬的回忆、失去彼此间的信任——这是更大的危机。因此，我们今天召开这次班会，目的就是解决这个问题，不让它的不良影响波及到今后。关于今天的事情，我想先听一听大家的看法。"

一开始，班里有些同学表示很生气。孙浩是一位说话直来直去的男生，他气鼓鼓地说："是小雨自己没有看管好东西，丢了之后却赖我们，可恶！"我对他说："嗯，我知道你有你的感受。我希望你能回忆一下宋老师之前教你们的'反向透镜'，然后思考一下，如果你是那个丢钱包的人，你认为你的心情会是怎样的？"

男生未加思索便脱口而出："我才不会把自己的东西看丢了。就算是把东西弄丢了，也不会去埋怨别人。"

"哎，你没有听清楚我的问题。我问的是，如果你是丢钱包的这个同学，你的心情会是怎样的。请你正面回答这个问题。"我重申道。

他低下头想了想，回答说："老师，那我肯定很着急。"从他语气和表情的转变上可以看出，他已经明白我的用意，开始换位思考了。

这个时候，其他同学或相继发言，或认真倾听，或若有所思，大家的情绪已逐渐平复下来，也能够更清楚地看待这个事情本身了。在这个过程中，也有同学提出疑问：小雨最后一次见到钱包是在什么时候？小雨愣了一下，

第十章 治愈灵魂深处

紧接着开始仔细回想，这才发现她上一次看钱包竟已是前天的事了，小雨在这期间曾两次往返于学校和家中，因此钱包很可能是在路上弄丢的。

接着，我让大家就这次事件的具体解决办法发表意见和建议。

每位同学都很认真地进行了思考，纷纷提出了自己的意见。比如，因为小雨同学遭受了财物损失，出于对小雨的关怀和安慰，班长提议发起募捐，用筹得的钱给小雨再买一个钱包。我觉得这个提议的出发点不错，但同时又有些担心——这个年纪的学生，手头都有不少的零花钱，如果真的只图一时意气、草率了事，每人捐个一百块，的确是够给小雨再买一个同款钱包了；但显然，这样不但无法真正解决同学之间的信任危机，还会让这次的"财富"教育变了味儿。

于是，我决定"限制"一下捐款的额度，便向同学们提问道："这个提议的出发点很好，那么大家想买一个多少钱的钱包送给小雨呢？是3000元的，还是300元的，还是30元的呢？"大家心领神会，异口同声道："30！"

实际上，这个新钱包的意义主要在于其情谊而非价格，让小雨感受同学们的关切和善意便是它最大的价值，我很开心同学们和小雨都能够体会到这一点。而为了达到这个捐款目标，每个人只需捐一块钱即可，于是除了陈小雨和陈爸爸，在场的每个人，包括郑老师、常老师和我在内当即行动，几分钟便完成了募捐任务。此时，我看向陈爸爸，只见他也露出会心的微笑。

最后，我们形成了一系列的处理办法：首先用刚刚募得的30多元钱，由班长给小雨同学在网上订了一个新钱包。紧接着，从明天起将班里的视频监控设备关闭一周，如果真的有同学开玩笑拿走了小雨的钱包，可以悄悄地将它还回来。并且，小雨主动表示，如果钱包在一周内还是没能出现，她也相信不是班里的同学拿走了，而是丢在了路上。

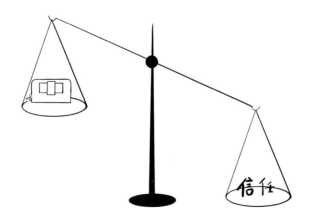

班会临近结束时,我想让小雨做一个正面的总结,于是请她谈谈感想:"如果时光倒流,在你知道钱包可能会丢失的前提下,你是仍然把它带到学校来,还是将它放在家里好好保管呢?"

小雨颇有个性,不喜欢按套路出牌。她抬头看了我一眼,说:"宋老师,您肯定希望我说我不会把它带到学校来,但是我得诚实、得说实话——我还是会把它带到学校来的,我只有用它才能发挥钱包的价值。其实我之前带来的时候就想过钱包可能会丢,但也不能因此就不用它了嘛。"

现实中,孩子们犯错在所难免,糟糕的不是事情本身,而是事后孩子不能得到足够的收获和反思。小雨和同学们经历了钱包事件,对于"财富观"已经有了一定的思考和成长,但一些缺乏反思的行为方式仍旧没有得到扭转,看来班会还不能就此结束。

于是,我接过小雨的话继续讲道:"作为一名高中生,对于自身拥有的贵重物品,我们应该怎样合理使用呢?比如一个昂贵的包包,在出席重要聚会或者陪父母逛街时,随身携带是没有问题的;而日常上学时,携带非必要的贵重物品就显得有些不合时宜了,不但使用的机会很少,还要额外花费精力去留心不要弄丢了它。这次事件其实是生活给了你一个教训,价值 5000 元。

但你若不吸取教训、长个记性，而是继续这样做，那么生活可能将会给你下一个 5000 元的教训。如果你仍然不反思不调整，那它可能会继续加大力度，给你价值 50 000 元的教训、500 000 元的教训，直到你承受不起，你的父母也承受不起。"说到这里，我看到坐在后面的陈爸爸，也陷入了沉思当中，"生活会一直给你教训，直到你学会反思，学会后悔。后悔不是对自己过去的否定，而是一个年轻人应该具备的规避未来风险的优秀品质。"

最后，我再次请小雨为班会做一个总结。她神情严肃地站起来，郑重地说："老师，今天我丢了一个很贵的钱包，但是我觉得我收获了一生中最宝贵的礼物，谢谢大家！"

虽然，她没有解释她所谓的"礼物"是什么，但是我想，这个礼物既指这个代表着全班同学心意的新钱包，也指她对在本次事件中收获的反思和感悟。我欣慰地感觉到，不只是小雨，班里的每一位同学都对"财富"有了更深刻的理解。

不负众望

上文分享的这两件事情，不过是这个实验班在成长过程中的两个小插曲，像这样的插曲在当年有不下十几次。每次我们都会抓住机会，调整、升级学

生们的价值决策。此外，我坚持每周一节大课，给全班完整讲了构建积极学习系统的有关课程，那个时候我们还叫"学道课"。一年之后，实验班学生的价值决策发生了翻天覆地的变化，自我管理和学习的能力都有了很大提升，解决学习和生活问题的能力也有了显著提高。一年后，我们这个实验班跃升为全校的优尖班：班级成绩排名全年级第一，校学生会干部包括主席、副主席和各个部长，有半数以上都出自该班。

回顾总结

正如我在班会上告诉同学们的那样，信任才是人与人之间最重要的财富。在对这个实验班进行学习治疗的过程中，我们充分体现了信任的可贵品质：同学之间相互信任，同学与老师之间相互信任；老师相信自己，也努力让学生们也相信自己。这种牢固的信任恰恰是他们之前没有建立起来的！

就解决具体学习问题而言，如果学生学习系统中各个模块都需要优化调整，就像本案中的实验班学生，我会按照收集识别、语义解析、逻辑加工和驱动执行的顺序，依此调整各个模块，这也是我给实验班设计出A、B、C、D四个层级作业的初衷。

另外，不要小看作业的完成度。对于一个常常完不成作业的学生来说，能够独立完成作业，将极大地提升他们的学习自信心。而且当完成作业变成一件有趣但只是略有难度的事情时，学生们的学习热情也会被激发出来。这股热情会推动他们主动学习：上课认真听讲，课后自觉做作业。

一开始，学生不相信自己可以完成作业、不相信自己有能力做好一件事、怀疑别的同学拿了自己的钱包，这些都是学生自己、学生之间信任不足的表现。

但是在这一学年里发生的每一次事件，包括许多未在文中介绍的事件，其最终的解决都充分依赖于我们彼此间坚固的信任和学习系统理论的指导和支持，这才使得班里每一位学生都超越了自我，共同创造了一个不小的奇迹。

团体治疗与个体治疗相比，有更困难的地方，也有更简单的地方。一方面，群体中的个体会相互影响，产生比个体更多的问题；另一方面，当一个好的契机出现时，群体中的个体可能会相互促进，加速正向改变的发生。青春期孩子的一个特点便是不愿意跟从、重复别人说过的话，他们的头脑风暴常常会碰撞出许多的思维火花。学习治疗师能否敏锐地捕捉到教育的契机，并能加以引导，这对于问题解决而言，至关重要。

需要强调的是，价值决策模块的调整对于青少年来说依然是最为重要的。我们的学习治疗一直在倡导"道育"，即价值观方面的教育，这是教育的最高境界。当一个孩子具有正确、积极的价值观时，他的行为举止就是规范得体的，他的知识和技能的学习就可以是自主自发的。现实中，很多家长和老师们常常用错了力，把精力都花费在如何让孩子掌握知识与技能上，而忽视了对他们价值观的塑造，这无异于缘木求鱼、水中捞月。因此，虽然我们有时会从识别驱动模块入手开始干预、调整，但最后的落脚点往往还是对价值决策模块的优化。

> **手记点睛** 🖉
>
> 每个孩子都拥有这世界上最强悍、最智慧的基因，也许逆反是他们长大的必经之路，但请相信——每个孩子都终将有所成就。从来都没有问题的青春不值得回忆！

学习治疗大事记

"学习治疗"这个词是我原创的,其内涵就是让孩子们告别"带病学习",修复学习系统漏洞,快速提升学习动力、能力和适应力,最终,从根本上提高学习成绩。学习治疗是一项关乎中国青少年学业发展与心理健康的远大事业,从概念提出,到理论成型,再到大规模实践应用,历经十几载风风雨雨,春华过后,终见秋实。

冬 育

学习治疗理念最早应用在由我一手创办的"学道训练营"上。2003年,我首次明确提出中国青少年教育当从"道育"开始的思想,并以此思想为基础创办了第一期"学道训练营",得到了家长和学生的一致欢迎和高度评价。自此之后,几乎每年寒暑假,我都会和几十位同学一起度过与众不同、意义非凡的一段学习时光:我们一起思考人生的使命,探索学习的奥秘,感悟创造的魅力。尽管那时的学道营还没有融入现在这样成熟的"学习系统理论",但深入到学习过程的反思、对学习时内心的静观,让参加学道营的孩子们,深深感受到他们在真正地自主学习。

2007年,我担任教育部"十一五"规划重点课题"中国学校心理健康服务体系总课题组"副组长,开展学习心理子课题研究。我本科在清华大学自动化系的理论沉淀——信息论、系统论和控制论，自然而然地与传统学习困难解决方案交叉融合，"学习治疗理论"初具雏形。

2015年，北京心聆教育科技有限公司正式成立，我们开始以一种全新的模式投身教育与心理行业。"学习治疗"这棵小树苗就这样在北京城西扎下根来，静静等候着属于她的春天。

四载寒来暑往，在反复修剪、辛勤浇灌之下，"学习治疗"已由昔日娇小的树苗长成今朝挺拔的大树。她是一种崭新的教育思维，引导我们走向教育新阶段；她是一套成熟的教育理论，推动教育研究不断发展；她亦是教师教学、家长育儿的有力工具，为培养新时代的人才贡献力量。

春　生

2019年4月，北京的春寒尚未彻底散去。在清华大学东南门外的"清华幸福科技实验室"里，我们第一次正式向公众介绍了她——学习治疗，而她也以自己的名字命名了我们在场所有的人——学习治疗师。

当时，几十位资深教育工作者与学习治疗初次相识的场景，我至今仍历历在目：有人如获至宝，找到了前进的方向；有人化解了困惑，重燃对教育的热情；有人放下了焦虑，对学习充满了信心……有一位前辈语重心长地对我说："纵观心理学和教育学浩如烟海的理论观点，没有哪一套理论像学习治疗理论这样的全面和实用，它会对中国基础教育的发展产生不可估量的价值。"

同年7月，学习治疗师初级培训开始面向北京市中小学和教育主管部门，提供全套的教师集体培训服务。这项培训服务为许多一线的教师解开了教学实践中多年的困惑——为什么有些孩子始终不爱学或学不会，背后的科学机理是什么？许多看似简单泛化的问题，其实极具个性化，在每个孩子身上的表现都不尽相同。因此，在实际操作中，老师们会遇到各种各样的问题和障碍。

但如果把这些个性化的问题放进学习治疗的系统理论框架里去分析，答案就能清晰地浮现出来。培训结束后，老师们带着启发与反思，重新回到工作岗位上，开始了学习治疗的探索与实践。我们十分敬佩和感谢这些真心实意热爱教育的老师们，他们的无私奉献大大促进了学习治疗事业蓬勃发展。

随着学习治疗师团队的壮大，作为配套实践基地以及为家长和学生提供学习治疗服务的线下机构，全国第一家"心聆学习治疗咨询中心"，于2019年10月26日正式在北京成立。多位教育界德高望重的领导、嘉宾莅临开业典礼现场，为学习治疗事业献上了祝福，也表达了他们对学习治疗深深的期许——期许广大学习治疗师们能够倾尽所学，帮助更多被学习困住的孩子们。这份"期许"的重量，只有当学习治疗师真正面对那些焦虑的家长和无助的孩子们时，才能深切地体会。

夏　　盛

2020年，注定是人类历史上永远铭记的一年。突如其来的疫情打乱了人世间的一切，我们的学习治疗事业也受到了波及。然而，我们深深地知道，这场疫情不仅危及人民的生命和财产安全，更严重而深远的影响是在人们的心理上，尤其是那些心智尚不成熟的孩子和考生们。作为学习治疗师，在非常时期帮助孩子们继续有效学习，是我们义不容辞的责任。于是，从2月到4月，我们面向社会提供了多场学习治疗公益讲座，以降低这次疫情对老师、家长和学生们的种种负面影响，其中十几场讲座成为海淀区教委推荐课程；4月起，我们返回工作岗位，开始提供更多的网络课程并将学习治疗师（初级）认证培训迁到了线上平台，使越来越多的教育从业者有机会参与到学习治疗的事业中来。

7月底，两个"第一期"重磅课程在深圳顺利完成：第一期学习治疗师（中级）认证培训；第一期全国学道训练营。许多熟悉的面孔在深圳这个充满活力的城市再次相聚，一同参加中级班培训，更深入地研究如何进行"学习治疗"中级实操。如果说初级课程是为了让人们了解学习系统理论与学习治疗、结合自身情况进行实践的话，那中级班就是要让治疗师们能够对学习问题产生的原因做更深一步的分析，并通过综合分析给出专业诊断，确定学习治疗切入点和切入方式，进行学习治疗咨询阶段的合理规划和有效实施，并能进行快速效果评估。简单来说，就是让学员能够学有所用。而紧接着开始的全国第一期学道训练营，也恰恰为学员们提供了有益的思考和锻炼。

这里所谓"第一期全国学道训练营"，是指首次纳入了学习系统理论的升级版学道营。新的学道营保留了原有关于学习意义与学习自然规律的课程，但更加重视建构学生的学习系统、培养程序意识，同时也强调学习系统在实际学习过程中的应用。这次学道营可以说是一次大胆的尝试，许多学习治疗师参与到其中，他们亲身见证了学习系统是如何改变孩子，如何提升他们的学业能力和表现。

9月，应广大家长和学生的要求，北京心聆学习治疗咨询中心再度升级了学生课程，开始对家长和学生提供全新的一对一学习治疗服务，它包括学习系统建构课程、学习治疗咨询以及家庭教育咨询。这种显著区别于文化课辅导班的教学方式和课程内容，很快受到了学生、家长们的青睐。因为它不再要求孩子们挤时间低效率地"补、补、补"，而是从根本上解决他们的学习问题，通过个性化系统修复和升级切实提升他们的学习成绩。

随着一传十、十传百的口碑传播，越来越多家长选择为孩子做学习治疗，为了解决师资有限的问题，我们积极地培养和发掘能够胜任这项工作的优秀治疗师。他们大多数来自中级班，很多人是"教师+学习治疗师"。相信，未来会有更多的教育同仁成为专职学习治疗师，为更多孩子解决学习问题，为更多家长化解教育困境。

秋　实

截至 2022 年 1 月，学习治疗师（初级）认证培训总计完成线下 38 期、线上 23 期，培训学员 10 000 余名；学习治疗师（中级）认证培训总计完成 13 期，培训学员接近 300 余名；越来越多的学员成为专职学习治疗师。这些数据正在成倍地增长，预计到 2025 年，全国注册学习治疗师将达到 50 000 人。到那时，学习治疗将以多种方式和途径，惠及中国 30% 以上的学生、家长和学校；而早期的学习治疗学员与从业者，有望将成为理论迭代升级的参与者，教学实践应用的引领者。

展　望

自从 1717 年国家义务教育体制在德国率先出现，直到今天，全球的教育和学习体系一直是以教为主——老师教什么，学生就学什么。这种教育模式以知识传递为主要形式，学生只能靠自己的感悟与思考，形成各自不够完善的学习系统，学习的效率和效果都不尽如人意。最近 10 年，教育的主体——学生发生了很大的变化，因为现代技术变了，社会环境变了，人也必将随之改变。教育必须做出相应的变革。

鉴于此，越来越多的人认识到要对教育和学习本质进行升级、调整——从"以教师教为主"转向"以学生学为主"。但只"认识"还不够。要想建立以学为主的机制和模式，需要我们更深入地去分析学生学习的过程：他们是怎样学习的，如何采集、整理信息的，如何加工、存储然后输出的……

近些年，关于学生如何"学"的分析和研究，在机制上不断突破，在脑科学、认知神经科学方面不断有新的发现，但是一直缺乏一个能接入到日常教学、深入到每个学科、深入到每一个学生自身成长上的应用型理论。如果套用时下热门"最后一公里"概念,那就是学习的"最后一公里"理论。而学习治疗理论的提出,填补了这片空白。可以说时代需要我们,学校需要我们,家庭需要我们,学生也需要我们。

放眼望去,全国有大量的学生在自身学习系统建构上存在问题。因为传统教育界一直是以"教"为主的,而以知识传播为主导的学科教育千篇一律,学生要实现真正个性化的学习,其实是一件很困难的事情。只有那些尖子生,那些在学习系统各个模块因机缘巧合而得到了一些"特殊培养",或者感悟力比较强的学生,才有机会脱颖而出。这对于广大学生来说是不公平的。

同时,由于中国社会物质生活条件不断改善,青少年的学习动机出现了明显下滑,越来越多的孩子在学习上出现了比较严重的问题。有大量的学生需要接受学习治疗。而我们就是要专注于这一事业,为学生们建立一个更加公平、更具个性化的崭新的学习时代!

未来,学习治疗应用前景极为广阔。当前,我们主要在开展学习治疗师的培训,日后我们将会更多地渗透到各个年级、各个学科,开展学科学习治疗的深入研究和应用。作为学习治疗的创始人,我坚信——学习治疗和学习科学体系,在未来极有可能引发基础教育的重要突破。那就是,通过跟各个学科深度结合,促进中国的学生更好地把学习技术应用到个人生活和成长当中去。

事实上,我们正在力所能及地推动这一变革:学习治疗逐步进入中小学和成人学习领域,打破学科的界限,建立学习和心理的桥梁,使学习成为一个更加科学高效的过程;从问题诊断、能力建构以及价值创造的角度,引领中国学习者更好地去建构自身个性化的学习系统;同时,学习治疗的培训模式也是横跨知识的传授、程序和系统的建构以及价值决策和心态塑造多个方面。未来,我们的学习治疗师将会遍及全国各地,他们不仅会帮助学生解决学习问题,也会直接肩负起用学习科学向孩子们传授知识的任务和使命。

我相信,未来学习治疗技术将会在硬件、软件、课堂以及课程上,广泛地被引入到中小学教育中;成为基础教育、高等教育、职业教育和技能培训等各个方面广泛采用的新型学习技术,为祖国教育模式创新做出一些有益的探索和改变。

附录一 《学道心经》

第 一 章

学之道，贵有恒；心先定，学后成。书不洁，杂念生；坐不正，意已动。耳不偏，目常从；早立规，心自恒！

第 二 章

父母心，盼成龙；琢大器，须从容。教之切，易有偏；基不正，难承重。学之始，贵习性；初学易，后难成。习性定，规矩生；方有隅，圆有形。

第 三 章

学之力，在动机；好奇心，求知欲。日观察，问问题；答其问，要仔细。进取心，表现欲；常游戏，争第一。从小起，多鼓励；常启发，重累积。遇挫折，不放弃；磨砺深，始成器。

第 四 章

学之习，有三程；循序进，学艺精。先预习，疑念生；多提问，理易明。再听课，心神凝；做笔记，要工整。师之言，书重点；己之思，释疑难。后复习，建体系；推原理，重题例。

第 五 章

学之法，无常形；有规始，无规终。眼有形，耳有声；心常思，手不停。解题易，出题难；变角度，获益丰。繁或难，有路径；一分三，简易生。难记忆，多联想；被动弱，主动强。

第 六 章

学有感，感有功。首框架，如象形；体系成，为大用。再层次，分类同；条块出，意义清。后逻辑，思因果；善推理，成悟性。语感兴，在朗诵；常动口，意自明。

第 七 章

学有难，心勿乱；多诵读，题意现。列已知，猜原理；设未知，助逻辑。解之道，分过程；大题化，小题生。自所求，找所需；前后行，逐步成。

第 八 章

学不前，必有因；曰无志，曰分心。心无力，少意义；曰爱国，曰自尊。学之心，不可分；听音乐，乱本根。心有属，学难专；恋游戏，误长远。苟不明，费光阴；青春逝，岂万金。

第 九 章

学有规，不可违；拔苗长，木难遂。先知情，次晓义；再学文，后明理。美生爱，为动力；四美者，当牢记。自然一，人际二；科学三，艺术四。一岁起，重情趣；至三岁，授仁义。五岁后，可教文；及七岁，格数理。小神童，大平庸；逾越过，覆辙中。

第 十 章

学有乐,亦有苦;苦生乐,始感悟。强其心,弱其腹;延其乐,纳其苦。有大爱,曰不仁;谨漠视,慎关注。护子过,损其多;见小错,切莫乐。知荣耀,守暗辱;自然心,若空谷。修自身,可齐家;家和谐,子贤达。

附录二 积极学习系统模型简介

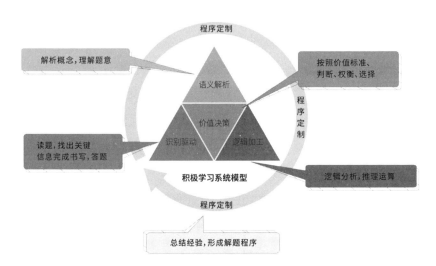

计算机在处理信息时，依靠硬件系统和软件系统共同完成。那么人在处理信息时，是否也存在类似的一套系统呢？显然，积极学习系统模型的提出在一定程度上解答了这一问题。

该理论模型由宋少卫老师在担任清华大学人文学院素质教育研究与发展中心执行主任期间，带领教研团队深入教学一线，深度研究106位清华大学学生学习系统共性特征后总结提出，其中借鉴了脑科学、认知心理学、计算机科学及人工智能的相关学科理论和思维模式，并在大量个案咨询及公立学校教育教学试点中反复应用检验，最终打磨成型。

模型的内圈，为识别驱动、语义解析和逻辑加工三个模块，依次对应学习者在学习活动中完成信息加工的不同环节；同时，位于正中央的价值决策模块作为整个体系的核心算法，会对其余每个环节的"运行效果"产生直接影响；最后，处在外圈的程序定制模块则是对内圈执行过程的进一步提炼和程序化总结，可以为整个学习过程加速赋能。这五大模块有机统合，形成完整的积极学习系统模型。

一套稳定、良好运行的学习系统，是学习者圆满完成各项学习任务的底层支撑。当学生遇到学习问题时，借助系统模型可以精准地定位和分析出其产生学习问题的根源究竟出在哪个（些）模块，从而有效进行系统修复，帮助学生在最短时间内升级自身学习系统，全面提升学习能力，实现成绩的飞跃。

学习者所拥有的积极学习系统，应当在其终身学习中不断地自我发展、完善和升级。每个人的学习系统都或多或少存在问题，真正的学习强者是能够不断从错误中提取问题，快速修复漏洞，升级学习系统的人。

附录三　往期学员培训感想节选

用心聆听，阳光成长。

学习治疗，会给我们的工作和生活带来怎样的改变？在这节附录中，节选了"学习治疗师培训"部分往期学员的感悟和反馈，让我们共同聆听他们的成长与变化。

这些学员来自不同的城市，处在不同的年龄和岗位，他们中有校内外教师、心理咨询师、职业生涯规划师、家庭教育指导师……而现在，在完成阶段性培训以及考试后，他们都有了一个共同的身份——学习治疗师。希望他们的分享能带给你一些启发，也希望越来越多的同仁愿意加入到学习治疗这项事业中来。愿学习治疗帮助到更多的"我们"，与千千万万的孩子一起阳光成长！

何老师　小学语文教师　宁夏　线上第 8 期初级班

从教小学语文 11 年，我常常发现学生写错字、读错字、读题能力差。但我从来没有深究过这是什么原因，以为是个别孩子的能力问题，没想到这里包含着更深层次的学习系统原因。比如，好多孩子做错题，是由于没有正确读取题中的重要信息，把关键词圈画出来后就不容易出错。最近我正采用画关键词的方法帮助学生提高信息的识别能力。

甄老师　教培机构教师　北京　线上 2020 特训班

通过学习治疗师培训，我在辅导学生时也能够用专业理论知识去分析和解决问题，这样，我跟家长交流起来就会更专业、更自信。帮助家长切实解决一些孩子在学习和生活中出现的问题，更容易赢得家长的信任和支持。此外，学习系统模型对自己的学习和生活也有很大帮助，以后会逐渐把理论运用到实际中去。非常开心能有这次学习机会！

吕老师　高中班主任　安徽　线上第9期初级班

以前对待学生，看到的总是缺点，觉得哪里都是问题，弄得自己每天也是疲惫不堪，总感觉有处理不完的事情，和学生的关系也不是很融洽。通过学习系统的理论学习，我慢慢改变了自己的思维方式，开始学会关注学生们的优点，与学生的关系也越来越融洽，更能走进学生的内心深处，了解学生的需求。在刚结束的周测中，几个孩子的成绩考得都很好。有一个孩子单科成绩考到了年级第三名。所以，对待学习和工作时，保持一个积极向上的心态是很重要的。

李老师　教培机构校长　广东　线上第6期初级班

听完课最大的感受就是每个学生都有必要进行学习系统的升级。很多学生资质都非常好，只是缺乏智慧的引导。回想自己的学习经历也是如此，觉得好遗憾！看到这么多老师都在修炼自己成为合格的学习治疗师，学生如能遇到这样的老师，是何其幸运！我遇到宋老师，也是何其幸运！

曹老师　教培机构教师　天津　线上2020特训班

通过系统的学习和宋老师的讲解，我明白了如何具体帮助孩子解决在学习中出现的问题，这对我的工作非常有帮助。当家长来咨询时，我不会再单纯地说孩子练得少，没有学透，而是可以更专业地去分析孩子学习困难，是在哪一方面出了问题，家长听到我的分析后也会觉得我很专业，更信服我，更加放心地把孩子交给我。

商老师　小学教师　河北　线上第11期初级班

通过学习系统的培训，我进一步了解到我们对孩子的教育很多时候只依靠一种本能，缺少科学性！五大版块让我们深入到了学习系统最底层：当学霸不是天赐，不是幸运，而是有迹可循。如果掌握了应该掌握的学习"武器"，就会有更多人进入学霸行列。能用到更科学的方法教育孩子，获得感满满！

张老师　家庭教育指导师　云南　线下第6期中级班

参加完学习治疗师培训后，我感慨：原来还有这样的课程呢！如果我上学的时候能用这样的方法读题、审题、检查，肯定能考得更好。再回到工作中，我发现经常能运用到课上所学，比如一位妈妈经常因为孩子马虎而生气，我就指导家长，让家长帮孩子建立检查机制，要求每次做完题之后把所有的符号都检查一遍。有了方法，家长可以更好地培养孩子，在面对孩子的问题时，就不会再生气了。积极学习系统的理论，我会一直深入研究，不断传播，让更多的人因此受益！

滑女士　事业单位　河南　线上第8期初级班

我是第二次参加学习治疗师培训，我儿子今年读大二，是学校男篮校队的队员。前天晚上跟我说，他在这段时间的训练中状态特别好，技能和体能都有了很大的进步，可是下午训练时，教练布置了新战术，在执行过程中他竟然出现了低级失误。我就给儿子讲了四类马虎和成因，让他把战术好好巩固一下，看下次这样的失误出现频率会不会下降。儿子进行了调整，不仅这个困惑得以解决，还梳理了自己训练中的优劣势，明确了努力的方向。他从自己身上重新认识了马虎：马虎不单单只出现在文化课的学习中，在其他领域也有涉及。而学习治疗师这种技能的神奇之处在于，在学习和生活中，处处都能用到。

郭老师　教培机构教师　北京　线上2020特训班

学习治疗师课程为我打开了一个全新的视野，让我更加科学地了解了学习机制、学习问题的发生机制，解决我多年困惑的同时，给了我很多很实用的方法。昨天儿媳给孙子开家长会，回来后一脸苦相，因为老师发现了孩子许多问题，所以单独给孙子开了小会。我帮她冷静客观地分析孙子哪些问题是可以从学习系统的角度调整修正的，哪些是需要跟老师进一步交流的，儿媳顿觉心中敞亮，豁然开朗。

陈老师　初中教师　北京　线上第11期初级班

我们总是抱怨孩子没有学习动力，学习不够主动，不会自我控制。学习完价值决策和程序定制课程后，我深深体会到这背后是有原因的，不一定是孩子的错。我们一味地让孩子学这学那，但没有告诉孩子或者和他们讨论学习这些内容对于人生成长的意义，因此他们被动接受，当然没有学习动力，容易分心、没有规划。学习这门课，我不断地在审视自己的教育和思维方式，希望在今后的教育过程中更加注重学习价值和意义上的引导，用成长型思维来看待孩子们的暂时错误和失败。

吕老师　高中教师　北京　线下第6期中级班

以前在和孩子相处的过程中有很多困扰我的问题，比如，孩子总问我学习有什么意义？我却不知如何回答才好。孩子在写字或读书的过程中为什么总喜欢撕小纸片？听了老师的讲解，分析了和我遇到问题相似的案例，尤其是宋老师的解答，解决了我积累了很久的困惑，找到了解决问题的方法和方向。每一个视频我都最少看两遍，反复思考琢磨其中的案例。越学习动力越足，有种相见恨晚的感觉。希望接下来的学习，让我快速提升，早日解决孩子的情绪和学习困难问题。

焦女士　教培机构教师　浙江　线上第11期初级班

现在给孩子报很多课外辅导班的家长太普遍了，然而，这种"不在学校，就是在辅导班的路上"的生活让很多孩子很麻木，更有些对学习都失去了兴趣，而家长也要承受经济的巨大压力，把希望都寄托于辅导班收效甚微。我学习课程的初衷是，找到更好的学习方法，缓解家长心里的焦虑情绪，减轻经济负担，帮助学困生自主学习，提高学习兴趣和自信心，还生活一点乐趣。我想学习后把这个理念和方法分享给身边每一个人，让孩子们受益，实现有意义的快乐教育！

后记

从 2003 年我开始创立学习治疗的相关理念，到 2019 年正式向公众推出学习治疗师培养体系，不知不觉过去了整整 16 年。从 2018 年我决定写一本学习治疗主题的图书，到 2021 年本书出版上市，又历经了三个春秋。日月轮转，岁月更迭，人类在各个领域里不断地向前发展、探索。我为有幸将自己的专业所学与社会需求做出一个创新融合，进而在学习科学这个交叉领域里开辟出一条分支，感到小有成就和微微窃喜。

老实说，在过去十几年的工作、研究以及磨书的过程中，我经历了许多犹豫、拖延和挫折，但同时也收获了众多亲朋好友的帮助、鼓舞和肯定。每当我感到前方道阻且长时，心里总有一个声音响起，"学习治疗这项事业，正是你的人生使命，一定要坚持！"的确，人生难得找到这样一件事，因你而生因你而兴，找到学习治疗这项事业，给了我满满的收获和幸福。

本书的顺利完成，首先要感谢与我并肩从事科研的团队成员，那些参与学习治疗理论研究、课程开发、个案咨询和图书出版等相关工作，给予我多方面支持的伙伴们：常晓敏、叶巧玲、肖飞、周宓、刘琨、付皓然、王博、周明秋、杨晨、孙慧萍、张衍等。感谢大家的信任，把各自的宝贵时间、精力和智慧共同奉献给了学习治疗事业。

当然，要特别感谢清华大学社科学院院长彭凯平老师、中国人民大学心理研究所所长俞国良老师、清华大学心理学系副主任张丹老师、北京大学心理学系孟祥芝老师等师长好友，长期以来对我的鼓励、肯定和支持，让我在认知心理学与 AI 思维结合的道路上能够一直坚持到现在。

同时，要向在我背后默默付出、一直奉献的家人致以深深的感谢。我因为长期从事学习治疗研究、教学和咨询工作，忽略了很多家庭责任，但是，亲人们给了我极大的包容和鼓励，让我能够全身心投入到研究和写作中。

最后，衷心感谢每一个案例中的学生和家长，同意我部分分享学习治疗的过程，感谢大家在案例的咨询中曾提出的问题和困惑。可以说，学习治疗的理论体系和相关课程的研发与完善，离不开大家曾经给予我的启发和撞击，让我在这个过程里逐渐找到了人生的使命。

亲爱的读者朋友，希望本书的内容能帮助到您，帮助到千千万万的家庭，祝福每一位生来就独一无二，并终将有所成就的孩子！